Kordula Knaus
Musikgeschichte »Barock«

Bärenreiter Studienbücher Musik

Herausgegeben von
Silke Leopold
und
Jutta Schmoll-Barthel

Band 24

Eine Musikgeschichte in 5 Bänden:

- N. N.: Musikgeschichte »Mittelalter« und »Renaissance«
- Kordula Knaus: Musikgeschichte »Barock«
- Melanie Unseld: Musikgeschichte »Klassik«
- Lorenz Luyken: Musikgeschichte »Romantik«
- Stefan Weiss: Musikgeschichte Moderne und Postmoderne

Diese neuartige Musikgeschichte geht unkonventionelle Wege und bietet Studierenden und allgemein an Musik Interessierten Orientierungswissen, konkrete Hör- und Verständnishilfen sowie vielseitige Perspektiven auf die Musik und Musikkultur vom Mittelalter bis zur Gegenwart. Musikgeschichte erzählen: Das heißt, über, vor allem aber von Musik sprechen und sie in ihre vielfältigen sozialen, kulturellen und politischen Kontexte einordnen. Nach einem Grundkonzept von Lorenz Luyken gehen die Autor*innen auf je eigene Weise und mit unterschiedlichen Ansätzen von der traditionellen, umstrittenen, aber immer noch weithin gebräuchlichen Epocheneinteilung aus, befragen die so bezeichneten Zeitabschnitte kritisch auf ihre Eigentümlichkeiten und fokussieren sich dabei auf eine Auswahl exemplarischer Kompositionen, um die musikalische Epoche auf möglichst vielen Ebenen bis hin zur einzelnen Werkbeschreibung anschaulich werden zu lassen.

Kordula Knaus

Musikgeschichte »Barock«

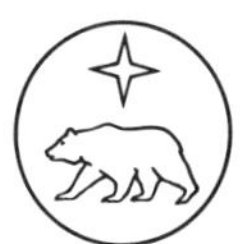

Bärenreiter
Kassel . Basel . London . New York . Praha

Auch als eBook erhältlich:
epdf: ISBN 978-3-7618-7136-2 · ISSN 2940-3421

Bibliografische Information der Deutschen Nationalbibliothek
Die Deutsche Nationalbibliothek verzeichnet diese Publikation
in der Deutschen Nationalbibliografie; detaillierte bibliografische Daten
sind im Internet über www.dnb.de abrufbar.

Umschlaggestaltung: +CHRISTOWZIK SCHEUCH DESIGN
Umschlagbild: Nicolas Tournier, Le Concert (1630/1635)
(akg-images/Erich Lessing)
Lektorat: Jutta Schmoll-Barthel
Korrektur: Daniel Lettgen
Notensatz: Tanja Geschwind
Innengestaltung und Satz: Dorothea Willerding
Druck und Bindung: Beltz Grafische Betriebe GmbH, Bad Langensalza
ISBN 978-3-7618-2457-3 · ISSN 2940-3413
www.baerenreiter.com

Inhalt

Kapitel 1

Barock – Musik – Geschichte

Was ist Barockmusik?

Wenn heute von Barockmusik die Rede ist, so ist üblicherweise entweder eine Musik mit bestimmten Charakteristika oder die Musik eines bestimmten Zeitraums gemeint. Im ersten Fall wäre von Barock als Stilbegriff zu sprechen, im zweiten Fall von Barock als Epochenbegriff. Die beiden Aspekte gehen jedoch meist Hand in Hand. Barockmusik – so könnte man es auf eine einfache Aussage herunterbrechen – ist die Musik im Zeitraum von 1600 bis 1750, in der sich bestimmte stilistische Charakteristika herausbildeten, die als barock bezeichnet werden können. Was wären nun aber diese barocken Musikeigenschaften? Warum wird gerade die Zeit von 1600 bis 1750 als Barock bezeichnet? Und gibt es Musik im barocken Zeitraum, die stilistisch gar nicht barock ist, bzw. barocke Musik vor 1600 oder nach 1750?

Es ist rückblickend recht erstaunlich, dass es überhaupt dazu kam, Barock als Begriff in der Musikgeschichte sowie im Musikleben so prominent zu verwenden. Denn Barock war für lange Zeit ein äußerst negativ konnotierter Begriff. Im 16. und 17. Jahrhundert wurden in südeuropäischen Ländern Perlen als barock bezeichnet, wenn sie eine unregelmäßige Form hatten und damit weniger hochwertig waren als wohlgeformte. Im 18. Jahrhundert wurde der Begriff in Frankreich generell für etwas Bizarres, Seltsames oder Unregelmäßiges verwendet und auch erstmals auf die Musik in diesem Sinne übertragen. In der anonymen *Lettre de M*** à Mlle*** sur l'origine de la musique*, die 1734 im *Mercure de France* erschien und eine Kritik an Jean-Philippe Rameaus Oper *Hippolyte et Aricie* darstellte, steht er für Melodienlosigkeit, Unnatürlichkeit oder Ausdruckslosigkeit. Diese negativen Zuschreibungen setzten sich weiter fort. So ist 1802 in Heinrich Christoph Kochs *Musikalischem Lexikon* (ähnlich der Definition in Jean-Jacques Rousseaus *Dictionnaire de musique* von 1768) zu lesen: »Barock, barocco. Mit diesem Kunstausdrucke bezeichnet man ein Tonstück, in welchem die Melodie oft in schwer zu intonirenden Intervallen fortschreitet, die Harmonie verworren, und der Satz mit Dissonanzen und ungewöhnlichen Ausweichungen überladen ist.«[1]

Als barock werden also vorwiegend bestimmte melodische und harmonische Eigenschaften von Musik bezeichnet. Historisch gesehen dominiert damit zunächst im 18. Jahrhundert Barock als musikalischer Stilbegriff. Es ist kein Zufall, dass diese negativen Zuschreibungen vor allem ab der Mitte des 18. Jahrhunderts gebräuchlich wurden. Natürlichkeit wurde im Zuge der beginnenden Aufklärung zunehmend als musikalisches Ideal angesehen. Diese sollte durch Kantabilität oder einfache Harmonien erreicht werden. Die Abwertung von Musik als barock, wenn sie diesem Ideal nicht entsprach, weist auf Änderungen des musikalischen Geschmacks hin. Wenn Musik nicht mehr barock sein soll, dann geht es auch um eine zeitliche Abgrenzung zu Früherem.

Nicht nur im Bereich der Musik, sondern auch in anderen Künsten war dieser negativ konnotierte stilistische Barockbegriff bis ins 19. Jahrhundert üblich. Ausgehend von der Kunstgeschichtsschreibung vollzog sich dann jedoch ein Wandel hin zu einem weniger wertenden Stilbegriff, der zunehmend auch als Epochenbegriff verwendet wurde. Jacob Burckhardt bezeichnete 1855 den Architekturstil von Ende des 16. Jahrhunderts bis Mitte des 18. Jahrhunderts als »Barockstyl«. Prägend waren in der Folge vor allem die kunstgeschichtlichen Publikationen von Heinrich Wölfflin (*Renaissance und Barock*, 1888, sowie *Kunstgeschichtliche Grundbegriffe*, 1915). Als Epochenbegriff im Bereich der Musik verwendete vermutlich Rudolf Wustmann 1909 in seiner *Musikgeschichte Leipzigs* erstmals den Terminus »Barock«, allerdings für die Zeit von 1550 bis 1650. Egon Wellesz beschrieb im selben Jahr in seinem Aufsatz »Der Beginn des Barock« die Durchsetzung eines neuen musikalischen Stils im Laufe des 16. Jahrhunderts. Er stellt ein Ringen um ein neues Kunstempfinden fest, das er charakterisiert durch »die Überwindung des *Cantus Firmus*, und damit verbunden, das Aufkommen der obersten Stimme als Träger der Melodie, die Anwendung von Harmoniefolgen, welche einer immanenten Logik unterworfen sind, wodurch erst das Entstehen neuer Formen ermöglicht wurde, die Durchsetzung der melodischen Linie mit Ornamenten, das Aufkommen einer eigenen Schreibweise für die Instrumente und damit der Beginn des Orchesterkolorits.«[2]

Es fällt sofort ins Auge, dass diese Charakterisierung mit der zuvor zitierten von Heinrich Christoph Koch keinerlei Gemeinsamkeiten hat. Der Blick auf barocke Musik ist zu Beginn des 20. Jahrhunderts also ein völlig anderer als im 18. Jahrhundert. Wellesz' Aufsatz wurde in der Musikforschung wenig beachtet, sodass heute meist Curt Sachs zugeschrieben wird, Barock 1920 erstmals als musikalische Stilepoche beschrieben zu haben. In seinem Artikel »Barockmusik« übertrug er Wölfflins Charakteristika barocker Kunst (malerisch, Tiefe, offene Form, Unklarheit, Einheit) auf die Musik.[3] Das Malerische meint Sachs in der barocken Ornamentik und im harmonischen Gefüge zu erkennen; die neue Harmonik würde der Musik auch eine entsprechende Tiefe verleihen. Der neue Deklamationsstil öffne, so Sachs, die Form; die Unklarheit sei im

Rubato, in harmonischen Trugschlüssen oder in der Verwendung unterschiedlicher Instrumentengruppen vorhanden. Die Einheit sieht Sachs vor allem in der Entwicklung formaler Prinzipien wie etwa der Sonatenform oder des Da capo. Auch wenn die Analogien zur bildenden Kunst bei Sachs etwas bemüht wirken, so weisen seine Ausführungen über musikalische Charakteristika des Barock durchaus einige Ähnlichkeiten mit denjenigen von Wellesz auf.

Beschrieben Wellesz oder Sachs Barock noch unter vorwiegend stilistischen Gesichtspunkten, so wurde bereits ab den 1920er-Jahren der Zeitraum von 1600 bis 1750 als eine zeitlich abgeschlossene Periode des Barock betrachtet. Robert Haas etwa begründet in seinem Buch *Die Musik des Barock* von 1928 den Beginn der Epochendatierung mit der Entwicklung des monodischen Stils um 1600 und das Ende mit dem Tod von Johann Sebastian Bach (1750) und Georg Friedrich Händel (1759).

Obwohl eine solche Sichtweise bis heute durchaus üblich ist, gab und gibt es Kritik daran. Sie betrifft die Frage eines wie auch immer gearteten barocken Stils ebenso wie die Frage zeitlicher Abgrenzungen. Die Tatsache, dass ein Sologesang in Giulio Caccinis *Le nuove musiche* (1602) mit der in den 1740er-Jahren entstandenen *Kunst der Fuge* Johann Sebastian Bachs im Grunde nichts gemeinsam hat, zählt zu den offensichtlichen Problemen. Ebenso, dass der Tod von Bach oder Händel für weite Teile der europäischen Musikentwicklung völlig unerheblich war. Georg Friedrich Händels *Alcina* von 1735 und Johann Adolf Hasses *Ruggiero* von 1771, beide basierend auf Ludovico Ariostos Epos *Orlando furioso*, stehen in derselben Gattungstradition der Opera seria und sind sich ähnlicher als frühere Opern mit derselben Stoffgrundlage (sei es Francesca Caccinis *La liberazione di Ruggiero dall'isola d'Alcina* von 1625 oder André Campras *Alcine* von 1705). Und der Generalbass, der häufig als besonders charakteristisch für die Barockmusik angesehen wird, war bis weit nach 1750 gängige Praxis. So lässt sich bereits aus diesen wenigen Beispielen schlussfolgern, dass mit Barock kein einheitlicher musikalischer Stil zwischen 1600 und 1750 gemeint sein kann, da regionale oder gattungsspezifische Entwicklungen eine enorme Diversität aufweisen. Musikhistorische Zäsuren werden oft an einzelnen Phänomenen festgemacht, während zeitgleiche Kontinuitäten keine Beachtung finden. Wenn es als breiter Konsens gilt, dass um 1600 etwas musikgeschichtlich Neues passiert, heißt dies nicht, dass etablierte Traditionen nicht noch lange fortgeführt werden oder plötzlich weniger wichtig sind. Und es heißt auch nicht, dass dieses Neue erst zu diesem Zeitpunkt entstand.

Die Musikgeschichtsschreibung vermied nicht zuletzt wegen der genannten Probleme immer wieder, Barock als musikalischen Stil- und Epochenbegriff zu verwenden. Bereits am Beginn des 20. Jahrhunderts waren auch andere Epochenbegriffe gebräuchlich. Hugo Riemann etwa sprach in seinem *Handbuch der Musikgeschichte* (1911) für das 17. Jahrhundert vom Generalbasszeitalter, Guido Adler im *Handbuch der Musikgeschichte* (1924) von der Dritten Stilperiode, die allerdings bei ihm bis 1880 andauerte. In neueren musikhistorischen Überblicksdarstellungen wird Barock als Epochenbegriff nicht gebraucht. Sowohl die *Oxford History of Western Music* (2005) als auch die *Cambridge History of Music* (2001–2019) verwenden gar keine Epochenbezeichnungen, sondern sind einfach nach Jahrhunderten gegliedert. Das war auch bereits in den 1981 und 1985 erschienenen Bänden zum 17. und 18. Jahrhundert des *Neuen Handbuchs der Musikwissenschaft* der Fall. In der 2002 erschienenen *Europäischen Musikgeschichte* ist der Abschnitt zum 17. und 18. Jahrhundert mit »Musik wird zur Tonkunst« überschrieben. Das in acht Bänden seit 2018 erscheinende *Handbuch der Musik des Barock* verdeutlicht jedoch auch den nach wie vor präsenten Gebrauch des Begriffs.

Wenn in diesem Buch musikhistorische Entwicklungen zwischen ca. 1600 und ca. 1750 beschrieben werden, so geschieht dies nicht unter der Annahme, dass es barocke stilistische Gemeinsamkeiten gäbe. Relevant ist vielmehr das meist unausgesprochene Vorzeichen, dass mit Barockmusikgeschichte immer nur die Geschichte einer bestimmten Musik gemeint ist, nämlich im Wesentlichen die schriftlich tradierte Musik europäischer kultureller Eliten. Weder ein indischer Raga des 17. Jahrhunderts noch ein populäres Volkslied aus Böhmen werden daher im Folgenden thematisiert. Barockmusikgeschichte ist damit deutlich weniger als die Geschichte der Musik zwischen 1600 und 1750. Insofern ist die Verwendung des Begriffs »Barock« zunächst nichts weiter als ein Marker für diese Einschränkung und soll auch dazu einladen, Musikgeschichte stets breiter zu denken. Implizit sei der Blick auch darauf gelenkt, was verloren wäre, wenn wir (möglicherweise sogar mit einer gewissen Arroganz) die Musikgeschichte dieser 150 Jahre nur als Barockmusikgeschichte begreifen würden. Ferner gilt mitzudenken, dass die barocke Musikkultur sowohl innerhalb Europas als auch durch die zunehmende Kolonialisierung in Zusammenhänge von Unterdrückung und Ausbeutung eingebettet ist. Dass Georg Friedrich Händel als Investor in den Sklavenhandel der Royal African Company involviert war, ist nur ein Beispiel für die oft wenig beachtete Kehrseite des barocken Glanzes.[4]

Barockmusikgeschichte erzählen

Musikgeschichte kann aus unterschiedlichen Blickwinkeln und mit unterschiedlichen Schwerpunkten erzählt werden. Mithin kann die Musikgeschichte des

Barock eine Geschichte musikalischer Kompositionen, Gattungen oder Aufführungen sein, eine Geistesgeschichte, Sozialgeschichte, Mediengeschichte oder Rezeptionsgeschichte, mit Schwerpunkten auf bestimmten Personen oder Personengruppen, geographischen Regionen oder Ländern, Musizierpraktiken oder Institutionen. Hinzu kommt die grundsätzliche Frage, wie die Geschichte einer kulturellen Praxis erzählt werden soll, die so flüchtig ist, wie die Musik. Sie hat in unterschiedlichen Quellen (seien dies Texte, Noten, Bilder, Gegenstände oder Gebäude) lediglich Spuren hinterlassen und ist heute nur durch ihre Wiederaufführung als Ereignis aktualisierbar.

Was wir gegenwärtig über Musikpraktiken des 17. und 18. Jahrhunderts wissen und wie wir davon erzählen können, hängt wesentlich davon ab, welche Quellen überliefert und zugänglich sind. Darüber hinaus muss es Personen geben, die an diese Quellen mit bestimmten Fragestellungen herantreten und das Material bearbeiten. Nehmen wir als Beispiel die Serenata *Diana su l'Elba*, die am 18. September 1719 in Dresden im Rahmen der Hochzeitsfeierlichkeiten zwischen dem sächsischen Kurprinzen Friedrich August II. und der Habsburger Erzherzogin Maria Josepha erstmals aufgeführt wurde. Über dieses musikalische Ereignis wissen wir heute vergleichsweise viel.

Johann David Heinichen, »Diana su l'Elba«

Die Serenata *Diana su l'Elba* ist ein Werk für Orchester und fünf Singstimmen (die als die Figuren Diana, Climene, Dafne, Nisa und Alcippe auftreten) mit einem für diese Gattung typischen Ablauf. Nach einer einleitenden Sinfonia gibt es von den Solistinnen gemeinsam gesungene Chöre am Beginn und Ende des Stücks, dazwischen werden Rezitative und Arien von den einzelnen Handlungsfiguren dargeboten. Zu dieser Serenata existiert heute ein gedrucktes Textbuch, eine handschriftlich überlieferte Partitur und (allerdings unvollständiges) Stimmenmaterial, gedruckte und handschriftliche Berichte zur Aufführung, Abbildungen und zahlreiche weitere Dokumente. Weil diese Dokumente angefertigt und bis heute aufbewahrt wurden, existieren überhaupt Informationen über dieses Ereignis. Dass nun in diesem Buch darüber geschrieben wird, hängt wiederum damit zusammen, dass dieses Ereignis in der musikhistorischen Forschung bereits Beachtung gefunden hat: Die Partitur ist ediert, Quellen sind nicht nur im Original, sondern auch als Reproduktionen verfügbar, und es existiert reichlich Forschungsliteratur. Durch (gelegentliche) Aufführungen, Radioübertragungen und Tonaufnahmen erfährt die Serenata im 21. Jahrhundert auch klangliche Realisierungen. Dass wir heute diesen Informationsstand haben, ist in gewisser Hinsicht zufällig, deshalb aber keineswegs vollkommen willkürlich. Die handschriftliche Partitur etwa hat einen Wasserschaden erlitten. Wäre sie gänzlich zerstört oder unlesbar, wüssten wir erheblich weniger und könnten die Musik heute auch nicht mehr aufführen. Dass jedoch überhaupt so viel Material zu *Diana su l'Elba* produziert wurde, zeigt die Bedeutsamkeit, die dem Aufführungsereignis bereits im 18. Jahrhundert beigemessen wurde. Diese erklärt sich vornehmlich durch den Aufführungskontext.

Höfische Feste, ganz besonders zu fürstlichen Hochzeiten, waren im 17. und 18. Jahrhundert zentral für die Zurschaustellung der Macht eines Hofes. Musik und Theater als Mittel zur Prachtentfaltung waren ein wichtiger Teil höfischer Feste und vermittelten durch eine bestimmte Symbolik auch politische Signale. Die umfangreiche Dokumentation dieser Ereignisse in Beschreibungen oder Bildern erfüllte wiederum den Zweck, diese Machtdemonstration zu festigen und nach außen weiter zu kommunizieren. Im Konkreten ging es dem sächsischen Kurfürsten Friedrich August I. bei der Vermählung seines Sohnes mit der Habsburger Erzherzogin darum, das Haus der Wettiner möglicherweise für die Erlangung des Kaiserthrons in Stellung zu bringen.[5] Was vor diesem Hintergrund durch die künstlerischen Ereignisse wie kommuniziert werden sollte, kann an *Diana su l'Elba* gut nachvollzogen werden. Die Hochzeitsfeierlichkeiten – so ist es in Berichten nachzulesen – dauerten insgesamt beinahe einen ganzen Monat, waren enorm kostspielig und von zahlreichen künstlerischen und gesellschaftlichen Aktivitäten geprägt: Opern, Schauspiele, (Pferde-)Ballette, Bälle, Serenaten, Feuerwerke, Turniere, Jagden und Festtafeln.

Die Aufführung von *Diana su l'Elba*, die als Auftakt zu einer Wasserjagd im Rahmen der sieben Planetenfeste stattfand, war eine dieser Aktivitäten. Zunächst ist bezeichnend, dass es sich um eine italienische Serenata handelt. Am Dresdner Hof orientierte sich die Hofkultur bis 1717 am Modell des französischen Absolutismus, weshalb vor allem Ballette und französisches Schauspiel gegeben wurden. Dass italienisches Personal engagiert wurde und bei den Hochzeitsfeierlichkeiten mehrere italienische Opern und Serenaten zur Aufführung kamen, kann als eine Geste gegenüber dem italienisch orientierten Wiener Hof gewertet werden, die eine kulturelle Ebenbürtigkeit symbolisieren sollte. Der Komponist der Serenata, Johann David Heinichen, war ab 1710 in Venedig tätig gewesen und von dort 1716 vom sächsischen Kurprinzen Friedrich August II. nach Dresden engagiert worden. Heinichen war folglich mit dem aktuellen italienischen Kompositionsstil vertraut. Das Textbuch zu *Diana su l'Elba* ist auf den Anlass abgestimmt. Diana, die Göttin der Jagd, kommt an die Elbe, um das Hochzeitspaar mit einer neuartigen, besonderen Jagd zu ehren. Bereits ihre erste Arie huldigt dem der Jagd zugetanen Brautpaar:

Mille belve – dalle selve	Tausend wilde Tiere des Waldes
Qui a cader liete verranno;	werden froh sein, hier zu fallen.
Perch'è tal la man, che impiaga,	Denn der Ruhm, von dieser Hand
Che la gloria della piaga	verwundet worden zu sein,
Del morir compensa il danno.[6]	kompensiert das Übel des Sterbens.

Dem als besonders tugendhaft dargestellten Brautpaar wünscht Diana am Ende, dass neue Helden der glücklichen Verbindung zwischen Österreich und Sachsen erwachsen sollen. Die Aufführung kann als spektakulär betrachtet werden, da die Ausführenden sich auf einem von vier Pferden gezogenen Prunkschiff in Muschelform auf der Elbe befanden:

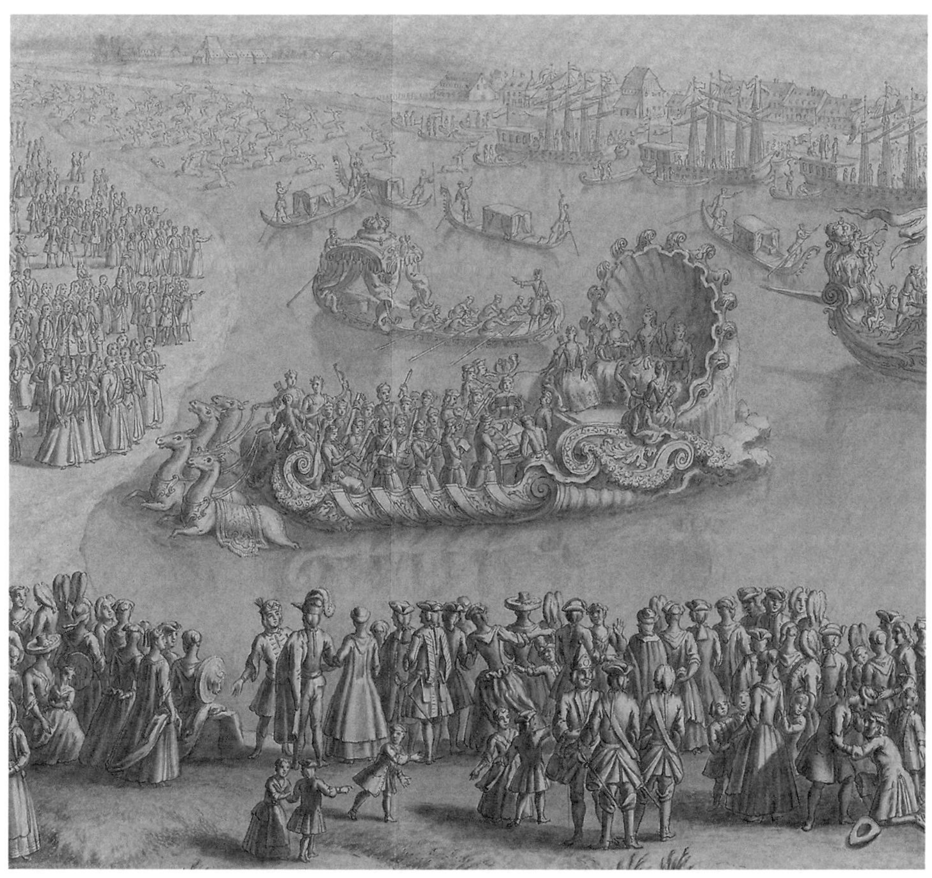

Abb. 1: Ausschnitt aus der Panoramazeichnung von Zacharias Longuelune (?) oder Carl Heinrich Jacob Fehling (?), Ankunft der Diana auf der Elbe 1719 in Dresden

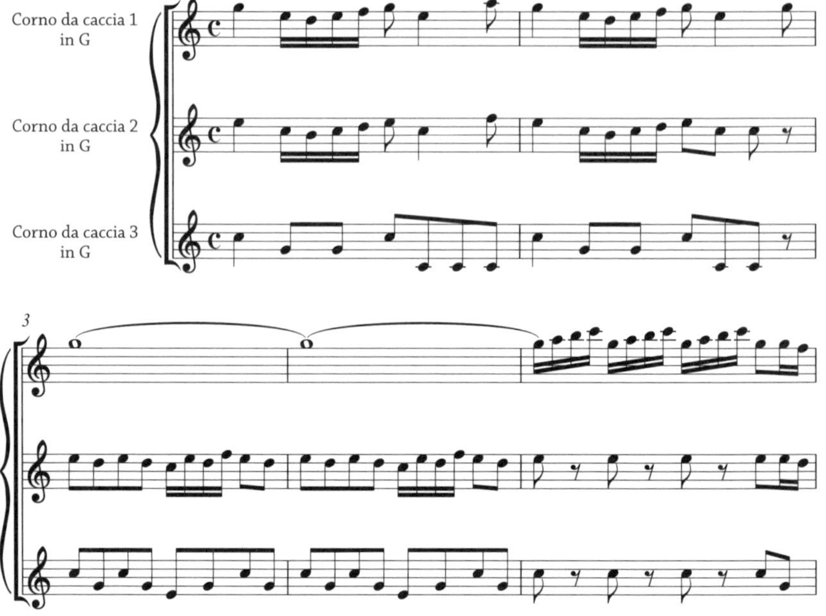

Abb. 2: Johann David Heinichen, »Mille belve – dalle selve« aus *Diana su L'Elba*, Takt 1–5

Musikalisch ragen die Hornpartien heraus, die vor allem in Zusammenhang mit der Figur der Diana gebraucht werden. Dies wäre zwar an sich nicht bemerkenswert, da Diana als Göttin der Jagd häufig mit Hörnern in Verbindung steht. Außergewöhnlich ist allerdings, dass es sich um drei (statt der üblichen zwei) Hörner handelt, deren Partien allesamt enorm anspruchsvoll sind. Die erwähnte Arie »Mille belve – dalle selve« etwa beginnt mit einer solchen Hornpassage, während die restlichen Instrumente (mit Ausnahme des Basses) noch pausieren (Abb. 2). Die Exponiertheit der Passage, die schnellen Tonbewegungen und der lange Schwellton im ersten Horn unterstreichen den virtuosen Charakter. Durch solche Effekte konnte nicht nur die Leistungsfähigkeit der Dresdner Hornisten ausgespielt und damit die Potenz der Dresdner Hofmusik stellvertretend für den gesamten Hof gezeigt werden, es handelt sich vermutlich abermals um eine Referenz an den Wiener Hof, da in Dresden 1718 zwei technisch besonders fortschrittliche Wiener Waldhörner angekauft wurden.[7] In *Diana su l'Elba* wurden somit durch sehr unterschiedliche Mittel auf symbolischer und sinnlicher Ebene bestimmte politische Botschaften kommuniziert.

Inszenierung, Text und musikalische Gestaltung der Serenata *Diana su l'Elba* in den sozialen und politischen Kontext ihrer Aufführung einzubetten, ist freilich nur eine Möglichkeit, etwas über dieses Werk zu erzählen. Es bieten sich auch völlig andere Zugänge an. Das Werk könnte beispielsweise in seinen gattungsgeschichtlichen Kontext eingeordnet werden, indem man seinen Stellenwert innerhalb der Gattung Serenata eruiert. Auch eine Betrachtung von *Diana su l'Elba* innerhalb des Schaffens von Heinichen sowie dessen Bedeutung für die Kompositionsgeschichte wäre möglich. Eine spannende Frage ist auch, warum das Werk nie gedruckt wurde, obwohl die Festlichkeiten insgesamt medial sehr umfangreich aufbereitet wurden. Keiner dieser Blickwinkel ist prinzipiell besser oder schlechter als der andere. Sich für einen zu entscheiden, heißt jedoch immer, andere auszulassen, was im Rahmen einer Überblicksdarstellung automatisch einen wertenden Charakter hat. In den folgenden Kapiteln wird immer wieder der eine oder der andere Zugang überwiegen, sodass Barockmusikgeschichte unterschiedlich perspektiviert wird. Die getroffenen Entscheidungen sind dabei nicht allein durch einen subjektiven Zugang geprägt, sondern stützen sich auf Perspektiven und Fragestellungen, die in der jüngeren Forschung präsent sind. Insofern spielen politische Funktionen von Musik oder Aufführungsbedingungen und -kontexte eine wichtigere Rolle als etwa kompositionsgeschichtliche Aspekte von Einzelwerken. Die einzelnen Beispiele, die näher behandelt werden, stehen oft repräsentativ für breiter anzutreffende Phänomene.

Die Aufführung von *Diana su l'Elba* ist beispielsweise nicht nur typisch für das Phänomen von Herrschaftsrepräsentation und politischer Kommunikation durch Musik, die für das 17. und 18. Jahrhundert an Höfen in ganz Europa bedeutend war. Die Serenata ist auch charakteristisch für Phänomene der Überregionalität und Migration im Bereich höfischer Musik. 1722 schreibt der Hamburger Sänger, Komponist und Musikschriftsteller Johann Mattheson in seiner *Critica musica*: »Denn das ist eine ausgemachte Sache: In Italien sind die wahrhafften fontes und ungezweifelte hohe Schulen aller Music / und was wir Teutsche von den Welschen gutes lernen / geschiehet nicht einer fremden / sondern unsrer eignen Nation / uns selbst / zu Gefallen.«[8]

Die hier formulierte Vormachtstellung italienischer Musik, die mit wenigen Ausnahmen (etwa in Frankreich) in der Barockzeit kaum hinterfragt wurde, führte zu einer europaweiten Dominanz italienischer Musiktraditionen. Damit verbunden waren Reisen und längerfristige Migration auf verschiedenen Ebenen der Musikproduktion. Das an europäischen Höfen tätige Personal kam überwiegend entweder direkt aus Italien oder war dort für längere Zeit tätig bzw. aus- oder weitergebildet worden. Dies ist auch für *Diana su l'Elba* zu beobachten. Von Johann David Heinichens Aufenthalt in Venedig wurde bereits berichtet. Für die Etablierung der italienischen Oper in Dresden wurde ab 1717 italienisches Gesangspersonal (darunter etwa die Altistin Vittoria Tesi, die später unter anderem an den Höfen von Madrid und Wien reüssierte), der Komponist Antonio Lotti, der Dichter Antonio Maria Lucchini, der Theaterarchitekt Alessandro Mauro und weiteres Personal aus Italien engagiert. Der höfische Nachwuchs kam mit der italienischen Musikkultur im Rahmen von Bildungsreisen in Berührung. In den Zentren historischer italienischer Architektur und Kunst – in Rom, Florenz oder Venedig – wurde nicht nur Musik konsumiert, es wurden auch Noten angekauft oder Künstlerinnen und Künstler angeworben. So wurde die Einstellung des in *Diana su l'Elba* tätigen Personals, darunter Heinichen, direkt vom Kurprinzen Friedrich August II. während seines Italienaufenthalts 1716/17 angebahnt. In anderen Fällen waren Agenten oder Diplomaten in das Engagement von italienischem Personal oder auch in den Ankauf von Noten involviert. Am Hof in Lissabon etwa legte José I. im 18. Jahrhundert eine Sammlung italienischer Partituren an, die er durch die Vermittlung des portugiesischen Konsuls in Genua Niccolà Piaggio aus Italien ankaufte.[9]

Die italienische Musikkultur ist für das 17. und 18. Jahrhundert von überregionaler Bedeutung und kann somit als eine europäische Kulturerscheinung gelten, die sich als solche auch verselbstständigte. Johann Joseph Fux etwa, Kapellmeister am Wiener Hof von 1715 bis 1741, war zwar selbst nie in Italien, schrieb aber ganz selbstverständlich italienische Opern oder Serenaten. In allen Musikbereichen dominierten italienische Traditionen jedoch nicht. Der französische Tanz – und damit auch französische Tanz- und Instrumentalmusik im weiteren Sinne – wurde nicht nur in Dresden, sondern auch in vielen anderen Residenzen gepflegt, ebenso die Aufführung französischer Dramen im Bereich des Sprechtheaters. Dass Friedrich II. von Preußen mit seiner Schwester Wilhelmine von Bayreuth zeitlebens auf Französisch korrespondierte, zeigt die Selbstverständlichkeit des Französischen im höfischen Kontext des deutschsprachigen Raums.

Solche überregional verbreiteten (musik-)kulturellen Phänomene kontrastieren in der Barockzeit jedoch immer wieder mit lokalen oder in bestimmten Bereichen völlig unterschiedlichen Entwicklungen. Dies betrifft unter anderem die Musiktraditionen der verschiedenen Konfessionen. Katholische, protestantische, jüdische oder orthodoxe Glaubensgemeinschaften integrierten Musik sehr unterschiedlich in ihre jeweiligen religiösen Praktiken. In den christlichen Kirchen hatten sich im Zuge der Reformation unterschiedliche Haltungen zur geistlichen Musik herausgebildet. Und auch wenn katholische und protestantische Kirchenmusik immer wieder aufeinander Bezug nahmen, entwickelte sich im evangelisch-lutherischen Norden beispielsweise eine eigenständige Tradition der Kirchenkantate. Auch außerhalb der geistlichen Musik entstanden in verschiedenen Ländern unterschiedliche musikalische Gattungen. Die Zarzuela, die Pedro Calderón de la Barca um die Mitte des 17. Jahrhunderts als musiktheatrale Gattung entwickelte, blieb ebenso auf Spanien beschränkt wie die Masque und die Semi-opera weitgehend auf England. Dass Frankreich insgesamt einen eigenen Weg verfolgte, wurde bereits angedeutet. Innerhalb etablierter Gattungstraditionen gab es wiederum lokal unterschiedliche Ausformungen, die häufig den Zeitumständen geschuldet waren. So sind die für kleine Besetzungen geschriebenen *Kleinen geistlichen Konzerte* von Heinrich Schütz (1636 und 1639 veröffentlicht) eine Konsequenz aus dem Mangel an verfügbaren Instrumentalisten während des Dreißigjährigen Krieges. Dass lokale Entwicklungen in einer Überblicksdarstellung nicht ausreichend gewürdigt werden können, ist so einleuchtend wie bedauerlich. Denn die Singularität bestimmter musikalischer Phänomene gehört ebenso zu einer Barockmusikgeschichte wie das Übergreifende, das in diesem Buch vorrangig behandelt wird. Es ist sinnvoll, sich bei der Lektüre immer wieder zu vergegenwärtigen, dass hier nur ein äußerst geringer Teil der damals erklungenen Musik Erwähnung findet. Hinweise auf weiterführende Literatur mögen zum tieferen Eintauchen in die Musikwelt der Barockzeit dienlich sein.

Der Aufbau des Buches orientiert sich an der Gesamtkonzeption der fünfteiligen Musikgeschichte innerhalb dieser Studienbuch-Reihe: Zunächst werden allgemeine ästhetische, politische und sozialhistorische Bedingungen dargestellt, unter denen barocke Musikkultur entstanden ist und gelebt wurde. Über die Frage von Stilen und Strukturprinzipien führt der Weg zur Erläuterung verschiedener Gattungen wie Oper, Oratorium, Suite, Sonate oder Konzert. Den Abschluss bildet eine Diskussion historisch informierter Aufführungspraktiken. Über das gesamte Buch hinweg finden sich zahlreiche Fallbeispiele, anhand derer zentrale Phänomene barocker Musik erläutert werden. Sie sollen auch zum neugierigen Hören und damit sinnlichen Nachvollziehen der historischen Perspektiven einladen.

Kapitel 2
Die Musikkultur der Barockzeit

Voraussetzungen und Denkfiguren

Jede Zeit ist geprägt von zahlreichen, häufig auch widersprüchlichen gesellschaftlichen Entwicklungen, Geisteshaltungen oder Denkfiguren. Betrachtet man die Zeit des Barock, so fallen mehrere dieser Widersprüchlichkeiten sofort ins Auge. Die ständisch organisierte, streng hierarchische Gesellschaftsordnung mit einem Herrscher an der Spitze findet mit dem französischen Absolutismus unter Louis XIV. einen Höhepunkt, während zeitgleich gebildete und finanzstarke Bürgerliche vielerorts an Macht und Bedeutung gewinnen. Mit der voranschreitenden Säkularisierung verlieren die Kirchen an Einfluss, und doch werden verheerende Kriege im Namen des Glaubens geführt. Der Glaube an Gott steht dabei in zunehmendem Widerspruch zu den Erkenntnissen der im Entstehen begriffenen modernen (Natur-)Wissenschaften.

Auch die Ansichten über Musik sind von unterschiedlichen Geisteshaltungen und Strömungen geprägt. In der Barockzeit zeigen sich dabei einerseits humanistische Denkweisen, die an die Renaissance anknüpfen. Andererseits hinterlassen Rationalismus und ein mechanistisches Weltbild ihre Spuren. Die Frage, wie Musik was und auf welche Art und Weise darstellen oder ausdrücken soll, wird immer wieder in unterschiedlichen Kontexten diskutiert.

Die Schönen Künste

War die Musik im Mittelalter im Rahmen der Artes liberales noch dem Quadrivium zugeordnet, also den mathematischen Künsten, gemeinsam mit Arithmetik, Geometrie und Astronomie, so änderte sich ihre Position im Bildungskanon der Renaissance zunehmend. Musik wurde zwar nach wie vor auch als eine Kunst der Zahlen und Proportionen (nach Pythagoras) betrachtet, die Verbindung zum Trivium (Grammatik, Rhetorik und Dialektik) gewann im 16. Jahrhundert jedoch an Bedeutung. Das Verhältnis zwischen Musik und Poesie bestimmte viele Debatten der nachfolgenden Zeit. Dennoch entwickelte sich erst im Laufe der Barockzeit ein Konzept der sogenannten Schönen Künste, wie es unter anderem Charles Batteux in seiner Schrift *Les Beaux Arts*

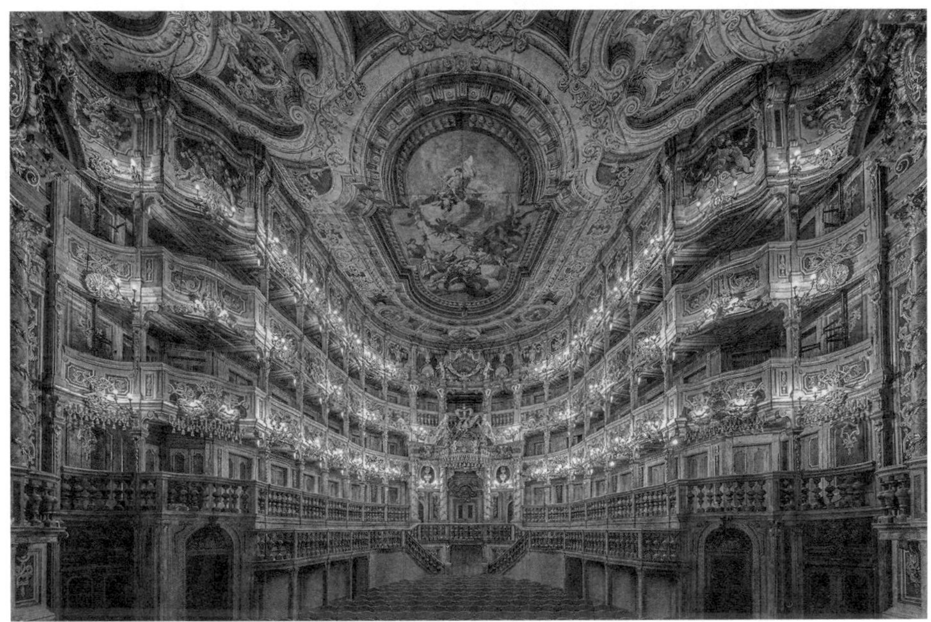

Abb. 3: Markgräfliches Opernhaus Bayreuth, Logenhaus mit Fürstenloge

réduits à un même principe (1746) ausformulierte. Er definiert im ersten Kapitel die Schönen Künste als jene, die das Vergnügen zum Gegenstand haben, und nennt Poesie, Malerei, Musik und Tanz. Die Schönen Künste folgen, so Batteux, demselben Prinzip, nämlich dem der Nachahmung der Natur. Damit ist nicht die Natur in unserem heutigen Sinne gemeint. Batteux bezieht sich, ausgehend von Aristoteles' Poetik der Mimesis, auf die Natur des Menschen. Im Bereich der Musik rückt er die »imitation des sentiments ou des passions«[1] (die Nachahmung der Gefühle und Leidenschaften) ins Zentrum.

Zwar wurden damit für die Künste erst gegen Ende des Barock gemeinsame Prinzipien formuliert, der gesamte Zeitraum ist in der Praxis jedoch bereits von einem Zusammenwirken der Schönen Künste geprägt. Es wurde vor allem in den um 1600 entstehenden musikdramatischen Gattungen realisiert. In Pastoraldramen oder Opern wirkten auf der Bühne Musik, Poesie, Schauspiel und immer wieder auch Tanzkunst zusammen. Die gemalten Bühnenbilder korrespondierten mit der Innenausstattung des Theatergebäudes, die ihrerseits durch Malerei und Bildhauerei gestaltet wurde. Besonders eindrücklich ist dies im heute noch erhaltenen Markgräflichen Opernhaus in Bayreuth zu sehen, das 1748 anlässlich der Hochzeit von Elisabeth Friederike Sophie mit dem württembergischen Herzog Karl Eugen errichtet wurde. Die Entwürfe stammen von Giuseppe Galli Bibiena, der einer renommierten Familie italienischer Theaterarchitekten entstammte, bereits für den Hof in Wien gearbeitet hatte und ab 1748 am sächsischen Hof in Dresden tätig war. Er wurde unterstützt von seinem Sohn Carlo Galli Bibiena, der auch die Bühnendekorationen für die Hochzeitsfeierlichkeiten entwarf und (zumindest teilweise) selbst malerisch umsetzte. Die architektonische und malerische Gestaltung des Hauses und der Bühnendekorationen gingen also Hand in Hand und folgten denselben künstlerischen Prinzipien. Auf Leinwand und Holz wurden im gesamten Publikumsraum Ornamente gemalt, die eine Dreidimensionalität vortäuschen (Abb. 3). Dies korrespondierte ästhetisch unmittelbar mit der illusionistischen Dekorationsmalerei, die auf der Bühne zu sehen war. Die besonders üppig ausgestattete Fürstenloge bildet als genaues Gegenüber des Bühnenraums ein zweites ästhetisches Zentrum. Das Deckengemälde zeigt Apoll im Kreise von Musen und Künsten (Skulptur, Malerei, Musik, Architektur, Schauspiel und Dichtung) und thematisiert damit das Zusammenwirken der Künste direkt als bildliches Motiv.

Musik und Antike

Die Antike spielte im Denken über Musik, aber auch in der Musikpraxis der Barockzeit eine zentrale Rolle. In Schriften zur Musik war es geradezu obligatorisch, sich auf Aristoteles oder Platon zu beziehen und diese neu zu deuten. Nicht nur Aristoteles' Lehre der Nachahmung, wie sie Batteux gebrauchte, sondern auch dessen Rhetorik wurde immer wieder und für verschiedene Zwecke herangezogen. War dies eine lange tradierte Konvention musikalischen Schrifttums, so kam es am Beginn der Barockzeit zu neuen Akzentuierungen, die auf den Einfluss des Humanismus zurückzuführen sind. Der Humanismus der Renaissance war geprägt von einem auf den Menschen ausgerichteten Weltbild und von einer Rückbesinnung auf die griechische Antike. Ein Zirkel von Intellektuellen rund um den Grafen Giovanni de' Bardi in Florenz begann sich in den 1570er-Jahren konkret mit der Frage der Wiederbelebung der griechischen Musik zu beschäftigen. Sie standen im Austausch mit dem Humanisten und Philologen Girolamo Mei, der sich bereits seit den 1560er-Jahren mit antiker Musiktheorie und -praxis beschäftigt hatte. Die griechische Monodie – die solistische Rezitation – stellte für die später als Florentiner Camerata bezeichnete Gruppe ein Ideal dar, da der Textausdruck im Unterschied zur polyphonen, mehrstimmigen Musik adäquat in Musik gesetzt werden konnte. In Bardis Zirkel verkehrte auch der Lautenist und Komponist Vincenzo Galilei, der von ihm besonders gefördert wurde. In seiner Schrift *Dialogo della musica antica et della moderna* (1581) propagierte er ebenfalls das solistische Singen nach dem Vorbild der griechischen Antike und die Wichtigkeit der Textdeklamation. Bei diesen Bestrebungen ging es jedoch nicht eigentlich darum, den griechischen einstimmigen Gesang tatsächlich wiederzubeleben oder wiederaufzuführen (was auf der Grundlage der vorhandenen Quellen ohnehin kaum möglich gewesen wäre), sondern darum, die gegenwärtige Musikpraxis und die eigenen ästhetischen Vorstellungen aus der Antike heraus zu begründen. Denn während in der Renaissance der mehrstimmige, zumeist polyphone Gesang vorherrschte, gewann die solistische, instrumentalbegleitete Textwiedergabe gegen Ende des 16. Jahrhunderts an Bedeutung.

Besonders gut zeigt sich dieses Ineinandergreifen von antiken Bezügen und aktueller Kompositionspraxis in der Aufführung musikalischer Intermedien (Zwischenspiele), die im Rahmen der Hochzeitsfeierlichkeiten für Ferdinando de' Medici und Christine von Lothringen 1589 in Florenz stattfand. Zwar wurde Giovanni de' Bardi, der am Hof der Medici lange Zeit für die Gestaltung höfischer Festivitäten verantwortlich gewesen war, 1587 durch Emilio de' Cavalieri ersetzt. An der Konzeption der Intermedien von 1589 war er jedoch noch beteiligt. Die Musik der opulenten Intermedien, die zwischen den Akten des Schauspiels *La pellegrina* gegeben wurden, bestand zum Großteil aus mehrstimmigen Madrigalen. Umso erstaunlicher ist es, dass das erste Intermedium mit einem Sologesang begann, zu dem Giovanni de' Bardi den folgenden Text verfasste:[2]

Dalle più alte sfere	Von den höchsten Sphären,
Di celeste Sirene amica scorta	von himmlischen Sirenen geleitete Freundin,
L'armonia son, ch'a voi vengo, ò mortali,	bin ich die Harmonie, die zu euch kommt, ihr Sterblichen.
Poscia, che fino al Ciel Battendo l'ali	Sodann, dass bis zum Himmel, flügelschlagend,
L'alta fama n'apporta,	die hohe Kunde sich verbreitet,
Che mai si nobil coppia il sol non vide	dass die Sonne nie solch edles Paar gesehen hat,
Qual voi nuova Minerva, e forte Alcide.	wie ihr seid, neue Minerva, und starker Herkules.

Die allegorische Figur der Harmonie tritt hier am Beginn des Intermediums auf, um dem Brautpaar (als Minerva und Herkules adressiert) zu huldigen. Es handelt sich hierbei um die dorische Harmonie (in Anspielung auf die dorische Tonart), die von der Sängerin Vittoria Archilei verkörpert wurde. Den reich verzierten und virtuosen Sologesang begleitete sie selbst auf einer Basslaute und schwebte dabei üppig kostümiert langsam auf einer Wolke herab (Abb. 4). Dass an dieser exponierten Stelle ausgerechnet die dorische Harmonie auftritt, weist einen klaren Bezug zur Antike auf, denn schon Platon hatte die dorische

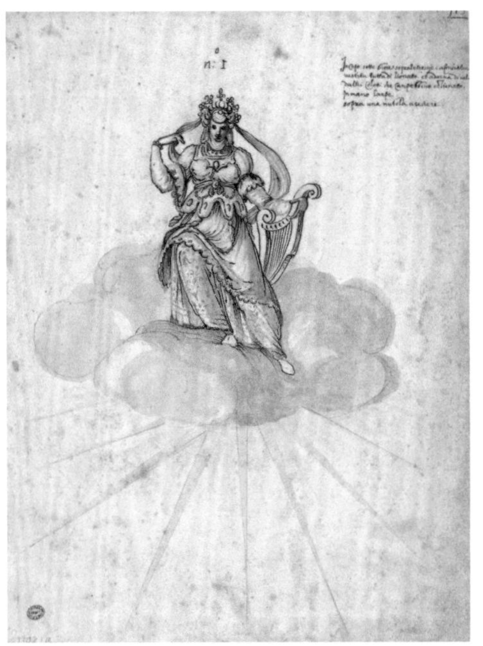

Abb. 4: Intermedien zu *La pellegrina*, Kostümskizze der Armonia Doria

Tonart als die beste gewürdigt. Der antike inhaltliche Rahmen verbindet sich dabei mit der neuen Art des solistischen, instrumentalbegleiteten Singens.

Eine aktualisierende Bezugnahme auf antike Topoi oder Schriften, auf griechische Mythologie, arkadische Schäferdichtung oder historische Helden der römischen Antike kann für die gesamte Barockzeit als typisch gelten. Beispielhaft zeigt sich dies an der Accademia degli Arcadi, die 1690 in Rom gegründet wurde. Literarisch und musikalisch Gebildete trafen in Rom, aber auch in Außenstellen der Akademie in anderen Städten regelmäßig zusammen. Die Idyllisierung des Lebens der Schäfer und Schäferinnen in einem mythischen Arkadien war dabei ein inhaltlich zentraler Topos. Zahlreiche pastorale Dichtungen entstanden, und entsprechende Textvorlagen wurden als Kantaten, Oratorien oder Opern vertont. Die literarischen Aktivitäten der Arkadier beschränkten sich jedoch nicht nur auf die Schäferdichtung. Ein übergeordnetes Ziel war es, die italienische Dichtung insgesamt vor dem Hintergrund der Ideale von Klarheit und Einfachheit zu erneuern. Dass Dichter wie Apostolo Zeno oder Pietro Metastasio, deren Texte in der ersten Hälfte des 18. Jahrhunderts besonders häufig in Musik gesetzt wurden, Mitglieder der Accademia degli Arcadi waren, zeugt von der Bedeutung dieser auf die Antike bezogenen Gesellschaft.

Affekte und Rhetorik

Dass Musik menschliche Leidenschaften nachahmen solle, wie dies unter anderem Charles Batteux formuliert hatte, war bereits eine in der Antike gängige Denkfigur. Die Leidenschaften firmierten in der Barockzeit häufig unter dem Terminus »Affekte«. Die Begriffsverwendung erfolgte dabei in unterschiedlichen Kontexten in zwei Richtungen: Einerseits ging es um die Darstellung von Affekten durch Musik, andererseits um die Wirkung der Musik. Diese beiden Ebenen verband die jeweilige Aus- und Aufführung von Musik, wie dies von

Zeitgenossen immer wieder betont wurde. In Michael Praetorius' *Syntagma musicum* (1619) ist zu lesen, dass durch das kunstvolle und anmutige Singen »das Hertz der Zuhörer gerühret / und die affectus bewegt werden« sollen.[3] Emilio de' Cavalieri schrieb bereits 1600 im Vorwort zu seiner *Rappresentatione di anima et di corpo*: Wenn diese Musik »commova a diversi affetti«, also ähnlich wie bei Praetorius die Affekte bewegen oder rühren soll, müsse vor allem der Gesang exzellent umgesetzt werden. Bei der Rührung der Affekte spielen also die kompositorische Anlage eines Stückes, die ausführende Umsetzung der Musik und die Wirkung auf das Publikum zusammen. Je nachdem, aus welcher Haltung heraus darüber geschrieben wird (Musiktheorie, Kompositionslehre, Musikpraxis), werden auch unterschiedliche Akzente gesetzt. Wie Affekte hervorgerufen werden, wird im 17. Jahrhundert zunehmend mechanistisch begründet. Der einflussreiche Philosoph René Descartes definierte sechs Grundaffekte (Verwunderung, Liebe, Hass, Begehren, Freude und Trauer), aus denen alle anderen Affekte abzuleiten wären. Die Affekte, so argumentierte Descartes in *Les Passions de l'âme* (1649), würden im Geist des Menschen als Reaktionen auf körperliche Empfindungen ausgelöst werden. Solch rationalistische Sichtweisen wirkten sich insofern auf das Denken über Musik aus, als verschiedentlich versucht wurde, die musikalischen Ausdrucksmöglichkeiten und ihre Wirkung auf den Menschen zu systematisieren. Athanasius Kircher legt in seiner umfangreichen Schrift *Musurgia universalis* (1650) acht Hauptaffekte fest, die durch unterschiedliche musikalische Mittel (Intervalle, Akkorde, Tempi, Rhythmen etc.) ausgedrückt werden können, und erläutert zumindest einige davon an verschiedenen Beispielen.[4] Derlei Rationalisierungstendenzen sind zwar zeittypisch, jedoch ist daraus keine verbindliche »Affektenlehre«[5] im Sinne festgefügter Regeln abzuleiten. Eher lassen sich bestimmte Konventionen der Affektdarstellung in der Barockmusik beobachten, wie etwa diejenigen für den Affekt der Klage.

Henry Purcell, »When I am laid in earth« aus »Dido and Aeneas«

Henry Purcells Oper *Dido and Aeneas* (1689, Libretto von Nahum Tate) widmet sich der in Vergils *Aeneis* geschilderten und in der Barockzeit häufig vertonten Begegnung zwischen Dido, der Königin von Karthago, und dem trojanischen Prinzen Aeneas. Während seiner Irrfahrten nach dem Trojanischen Krieg gelangt Aeneas nach Karthago. Unter dem göttlichen Einfluss von Venus und Juno werden Dido und Aeneas ein Paar. Dann wird Aeneas jedoch von Jupiter (bei Tate / Purcell von einer Zauberin) durch den Götterboten Merkur befohlen

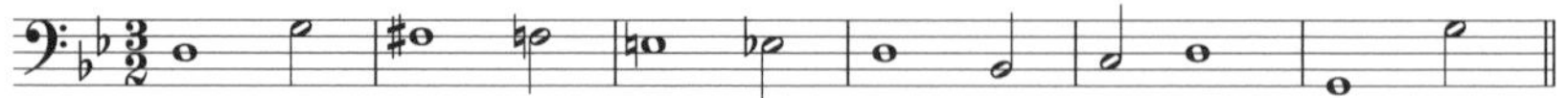

Abb. 5: Henry Purcell, »When I am laid in earth« aus *Dido and Aeneas*, Takt 1–6 (nur Bass)

aufzubrechen und seinem Auftrag nachzukommen, das Römische Reich zu begründen. Nachdem Aeneas abgereist ist, fasst Dido den Entschluss, sich selbst zu töten.

Die Gefühlswelt der verlassenen Dido fasst Purcell gegen Ende der Oper in ein Lamento, in dem der Affekt der Klage durch verschiedene Mittel in Musik gesetzt wird.[6] An ihre Schwester Belinda adressiert, singt sie: »When I am laid in earth, may my wrongs create / No trouble in thy breast, / Remember me! but ah! forget my fate.«[7] Den gesamten Text vertont Purcell auf der Basis eines fünftaktigen Bassmodells, das elfmal hintereinander wiederholt wird (Abb. 5). Der Affektgehalt der Klage tritt bereits in diesem »ground bass« hervor. Er sinkt langsam abwärts, und zwar in chromatischen Fortschreitungen (*g*, *fis*, *f*, *e*, *es*, *d*), ehe er über eine Bassklausel wieder auf dem nun um eine Oktave tieferen *G* landet. Purcell verwendet damit den zeittypischen Lamentobass, wie er sich etwa in Claudio Monteverdis *Lamento della Ninfa* (1638), aber auch in zahlreichen anderen Kompositionen findet. Die übliche diatonisch absteigende Viertonfolge (im Falle des Lamentos der Dido wäre dies: *g*, *f*, *es*, *d*) erweitert er um die dazwischenliegenden Halbtöne und setzt die Töne *fis* und *e* auf die schweren Zählzeiten. Die permanente Wiederkehr der Basslinie vermittelt Ausweglosigkeit und Resignation. Dieser chromatische Lamentobass wird in der Barockzeit vielfach für Affektdarstellungen von Trauer und Klage verwendet, unter anderem auch im »Crucifixus« der h-Moll-Messe von Johann Sebastian Bach.

Die Singstimme bewegt sich zu diesem Bass fast ausschließlich in Halb- oder Ganztonschritten fort. Dort wo Intervallsprünge gebraucht werden, sind sie mit bestimmten affektiven Wirkungen in Verbindung zu bringen: der zweimalige Quintsprung abwärts beim Wort »trouble« oder der appellierende Charakter des Quartsprungs aufwärts bei »Remember me«. Dies sind auch die einzigen beiden Textstellen, an denen Purcell mit unmittelbaren Wortwiederholungen arbeitet. Insgesamt werden die musikalischen Abschnitte, in denen der erste und zweite Satz des kurzen Textes vertont werden, jeweils wiederholt, was die Möglichkeit zur weiteren Auszierung der Singstimme bietet.

Im harmonischen Zusammenklang mit den Streichern wird der Satz durch Dissonanzen und chromatische Wendungen angereichert. Letztere sind besonders in den abschließenden neun Takten bemerkbar, in denen Dido nicht mehr singt. Die erste und zweite Violine übernehmen und erweitern hier die chromatische absteigende Linie des Basses, sodass die erste Violine letztlich fast die gesamte Oktave von g^2 bis g^1 chromatisch abwärts abschreitet. Der Einsatz von Vorhalten steigert dabei in diesem abschließenden Teil noch den klagenden Charakter. »When I am laid in earth« weist damit musikalische Elemente auf (getragener Duktus, Chromatik, Dissonanzen, Bevorzugung kleiner Intervalle, absteigende Phrasen), die in der Barockzeit typisch dafür sind, den Affekt der Klage auszudrücken.

Ebenso wie Ansätze zu einer Systematisierung der Affekte gab es in der Barockzeit auch unterschiedliche Versuche einer Übertragung rhetorischer Prinzipien auf die Musik. Sie finden sich vor allem in den Schriften deutscher Autoren. Der Gebrauch von Begriffen, die aus der antiken Rhetorik entlehnt sind, war dabei sehr unterschiedlich. Joachim Burmeister nutzte die Rhetorik 1606 in seiner Schrift *Musica poetica*, um musikalische Figuren zu beschreiben, die zur Darstellung eines bestimmten Textausdrucks gebraucht werden. Vielfach geht es dabei um die durch den Textausdruck begründete Abweichung von kontrapunktischen Regeln. Andere Autoren, wie etwa Wolfgang Caspar Printz, verstanden unter rhetorischen Figuren eher ein Regelwerk an Verzierungen.[8]

Johann Mattheson wiederum verglich die Abschnitte einer Komposition mit denjenigen einer Rede. Die musikalische Anlage habe »eben diejenigen sechs Stücke zu beobachten, die einem Redner vorgeschrieben werden, nemlich den *Eingang*, *Bericht*, *Antrag*, die *Bekräfftigung*, *Wiederlegung* und den *Schluß*. Exordium, Narratio, Propositio, Confirmatio, Confutatio & Peroratio.«[9] Eine konkrete Übertragung dieser Abschnitte auf die kompositorische Praxis war freilich mehr als schwierig, weshalb Mattheson selbst einräumte, dass man die Anlage nicht allzu pedantisch zum Maßstab nehmen sollte. Diese völlig verschiedenen Bezugnahmen auf die Rhetorik, die hier nur stellvertretend für andere stehen können, verdeutlichen die bereits angesprochene Tendenz, Musik im Zusammenhang mit dem Trivium (Grammatik, Dialektik und Rhetorik) zu diskutieren. Bei Mattheson finden sich etwa auch zahlreiche Bezugnahmen auf die Grammatik. Dass »die Musik mit der Dichtkunst und Redekunst sehr genau verbunden ist«,[10] wie Johann Adolph Scheibe 1740 schreibt, kann für die gesamte Barockzeit als verbindlich gelten.

Komposition und Aufführung

Sowohl im Zusammenhang mit den Affekten als auch in Bezug auf die Rhetorik wird im 17. und 18. Jahrhundert immer wieder betont, wie wichtig die Ausführenden seien, um eine entsprechende Wirkung der Musik zu erzielen. Dies ist nicht nur als eine generelle Forderung an die Qualität einer Aufführung zu werten, sondern hat ganz wesentlich damit zu tun, dass den Musikausübenden ein großer Gestaltungsspielraum zur Verfügung stand. In der Generalbasspraxis war es üblich, lediglich eine Bassstimme zu notieren, die dann selbstständig als akkordische Begleitung umzusetzen war. Melodiestimmen wurden sowohl auf Instrumenten als auch im Gesang mit verschiedenen Verzierungen versehen. Was als »Komposition« notiert wurde und uns heute als Quelle zur Verfügung steht, ist besonders dort auf sein Verhältnis zur musikalischen Praxis hin zu prüfen, wo virtuose und improvisatorische Elemente maßgeblich waren. Jacopo Peri etwa schreibt im Vorwort des Druckes seiner Oper *L'Euridice* (1600), dass erst die Sängerin Vittoria Archilei seiner Musik durch ihre Verzierungskunst Würde verliehen habe. Er betont auch die Defizite der musikalischen Notation: Es gebe Schönheiten, die man nicht niederschreiben könne, und wenn man sie niederschreibe, seien sie aus dem Geschriebenen nicht zu erlernen. In der Partitur zu Claudio Monteverdis Oper *L'Orfeo*, die 1609 gedruckt wurde, ist die Singstimme im Bittgesang Orfeos »Possente spirto« in zwei Systemen, einmal mit und einmal ohne Verzierungen, notiert (vgl. Abb. 16, S. 102). Die erheblichen Unterschiede zwischen verzierter und unverzierter Notation der Stimme verdeutlichen, in welch substanziellem Ausmaß die gesangliche Umsetzung die Musik veränderte und beeinflusste.

Ein übermäßiger Gebrauch von Verzierungen wurde aber auch immer wieder kritisiert. So ist 1723 in Pier Francesco Tosis Gesangslehre *Opinioni de' cantori antichi, e moderni* (bzw. in Johann Friedrich Agricolas deutscher Übersetzung *Anleitung zur Singkunst* von 1757) über die modernen Sängerinnen und Sänger zu lesen: »Gleich als wenn sie nicht zufrieden seyn könnten, daß sie eine Arie ganz und gar auf eine ungeheuere Art in lauter Passagien verwandeln: so eilen sie zügelloß ihren Endigungscadenzen zu, um dieselben mit verstärkter Gewalt losbrechen zu lassen, und die Zeit wieder einzubringen, welche sie währender Arie noch verlohren zu haben sich einbilden.«[11] Statt der hier beschriebenen effekthaschenden Virtuosität idealisierte Tosi einen älteren Gesangsstil, der den pathetischen Affekt ins Zentrum stellte. Ein übermäßiger Gebrauch der »passaggi« wurde allerdings bereits 1602 von Giulio Caccini in *Le nuove musiche* kritisiert. Der angemessene und geschmackvolle Einsatz von Verzierungen war somit in der Barockzeit immer wieder ein Thema.

Nicht nur im Gesang, sondern auch in der Instrumentalmusik waren virtuose oder improvisatorische Elemente wesentlich. Das improvisierte Präludieren war als Einleitung zu einem danach gespielten, notierten Stück auf allen Soloinstrumenten und sogar im Ensemblespiel gängige Praxis.[12] Ein enges Wechselverhältnis zwischen Improvisation und Komposition ist insbesondere in freieren Instrumentalformen wie Präludium, Fantasie oder Toccata festzustellen.

Girolamo Frescobaldi, »Il primo libro di Toccate e Partite d'intavolatura di Cimbalo«

Das freie Improvisieren gehörte für Girolamo Frescobaldi, der neben anderen Tätigkeiten von 1608 bis zu seinem Tod 1643 Organist am Petersdom in Rom war, zu seinem musikalischen Alltag. 1639 äußerte sich der französische Geiger André Maugars in einem Reisebericht hymnisch über Frescobaldi.[13] Es sei nicht verwunderlich, dass man den berühmten Organisten von St. Peter in ganz Europa kenne. Obwohl die gedruckten Werke einen Eindruck von seinem großen Können vermittelten, müsse man Frescobaldi selbst beim Improvisieren von Toccaten hören, die voll bewundernswerter Erfindungen seien.

Dass Frescobaldi zahlreiche Toccaten als Kompositionen im Druck veröffentlichte, steht also in einem gewissen Spannungsverhältnis zu seinen freien Improvisationen. Dem ersten Buch mit Toccaten und Partiten für das Cembalo, das 1615 erstmals (und bis 1637 vier weitere Male) im Druck erschien, stellte Frescobaldi ein ausführliches Vorwort voran, in dem er erklärt, dass es ihm um das Erzeugen von kantablen Affekten und um die Vielfalt in der Gestaltung der musikalischen Abschnitte gehe.[14] Er schlägt einen flexiblen Umgang mit dem Tempo vor, wie er auch in den zeitgenössischen Madrigalen zu finden sei. Wichtig ist ihm das Wechselspiel zwischen metrisch freieren Passagen und metrisch gebundenen, rascheren Abschnitten, die vor allem im Mittelteil der Toccaten entsprechend auszuführen seien. Immer wieder kommt Frescobaldi auf die Umsetzung verschiedener, nicht notierter Spieltechniken wie Arpeggien oder Verzierungen zu sprechen. Er räumt sogar die Möglichkeit ein, dass man die verschiedenen Abschnitte der Toccaten auch einzeln spielen und das Spiel auch mitten im Stück am Ende eines Abschnitts abbrechen könne. Frescobaldis Vorwort verdeutlicht in vielerlei Hinsicht, dass seine gedruckten Toccaten aus einer improvisatorischen Praxis heraus entstanden sind und dass zahlreiche Aspekte der musikalischen Aufführung nicht in der Notation abzubilden sind. Zugleich sind die Toccaten nicht einfach Niederschriften von Improvisationen, sondern können auch als modellhafte

Zusammenstellungen (also: »Kompositionen«) mit einer großen Bandbreite an Ausdruckscharakteren angesehen werden.[15]

Das Grundprinzip der Toccaten Frescobaldis ist, in den einzelnen Abschnitten bestimmte musikalische Ideen mit unterschiedlichen kompositorischen Techniken zu bearbeiten. Eine musikalische Idee kann dabei auch aus der jeweils vorhergehenden entwickelt werden. So geht Frescobaldi beispielsweise in der Toccata Nr. 2 vor (Abb. 6).[16] Typischerweise beginnt die Toccata mit Akkorden und musikalischen Figuren, die wie ausgeschriebene Ornamente wirken. Während die Oberstimmen im zweiten Takt noch in Akkorden weiterschreiten, dialogisieren die Unterstimmen im Gebrauch eines Viertonmotivs mit einem charakteristischen punktiert notierten[17] Quartsprung abwärts am Beginn und anschließender schrittweiser Aufwärtsbewegung. In einer neuen, schnelleren Figur, die ab Takt 4 durch alle Stimmen wandert, wird dies aufgegriffen: Nun wird der Quartsprung an das Ende der Figur gestellt. Auch die längere melodische Figur in der Oberstimme von Takt 6

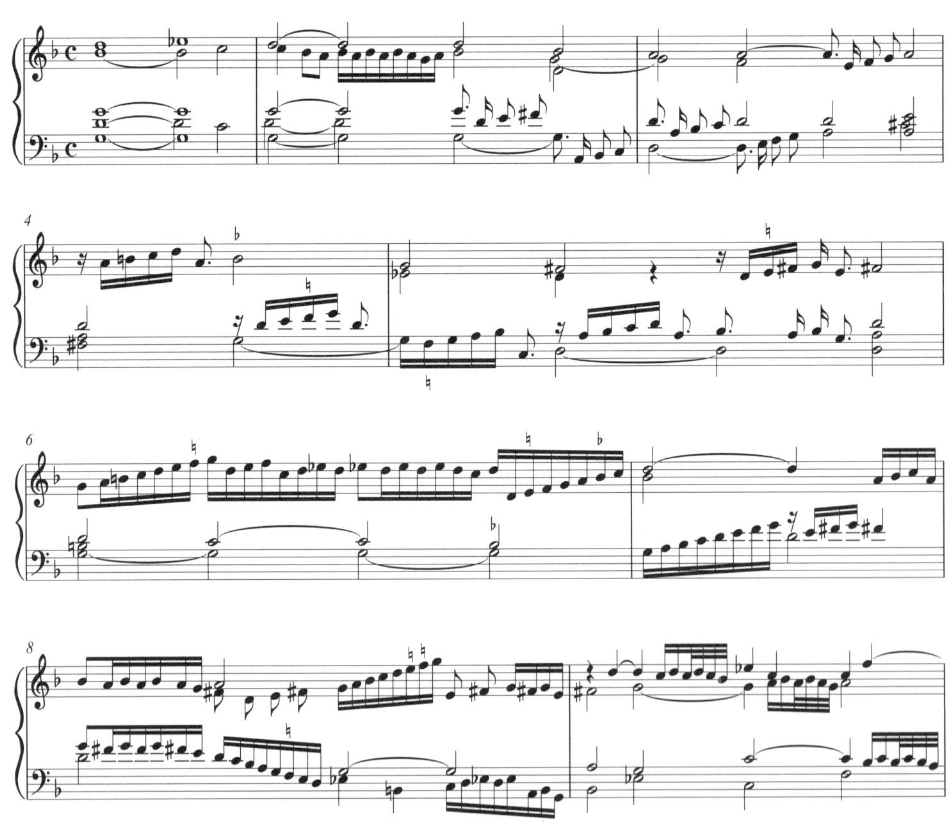

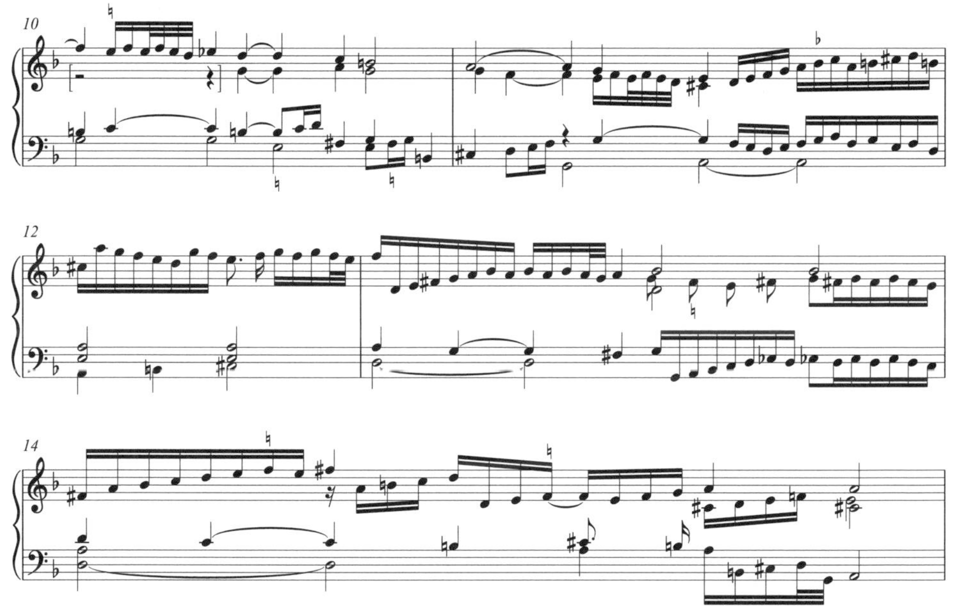

Abb. 6: Girolamo Frescobaldi, Toccata seconda des *Primo libro di Toccate e Partite*, Takt 1–14

arbeitet mit aufsteigenden Tonschritten und absteigenden Quartsprüngen. Mit diesem Material und verschiedenen trillerartigen Figuren wird bis zum Ende des ersten Abschnitts in Takt 14 weitergearbeitet. Es lässt sich daher in diesem Abschnitt einerseits eine Steigerung feststellen, von den einleitenden, langsam zu spielenden Akkorden und Figuren hin zu den raschen Läufen und Trillerfiguren. Andererseits zeigt sich, wie Frescobaldi aus einer einfachen melodischen Figur immer wieder neue Varianten ableitet, die dann in den verschiedenen Stimmen verarbeitet werden. Tonschritte, Quartsprung und Punktierung greift Frescobaldi auch in den folgenden Abschnitten der Toccata in neuen melodischen Figuren auf. In den mittleren Abschnitten folgen die harmonischen Fortschreitungen rascher aufeinander, und der Satz ist meist strenger durchgearbeitet. Hier lässt Frescobaldis Satzweise weniger Freiheiten bezüglich der Tempogestaltung zu. Gegen Ende dominieren wieder virtuose Figuren wie Läufe, Umspielungen oder Triller, ehe die Toccata in ihre finale Kadenz mündet. In den anderen Toccaten des *Primo libro di Toccate* zeigen sich ähnliche kompositorische Techniken, die auf die Kunst der Improvisation sowohl in der mannigfaltigen Verarbeitung musikalischer Ideen als auch in der Anwendung von virtuosem Figurenwerk Bezug nehmen.

Frescobaldis Äußerung, das Spiel könne am Ende der einzelnen Abschnitte abgeschlossen und damit die Toccata vorzeitig beendet werden, zeigt einen flexiblen Umgang mit musikalischen Kompositionen. Ein solcher ist in der Barockzeit auch im Bereich der Oper erkennbar, wofür vor allem das Gesangspersonal verantwortlich war. Benedetto Marcello gibt in seiner 1720 oder 1721 veröffentlichten Satire *Il teatro alla moda* Anweisungen für den Sänger: »Stets beklage er sich über seine Rolle, indem er behauptet: ›daß die Handlung nicht auf ihn zugeschnitten sei, und daß die Arien ihm nicht lägen.‹ Er singe in diesem Fall irgendeine Arietta von einem anderen Komponisten und beteuere dabei: ›diese Arietta habe an dem Hof von Dingsda und bei dem und dem hohen Herrn (ihn zu nennen wird er sich hüten) den höchsten Beifall gefunden, und er habe sie jeden Abend bis zu siebzehnmal wiederholen müssen.‹«[18]

Auch wenn Marcello hier satirisch zuspitzt, war es zu seiner Zeit gängige Praxis, dass die Sängerinnen und Sänger Arien austauschten und damit die Gestalt einer Oper veränderten. Dies war vor allem dann der Fall, wenn eine Oper an einem anderen Ort mit anderem Personal wiederaufgeführt werden sollte. Vorrangig war nicht die Intaktheit eines Werkes, sondern dass die Sängerinnen und Sänger überzeugten. Darüber hinaus konnte es weitere Anpassungen an lokale Gegebenheiten oder ästhetische Präferenzen geben, wie etwa Kürzungen oder Textänderungen. Üblich war auch die Aufführung sogenannter Pasticci. Das waren Opern, die weitgehend aus bereits existierender, aber neu kombinierter Musik zusammengestellt waren. Georg Friedrich Händel etwa produzierte für seine Opernunternehmungen in London mehrere solcher Pasticci.[19] Dabei stellte er entweder neue Opern aus seiner eigenen Musik zusammen oder arrangierte Arien verschiedener anderer Komponisten zu einem neuen Opernabend. Einfluss auf die Auswahl hatten wiederum die Sängerinnen und Sänger, die häufig anspruchsvolle, besonders beliebte oder neu aus Italien importierte Arien in diesen Pasticcio-Opern zum Besten gaben.

Komposition und Aufführung sind damit in der Barockzeit auf vielen Ebenen miteinander verknüpft und bedingen einander. Sie sind außerdem an verschiedene Rahmenbedingungen gebunden, innerhalb derer die im Musikleben agierenden Personen deutlich weniger Autonomie hatten, als dies zu späteren Zeiten der Fall war.

Musikleben

Politische, soziale, religiöse oder ökonomische Entwicklungen beeinflussten die Musik der Barockzeit in vielerlei Hinsicht. Wirtschaftlicher Wohlstand und das Engagement einflussreicher Persönlichkeiten beförderten an vielen Orten eine umfangreiche Musikkultur und ließen sie prosperieren. Umgekehrt konnten Kriege, die Pest, Ernteausfälle, das Aussterben adeliger Linien oder die Migration einer Residenz in eine andere Stadt den Musikbetrieb an einem Standort vorübergehend oder langfristig lähmen oder völlig verändern. Was an musikkulturellen Aktivitäten wo und in welchem Rahmen stattfinden konnte, war damit regional und zu unterschiedlichen Zeiten sehr verschieden. Übergreifend kann allerdings festgestellt werden, dass die Musikkultur von einer Elite getragen wurde, die sich durch hohen Stand, umfassende Bildung und finanziellen Wohlstand auszeichnete. Diese drei Faktoren gingen im 17. und 18. Jahrhundert häufig noch miteinander einher: Wer finanzielle Mittel in großem Umfang zur Verfügung hatte, war auch gebildet und adelig. Die Aristokratie und der Klerus waren damit die wichtigsten Trägerschichten der Musikkultur. Hinzu kamen, insbesondere in freien Städten, in denen der Handel eine zentrale Rolle spielte oder die republikanisch orientiert waren (wie etwa Hamburg oder Venedig), finanzkräftige Kaufleute. Gesellschaftliche Hierarchien, die vorwiegend durch Abstammungsprinzipien geregelt waren, spielten auf allen Ebenen des Musiklebens eine überaus wichtige Rolle.

Finanzierung und Institutionen

Musikalische Aktivitäten benötigen – das ist in der Barockzeit nicht anders als heute – Kapital. So es sich nicht um das Singen aus dem Gedächtnis oder in freier Erfindung handelt, sind zumindest gewisse materielle Güter wie Notenmaterial oder Instrumente unabdingbar. Diese materiellen Ausgaben können für bestimmte musikalische Ereignisse wie Opernaufführungen, die spezifische Räumlichkeiten, Bühnenmaschinerie, Beleuchtung, Bühnenbilder oder Kostüme erfordern, enorm hoch ausfallen. Dazu kommen Personalressourcen. Aktivitäten im Bereich Musik waren im 17. und 18. Jahrhundert in unterschiedlichem Ausmaß professionalisiert. Damit ist gemeint, dass die involvierten Personen für ihre musikbezogenen Tätigkeiten bezahlt wurden und (häufig) ihren Lebensunterhalt damit verdienten. Gerade in der Barockzeit gab es aber auch Personengruppen, die musikalisch hochgebildet und aktiv waren, diese Tätigkeiten jedoch aus unterschiedlichen Gründen nicht professionell betrieben. Indirekte Personalkosten fielen freilich auch hier an, indem beispielsweise Unterricht bezahlt werden musste, um diese musikalische Bildung überhaupt zu erlangen. Adel, Klerus und Bürgertum investierten auf verschiedene Art und Weise in musikalische Aktivitäten.[20]

In der Kirche stand zunächst die musikalische Gestaltung von Messen, Gottesdiensten oder Andachten unterschiedlicher Art im Zentrum. Die dabei erklingende Musik war diejenige, die am breitesten den verschiedenen, auch sozial niedriger gestellten Bevölkerungsgruppen zugänglich war. Am kostengünstigsten war hier der Gemeindegesang ohne instrumentale Begleitung, am kostenintensivsten Aufführungen, die Gesangspersonal (Chor und Soli) und ein Orchester erforderten. Die verschiedenen Konfessionen hatten dabei unterschiedliche Haltungen zur Musik. Während die katholische Kirche üppig ausgestattete musikalische Ereignisse zur Lobpreisung Gottes inszenierte, erhielten in der evangelisch-lutherischen Kirche der deutschsprachige Gemeindegesang und das Orgelspiel eine höhere Bedeutung. In einigen reformierten Kirchen stand man – freilich in unterschiedlicher Ausprägung und regional verschieden – einer Verwendung von Instrumenten oder allzu prunkvoller Musik eher skeptisch gegenüber. Wie aufwendig sich Kirchenmusik gestaltete, hing auch vom jeweiligen Anlass ab. Prädestiniert für umfangreichere Musikaufführungen in Kirchenräumen waren die hohen kirchlichen Feiertage, aber auch weltliche Ereignisse wie etwa Krönungen oder Hochzeiten, in deren Rahmen Gottesdienste oder Messen abgehalten wurden. Die Aufführung geistlicher Musik war freilich nicht an die Liturgie oder den Kirchenraum gebunden, ebenso wie in Kirchenräumen auch Konzerte ohne liturgische Funktion stattfanden. Sie konnten von Orgelmusik bis zu festlichen Kantaten reichen, wie sie etwa in den von Dieterich Buxtehude in der Lübecker Marienkirche veranstalteten Abendmusiken gespielt wurden. Zudem sind die personellen Verflechtungen zwischen Klerus, Adel und Bürgertum zu berücksichtigen. Vor allem in Rom hatten Adelsfamilien wie die Barberini, Pamphili, Ottoboni, Ruspoli oder Colonna die wichtigsten Ämter der katholischen Kirche inne und förderten die Musikkultur, indem sie auch privat Musikkapellen unterhielten und regelmäßig Musik in ihren Palazzi aufführten. Zahlreiche weltliche Herrschaftshäuser besaßen eigene klerikale Einrichtungen wie Kapellen oder Kirchen und engagierten eigens für die Kirchenmusik verantwortliche Personen.

Neben den Kirchen waren die Klöster verschiedener Orden wichtige Orte der Musikpflege. Hier bildeten die Nonnen und Mönche selbst das musikausübende Personal. Meist dominierten der mehrstimmige Gesang und das Orgelspiel. Jedoch waren etwa die Jesuiten auch im Bereich der (musik-)dramatischen Künste sehr aktiv und führten Schuldramen (Schauspiele mit Musikeinlagen) auf. Der Öffentlichkeitscharakter dieser musikalischen Aktivitäten konnte sehr unterschiedlich sein. Die jesuitischen Schuldramen, die von den Schülern der Ordensschulen aufgeführt wurden, zogen adeliges und bürgerliches Publikum an. Musikalische Aktivitäten in Frauenklöstern, die restriktivere Bestimmungen für den Besuch (insbesondere männlicher) außenstehender Personen hatten, blieben häufig für eine breitere Öffentlichkeit unzugänglich. Ordensschulen waren ebenso wie Waisenhäuser überaus wichtige musikalische Ausbildungs- und Wirkungsstätten. An den venezianischen Ospedali, die sich unter anderem der Erziehung und musikalischen Bildung von (Waisen-)Mädchen widmeten, waren renommierte Musiker und Komponisten wie Francesco Gaspari, Johann Adolf Hasse, Antonio Vivaldi oder Nicola Porpora tätig. Die Konzertveranstaltungen der Ospedali stellten eine besondere Attraktivität für Venedig-Reisende dar. Neben geistlicher Musik, bis hin zu großformatigen Oratorien, führten die Mädchen und das Lehrpersonal der Ospedali auch Orchestermusik auf. Unter anderem schrieb Vivaldi zahlreiche seiner Instrumentalkonzerte für das Ospedale della Pietà.

Die Musikpflege der Aristokratie und des Bürgertums war in der Barockzeit enorm vielfältig. Fürsten- und Königshäuser unterhielten in ihren höfischen Residenzen kleinere oder größere Hofkapellen, die Kapellmeister, Komponisten, Musizierende und Gesangspersonal umfassten. Sie waren für die Gestaltung der unterschiedlichen musikalischen Aktivitäten am Hof zuständig, die sehr umfangreich sein konnten. Die geistliche Musik in den Hofkirchen wurde bereits erwähnt. Tafelmusik begleitete die Mahlzeiten der Hoheiten, die teilweise auch als öffentliche Ereignisse inszeniert wurden.[21] Zur abendlichen Unterhaltung wurde Kammermusik dargeboten, bei Bällen Tanzmusik. Bei festlichen Anlässen wie Hochzeiten, Geburts- oder Namenstagen, in der Karnevalsaison oder auch darüber hinaus standen Opern auf dem Programm, in der Fastenzeit als geistliches Pendant dazu die Oratorien. Eine derart umfangreiche Musikpflege konnten oder wollten sich dauerhaft freilich nur die wenigsten und größten Höfe leisten, wie etwa diejenigen in Paris oder Wien. Vielerorts erlebte die Musikkultur an Höfen durchaus wechselvolle Zeiten und war deutlich reduzierter. Hofmusik diente nicht nur der Unterhaltung und Muße des Hofstaats, sondern war auch politisch motiviert. Durch sie konnten Macht und Herrschaft sowohl gegenüber den eigenen Untertanen als auch gegenüber anderen Höfen demonstriert werden. Die Hofoper oder andere festliche Musikveranstaltungen wurden zu repräsentativen Anlässen als symbolisches und kommunikatives Mittel eingesetzt, um den Rang des eigenen Hauses im europäischen Machtgefüge zu festigen oder zu erhöhen, wie dies bereits am Beispiel der Serenata *Diana su l'Elba* gezeigt wurde. Mitglieder fürstlicher Familien waren musikalisch sehr gut ausgebildet, und viele waren selbst künstlerisch aktiv.[22] Dies reichte von der Pflege von Kammermusik im intimeren Rahmen bis hin zur symbolischen Inszenierung musikalischer Aktivitäten. Wie sehr dies miteinander verflochten sein konnte, zeigt sich am Beispiel des preußischen Königs Friedrich II., der in den von ihm regelmäßig veranstalteten Kammerkonzerten Flöte spielte. Der Zugang zu diesen Konzerten war äußerst exklusiv und erfolgte nur auf Einladung des Königs. Die Gnade, die der König dem Publikum dadurch erwies, demonstrierte wiederum seine Machtposition.[23] Mehrere Regentinnen und Regenten, darunter Friedrich II., komponierten auch Musik. Der Habsburger Kaiser Leopold I. verfasste Opern, Serenaten, Oratorien und zahlreiche weitere geistliche und weltliche Werke und führte sie am Hof auf, gelegentlich auch unter seiner eigenen Leitung. Die Bayreuther Markgräfin Wilhelmine oder die sächsische Kurfürstin Maria Antonia Walpurgis legten ebenfalls Opernkompositionen vor, die sie an ihren Höfen aufführen ließen.

Eine städtisch-bürgerliche Musikpflege, wie sie vor allem in den Reichs- und Hansestädten Mittel- und Norddeutschlands zu finden ist, hatte andere Organisationsstrukturen. Die politischen Entscheidungsträger (meist ein städtischer Rat) stellten Musiker und einen Musikdirektor für die Gestaltung von städtischen Festen und Hochzeiten ein, die sogenannten Stadtpfeifer. Auch wenn der Name nahelegt, dass es sich um Bläser handelte, waren sie üblicherweise Multi-Instrumentalisten und konnten somit für verschiedene Zwecke unterschiedlich eingesetzt werden. In den lutherisch geprägten Städten gab es zudem häufig personelle Überschneidungen zwischen weltlicher und geistlicher Musikpflege, da die evangelischen Kirchen ebenfalls der Stadtverwaltung unterstanden. Die Stadtpfeifer wurden also auch bei der Gestaltung sonn- oder feiertäglicher Musik in den Kirchen eingesetzt. In Städten, die von einem Patriziat oder Bürgertum geprägt waren, entwickelten sich auch rascher als in höfisch geprägten Kontexten kommerzielle Musikunternehmen. Daneben gab es jedoch auch eine umfangreiche nicht-professionelle Musikpflege. Hier ist besonders die Gründung von Collegia musica hervorzuheben, die in verschiedenen deutschen Städten nach dem Dreißigjährigen Krieg erfolgte. Mitglieder des Bürgertums kamen zur gemeinsamen geselligen Musikpflege in privaten Häusern oder anderen Orten zusammen. Dabei konnte sowohl Vokal- als auch Instrumentalmusik im Mittelpunkt stehen. Etwas anders gelagert waren die ebenfalls unter dem Namen Collegium musicum gegründeten Vereinigungen, die ihren Ausgangspunkt im universitären Umfeld hatten. Ihre Mitglieder trafen sich meist in Kaffeehäusern oder Gaststätten, führten Musik dort öffentlich auf und waren professioneller aufgestellt. 1702 wurde in Leipzig von Georg Philipp Telemann ein solches Collegium musicum gegründet, als er an der dortigen Universität studierte. Es wurde ab 1729 von Johann Sebastian Bach geleitet.

Weitere wichtige Institutionen für die Musikpflege der Barockzeit waren die Akademien. Adelige, aber auch Bürgerliche gründeten Gesellschaften, in denen sie gelehrte und kunstaffine Personen um sich sammelten, um sich mit Wissenschaft, Literatur, Kunst oder Musik auseinanderzusetzen. Im 17. und 18. Jahrhundert etablierten sich in vielen Städten Akademien mit unterschiedlichen inhaltlichen Zielsetzungen. Sie waren immer wieder ein Motor für künstlerische Neuerungen, trugen zur Bildung von Netzwerken bei und führten im Rahmen ihrer Zusammenkünfte auch Musik auf. So wurde Claudio Monteverdis *L'Orfeo* 1607 durch die Accademia degli Invaghiti uraufgeführt, die 1562 von Cesare Gonzaga in Mantua gegründet worden war. 1615 rief Adriano Banchieri in Bologna die Accademia dei Floridi ins Leben, die sich ausschließlich der Musikpflege widmete. Sie zählte auch Monteverdi zu ihren Mitgliedern. Die im Exil lebende ehemalige Königin Christina von Schweden etablierte 1674 in Rom die Accademia Reale, aus der die bereits erwähnte Accademia degli Arcadi erwuchs. In der Satzung der Accademia Reale ist zu lesen, dass bei jedem Treffen eine Sinfonia und ein größeres zweiteiliges Werk aufgeführt wurden.[24] Die Musik war hier demnach zentraler Bestandteil der Zusammenkünfte. Akademien waren darüber hinaus in verschiedenen Städten an der Einrichtung und dem Betrieb von Opernhäusern beteiligt, wie etwa in Bologna oder Florenz. Auch die 1669 gegründete Académie royale de musique hatte die Aufgabe, die Oper in Paris zu etablieren. Waren die Zielsetzungen der Akademien zwar durchaus verschieden, so sind sie jedenfalls im Kontext einer umfangreichen Förderung barocker Musikkultur durch begüterte Personen aus der Aristokratie und dem gehobenen Bürgertum zu sehen. Diese Förderkultur wird heute meist als Patronage oder Mäzenatentum bezeichnet. Sie konnte von der Finanzierung musikalischer Institutionen oder Veranstaltungen über die Anstellung von Musikerinnen und Musikern, die Bezahlung von Ausbildungen, Notendrucken oder Instrumenten bis hin zur Ausstellung von Empfehlungsschreiben reichen.

Das System der Patronage, wie die höfisch-aristokratische Musikkultur insgesamt, war darauf ausgelegt, Musik zu fördern und Geld dafür auszugeben, ohne Einnahmen zu erzielen. Es galt vielmehr, den eigenen Status dadurch herauszustellen, dass man sich eine entsprechende Musikkultur leisten konnte. Der Kreis derer, die an musikalischen Veranstaltungen teilnehmen konnten, war freilich in den meisten Fällen exklusiv. Hofmusik war üblicherweise und in verschiedenen Abstufungen nur den Mitgliedern des Hofstaates, Adeligen, Geistlichen, Beamten, Offizieren, gehobenem Bürgertum, auswärtigen Gästen von Rang sowie allenfalls Bediensteten der Adeligen oder hofnahen Handwerkern zugänglich.[25] Bestimmte Aufführungen, wie diejenige der Serenata *Diana su l'Elba*, zielten zwar darauf ab, dass die Untertanen die Herrlichkeit des Landesfürsten wahrnahmen. Im höfischen Kontext waren allerdings Rangordnungen allgegenwärtig, sodass nicht davon auszugehen ist, dass eine Magd oder ein Handwerker diesem Ereignis aus nächster Nähe beiwohnten, so sie denn überhaupt anwesend waren. Musikveranstaltungen der Akademien waren üblicherweise nur den (meist männlichen) Akademiemitgliedern zugänglich. In den Privathäusern von Adeligen zeigen sich ähnliche Tendenzen hinsichtlich des sozialen Rangs. So besuchten die Conversazioni (wöchentliche Veranstaltungen mit Musik, Kartenspiel und Gespräch) des Fürsten Francesco Maria Ruspoli in Rom am Beginn des 18. Jahrhunderts neben Adel und Klerus lediglich Diplomaten, Reisende oder gehobenes Bürgertum.[26]

In der Barockzeit entstanden jedoch auch die ersten kommerziell ausgerichteten Musik-Unternehmungen. An diesen Veranstaltungen konnte teilnehmen, wer sich eine Eintrittskarte leisten konnte. Da die Preise hoch waren, blieb auch hier das Publikum im Wesentlichen auf eine gewisse finanzkräftige Elite beschränkt, wobei sich durch die Anordnung der Ränge im Logentheater mit je unterschiedlichen Preisen wiederum bestimmte Hierarchien ergaben. Größere kommerzielle Unternehmungen entstanden zunächst meist dort, wo das Musikleben nicht zentral durch einen Hof bzw. eine fürstliche Familie gesteuert wurde. In Venedig, einer Stadt, in der einflussreiche Patrizierfamilien das Sagen hatten, wurde mit dem Teatro San Cassiano 1637 das erste kommerziell orientierte Opernhaus in Betrieb genommen. Das Theater war im Besitz der Familie Tron und war zuvor für die Aufführung von Komödien verwendet worden. 1637 mietete es der Musiker und Librettist Benedetto Ferrari, der eine Truppe von Sängerinnen und Sängern rund um Francesco Manelli aus Rom engagierte, um darin Opern aufzuführen. Ferrari war für die gesamte Organisation, Umsetzung und Finanzierung verantwortlich. Er agierte also als Unternehmer, als Impresario.[27] Das Impresario-System etablierte sich in Venedig schnell auch für andere entstehende Operntheater und in der Folge dann langsam auch in weiteren italienischen Städten. In diesem System mussten durch die Vermietung von Logen für eine gesamte Saison, durch den Verkauf von Eintrittskarten, Textbüchern, Speisen und Getränken sowie durch den Betrieb von Glücksspiel in den Foyers der Opernhäuser so hohe Einnahmen erzielt werden, dass der Impresario damit den gesamten Betrieb (von den Gagen des Gesangspersonals bis zur Anschaffung der Kerzen für die Beleuchtung) bezahlen konnte. Oper wurde deshalb deutlich effizienter und damit kostengünstiger produziert, als dies in höfischen Kontexten der Fall war. Dennoch kam es immer wieder vor, dass Opernunternehmungen scheiterten und Impresari bankrott gingen. Mit der Kommerzialisierung der Oper änderten sich nicht nur ihre Produktionsbedingungen, sondern auch ihre Inhalte und ihre musikalische Gestaltung. Sie musste nicht in erster Linie symbolische oder politische Botschaften vermitteln, wie dies anlässlich von fürstlichen Hochzeiten der Fall war, sondern war auf ein Unterhaltungsbedürfnis der ansässigen wohlhabenden Gesellschaft und der zahlreichen auswärtigen Gäste in Venedig ausgelegt.

Francesco Cavalli, »La Calisto«

Als *La Calisto* im November 1651 im Teatro Sant'Apollinare in Venedig erstmals aufgeführt wurde, konnte deren Komponist Francesco Cavalli bereits auf eine zehnjährige Zusammenarbeit mit dem Librettisten Giovanni Faustini zurückblicken.[28] Faustini agierte in diesem Jahr auch als Impresario des erst kurz zuvor eröffneten Theaters, starb allerdings wenige Wochen nach der Premiere von *La Calisto*. Mit ihren elf gemeinsamen Arbeiten prägten Faustini und Cavalli den Typus der kommerziellen venezianischen Oper dieser Zeit. Faustini reicherte in seinen Libretti die für die Oper üblichen historischen oder mythologischen Stoffe mit phantastischen und unterhaltsamen Elementen und Figuren an. Verkleidungen, Verwechslungen und Täuschungen spielten in den sich meist um Liebesverwirrungen rankenden Geschichten eine zentrale Rolle. Für *La Calisto* bediente sich Faustini bei den *Metamorphosen* des antiken römischen Dichters Ovid. Er legte seinem Libretto die Geschichte der Nymphe Calisto zugrunde, die von Jupiter, der sich Calisto in Gestalt der Göttin Diana nähert, verführt, vergewaltigt und schließlich in das Sternbild des Großen Bären verwandelt wird.

Bei Faustini begibt sich die Geschichte im mythischen Arkadien so: Der in die Göttin Diana verwandelte Jupiter verführt Calisto (so weit folgt Faustini Ovid), sie ist allerdings von den Küssen im schattigen Hain derart angetan, dass sie sich der echten Diana gegenüber, der sie wenig später begegnet, mit besonderer Begeisterung an das Erlebte erinnert. Diana ist entsetzt über Calistos Schamlosigkeit und weist sie brüsk zurück. Dieser Vorfall ist jedoch nicht Dianas einzige Sorge in Liebesangelegenheiten. Obwohl sie sich der Keuschheit verschrieben hat, hat sie sich in den melancholischen Schäfer Endimione verliebt. Auf Diana hat wiederum auch Pan, der Gott der Schäfer, ein Auge geworfen und will mithilfe von Silvano und einem kleinen Satyr (Satirino) herausfinden, ob Diana einen Liebhaber hat. In einer weiteren Nebenhandlung will die Nymphe Linfea endlich mit einem Mann ins Bett, verschmäht aber den sich ihr anbietenden Satirino. In der Zwischenzeit nimmt die Verwirrung zu, als Calisto abermals Jupiter in der Gestalt von Diana begegnet und statt Zurückweisung erneut Zuneigung erfährt. Ebenso geht es Endimione, der ebenfalls auf die falsche Diana trifft. Das beobachtet wiederum der eifersüchtige Pan und nimmt Endimione gefangen. Jupiters Täuschungen wird ein Ende gesetzt, als seine Gemahlin Juno erscheint, Calisto von Furien verfolgen lässt und in einen Bären verwandelt. Nachdem Jupiter, nun in seiner wahren Gestalt, Calisto zusagt, sie im Sternbild des Großen Bären in den Himmel aufzunehmen, finden auch Diana und Endimione in züchtiger und keuscher Liebe zueinander.

Dass Jupiter vorgibt, Diana zu sein, ist in Faustinis Libretto klar der treibende Motor für den Fortgang des Geschehens. Die unterschiedlichen Handlungsstränge liefern dabei eine enorme Bandbreite an Gefühlslagen. Die zwischen Freude und Enttäuschung hin und her geschüttelte Calisto, die (echte) strenge oder (falsche) verführerische Diana, der melancholische Endimione, die wütende Juno, der eifersüchtige Pan oder die liebeshungrige Linfea bieten Cavalli die Möglichkeit, abwechslungsreiche und expressive Musik zu gestalten. Allein die Arien Calistos im ersten Akt weisen eine musikalische Vielfalt auf, die sensibel auf ihre Stimmungen reagiert. Calisto betritt die Bühne erstmals in der zweiten Szene, erschöpft nach Wasser suchend, nachdem durch die Unfähigkeit Phaetons, den Sonnenwagen zu lenken, die Erde versengt wurde. In ihrer Auftrittsarie »Piante ombrose« ist die Resignation in den vielen absteigenden Phrasen der Singstimme und des Basses spürbar. Zugleich arbeitet Cavalli mit Sequenzierungen auf immer höheren Tonstufen, die eine gewisse Dringlichkeit ihrer Not vermitteln. Am Ende der Arie, wenn sie die Götter zum Einlenken auffordert, wechselt Calisto sogar in einen rascheren rezitativartigen Abschnitt. In der vierten Szene besingt sie die Freuden ihres Lebens als keusche Nymphe im Gefolge der Diana. Im beschwingten Dreiertakt lässt Cavalli sie frohlocken, inklusive Koloraturpassagen auf das Wort »libertade« (Freiheit), die die Achtelnoten aus den zwischen die Strophen geschalteten Ritornellen aufnehmen. Immer wieder arbeitet Cavalli mit sprechenden Wortausdeutungen, etwa mit chromatischen, langgezogenen Linien beim Wort »amaro« (bitter). Ein kurzes Solo, das Calisto singt, nachdem sie mit der falschen Diana im schattigen Hain war, greift den Topos des Vergnügens wieder auf. Ihre Enttäuschung über die Zurückweisung durch Diana bringt sie in der zehnten Szene in einer Arie zum Ausdruck, in der die Dur-Akkorde des Basso continuo zu den Moll-Färbungen der Singstimme querstehen – eine Reibung, die besonders qualvoll wirkt. Cavalli arbeitet so mit einfachen, sinnfälligen, aber durchaus effektvollen Mitteln, um die jeweiligen dramatischen Situationen musikalisch zu erfassen. In der Gesamtanlage der Oper ermöglicht zudem ein flexibler Umgang mit Rezitativen, Arien und ariosen Passagen, Ensemblenummern und Instrumentalmusik sowie die Darbietung von Balletten zwischen den Akten einen unterhaltsamen Abwechslungsreichtum, der mit den Bedürfnissen des venezianischen Opernpublikums konform ging.

In größeren Städten, in denen sich das Impresario-System etablierte, konkurrierten zunehmend auch mehrere Operntheater miteinander. Die Impresari mussten also zusehen, dass sie durch unterhaltsame Stücke, gute Besetzungen oder optisch-szenischen Aufwand ihr Opernhaus besonders attraktiv machten. Wichtig war dabei eine bestimmte Exklusivität. So hielt der für die Dauer von drei Jahren abgeschlossene Vertrag von Francesco Cavalli mit dem Teatro San Cassiano fest, dass es ihm während der gesamten Vertragslaufzeit untersagt sei, Opern für andere Häuser der Stadt zu schreiben. Cavalli hatte auch jede Aufführung seiner Opern vom Cembalo aus zu leiten.[29] Für *La Calisto* bestand das Instrumentalensemble inklusive seiner selbst lediglich aus sechs Personen (Streicher und Basso continuo). Denn im Unterschied zur Hofoper konnten kommerzielle Opernhäuser nicht auf fest angestellte Musiker, die immer auch Bläser inkludierten, zurückgreifen. Die finanziellen Ressourcen wurden eher in das Gesangspersonal als in eine größere Anzahl von Instrumentalisten investiert.

Auch die von einem Impresario geleiteten Opernhäuser wurden immer wieder von (meist adeligen) Förderinnen und Förderern unterstützt. In manchen Städten betrieb auch eine Gesellschaft von Förderern bzw. Aktionären oder eine Akademie das Opernhaus. Denn die kostspielige Gattung Oper benötigte meist einflussreiche Investoren, um an einem Ort überhaupt realisiert werden zu können. Die Interessenslagen konnten dabei durchaus unterschiedlich sein. So war die Hamburger Oper am Gänsemarkt, das erste, ab 1678 betriebene öffentliche Opernhaus Deutschlands, wesentlich durch das Engagement des im Hamburger Exil lebenden Herzogs von Schleswig-Gottorf Christian Albrecht ermöglicht worden. Finanziell investierte insbesondere der spätere Ratsherr Gerhard Schott in das Unternehmen, das der Stadt Hamburg Prestige und neue Anziehungskraft verleihen sollte.[30]

Vor allem im 18. Jahrhundert etablierten sich in verschiedenen Residenzstädten bestimmte Mischformen zwischen kommerziellen und von einem Hof geförderten Opernbetrieben. Ein solches Arrangement zeigt sich im Vertrag von Joseph Carl Selliers mit dem Wiener Hof als »Enterpreneur« (Unternehmer) der Königlichen Oper von 1741.[31] In dem Vertrag verpflichtete sich Selliers, pro Jahr drei Hofopern von großer »Magnificenz« und in genauer Absprache mit dem Hof zu produzieren, ohne dafür bei den ersten zwei bis drei Vorstellungen Eintrittsgeld zu verlangen. Dafür erhielt Selliers vom Hof pro Oper zwischen 6.000 und 8.000 Gulden, konnte den Fundus aus Dekorationen und Kostümen sowie das Personal der Hofmusik verwenden. Minutiös ist in dem Vertrag festgelegt, für welche Kosten Selliers selbst aufzukommen hatte (zum Beispiel für den Druck der Textbücher) und welche vom Hof getragen wurden (etwa die Beleuchtungskosten). Nachdem die vom Hof angeordneten Vorstellungen gespielt waren, stand es Selliers frei, auf eigene Kosten und mit Eintrittsgeldern diese zu wiederholen oder auch andere Opern zu spielen. Der Hof behielt sich in diesem Fall lediglich vor, zwei Logen unentgeltlich benutzen zu können. Wie sehr ein Hof das musikalische Leben einer Stadt bestimmte, hing von derartigen Verträgen und Arrangements ab. Immer wieder wurden Opernhäuser und Theater auch an reisende Truppen vermietet, die ein Haus für unterschiedlich lange Zeiträume, nur saisonal oder für mehrere Jahre, bespielten. In jedem Fall aber bestimmte der Hof, an wen und in welcher Form Rechte für den Betrieb von Theatern vergeben wurden. In Reichsstädten wie Hamburg oder Frankfurt entschied darüber der städtische Rat.

In der Barockzeit entstanden nicht nur die ersten unternehmerisch orientierten Opernhäuser, sondern auch entsprechende Konzertveranstaltungen. Die Organisationsformen waren dabei recht unterschiedlich. Erwähnt wurden bereits die Konzerte der Collegia musica in Kaffeehäusern oder die Konzerte an den venezianischen Ospedali, für die Eintrittsgelder verlangt wurden. Der Geiger und Komponist John Banister gründete 1672 in London eine Veranstaltungsreihe in seinem Haus, die er in der *London Gazette* ankündigte und die jeden Montag um 16 Uhr stattfand. Derlei Veranstaltungsserien entstanden auch in anderen Städten.[32] 1725 wurde in Paris mit den Concerts spirituels eine besonders langlebige Reihe gegründet, die bis 1790 existierte. Kommerzielle Konzertunternehmungen arbeiteten meist mit einem System von Subskriptionen. Interessiertes Publikum schrieb sich für eine gesamte Veranstaltungsserie ein, sodass der Unternehmer das Publikumsinteresse einschätzen konnte und eine gewisse Sicherheit bezüglich der Einnahmen hatte.

Das Publikum barocker Musikveranstaltungen war aufgrund der ständischen Zugangsbeschränkungen bzw. der hohen Eintrittspreise exklusiv und gebildet. Das Publikumsverhalten war jedoch deutlich anders, als dies heute in Aufführungen barocker Musik üblich ist. Der Verzehr von Speisen und Getränken, Kartenspiel oder Gespräche waren gängig. Man besuchte eine Veranstaltung, etwa eine Opernaufführung, auch nicht notwendigerweise von ihrem Beginn bis zum Ende. Regelmäßig veröffentlichte Verordnungen zum Verhalten im Theater, die das Schreien, Pfeifen, Lärmen oder das Werfen von Gegenständen sowie das Spucken aus den Logen verboten, sind letztlich auch ein Zeugnis dafür, dass derlei Handlungen in Theatern und Opernhäusern durchaus vorkamen.[33]

Ausbildung und Berufstätigkeit

Die geschilderten vielfältigen kulturellen Organisationsformen boten verschiedenen Personengruppen jeweils unterschiedliche Möglichkeiten, sich am musikalischen Leben aktiv zu beteiligen. Dabei stellt sich zunächst die Frage, wer eine musikalische Ausbildung erlangen konnte und wie diese aussah. Der Musikunterricht war noch wenig institutionalisiert. Vielfach wurde Musik privat, im Familienverband oder in einer Art Lehrer-Lehrlings-Verhältnis unterrichtet. Die wichtigsten Bildungsinstitutionen waren katholische Klöster und Ordensschulen sowie evangelische Lateinschulen. Auch karitative Einrichtungen, die von städtischer, höfischer oder geistlicher Seite getragen wurden, spielten in einigen Städten eine wesentliche Rolle. Die venezianischen Ospedali für (Waisen-)Mädchen wurden bereits erwähnt. In Neapel entstanden im 16. Jahrhundert vier Konservatorien, in denen Knaben eine umfassende musikalische Ausbildung erhielten. Komponisten wie Nicola Porpora oder Leonardo Vinci gingen diesen Ausbildungsweg. Porpora unterrichtete später auch selbst an mehreren Konservatorien. Der Musikunterricht stand in diesen Einrichtungen den musikalisch förderungswürdigen Kindern frei, andere erhielten ihn gegen Bezahlung. Die neapolitanischen Konservatorien waren auch für die Ausbildung von Kastratensängern bekannt. Die Praxis der Kastration von Knaben mit dem Ziel, ihre hohen Stimmen auch im Erwachsenenalter zu erhalten, etablierte sich ab dem 16. Jahrhundert vor allem in Italien. In der gesamten Barockzeit waren Kastratensänger im Bereich der geistlichen Musik in großer Anzahl tätig. Dies ist in Zusammenhang mit dem weitgehenden Verbot von Sängerinnen in der katholischen Kirche zu sehen, weshalb die hohen Stimmen von Knaben, Falsettisten oder Kastraten übernommen wurden. Aber auch an Höfen waren Kastraten bereits im 16. Jahrhundert angestellt und wurden im Laufe der Zeit immer häufiger in der Oper eingesetzt. Dort dominierten sie in der ersten Hälfte des 18. Jahrhunderts mit ihrem virtuosen Gesang.

Spielten die neapolitanischen Konservatorien eine gewichtige Rolle in der Gesangsausbildung, so sind Institutionalisierungen dieser Art andernorts selten. Gerade im Bereich des Gesangs war es vielerorts üblich, dass Knaben aus eher mittellosen Familien von Lehrern für einige Jahre in die Familie aufgenommen und ausgebildet wurden. Vertraglich wurde festgelegt, dass der Lehrer danach für mehrere Jahre einen bestimmten Betrag (häufig 50 Prozent) aus den Einkünften des Schülers erhielt, wodurch die Ausbildung gleichsam zurückgezahlt wurde.[34] Für Kinder aus niedrigeren Gesellschaftsschichten waren außerdem die Ausbildungsmöglichkeiten der Kirchen und Klöster wichtig. Dass Johann Joseph Fux, der Sohn eines Bauers in einem kleinen Dorf in der Nähe von Graz, zum Wiener Hofkomponisten aufsteigen konnte, lag unter anderem daran, dass er bei den Jesuiten eine profunde musikalische Ausbildung erhalten hatte. Derlei Biographien sind jedoch eher die Ausnahme, da die soziale Durchlässigkeit relativ gering war. Viele Musikerinnen und Musiker, die höhere Stellungen erlangten, hatten einen im weitesten Sinne bürgerlichen und bereits musikaffinen Hintergrund. Familien wie die Caccinis, die Scarlattis oder die Bachs waren über mehrere Generationen musikalisch aktiv. Kinder wurden im Familienverbund ausgebildet oder bekamen Unterricht bei lokal ansässigen Musikern. Die Ausbildung von Kindern, die eine musikalische Begabung zeigten, wurde auch immer wieder von adeligen Förderinnen und Förderern (mit-)finanziert, wie etwa diejenige des späteren Komponisten und Hofkapellmeisters Heinrich Schütz durch den Landgrafen Moritz von Hessen-Kassel. Adelige selbst erhielten ihre musikalische Ausbildung bei Lehrern, die ins Haus kamen, bzw. an Höfen von den entsprechenden Hofmusikern. Musikalische Ausbildungsmöglichkeiten waren im Ganzen gesehen für Knaben deutlich besser als für Mädchen. Ausschließlich Knaben standen die Kirchenchöre, Konservatorien oder Ordensschulen offen sowie Lehrer-Lehrlings-Beziehungen, die für Mädchen als moralisch verwerflich galten. In den venezianischen Ospedali wurden Mädchen zwar umfassend ausgebildet, die allermeisten konnten danach allerdings keine professionelle Karriere bestreiten, sondern wurden verheiratet, gingen ins Kloster oder blieben als Musikerinnen im Ospedale.[35] Mit Ausnahme der Position als Sängerin (gegebenenfalls in Kombination mit der Ausübung eines Instruments) an Höfen, in adeligen Haushalten oder an Opernhäusern standen Frauen aufgrund der patriarchalen Gesellschaftsstrukturen keine professionellen Arbeitsmöglichkeiten im Bereich barocker Musikpflege offen.

Musikalische Ausbildung wie auch Profession waren deutlich am Gesamtbild eines Musikers orientiert, der unterschiedliche Aufgaben wahrnehmen konnte. Fertigkeiten im Gesang, im Spiel verschiedener Instrumente und Kenntnisse in Musiktheorie bildeten einen gewissen Standard für unterschiedliche musikalische Aufgabenbereiche. Prominente Biographien zeigen, wie vielfältig die Tätigkeitsbereiche sein konnten. Der bereits erwähnte Francesco Manelli war im Laufe seines Lebens Chorsänger, Domkapellmeister, Opernsänger, Komponist und Impresario. Auch Georg Friedrich Händel kann als Opernunternehmer bezeichnet werden und wirkte ferner als Chorsänger, Organist, Geiger, Continuo-Spieler, Lehrer, Komponist und Kapellmeister. Spezifischer werden Ausbildungs- und Berufswege im Laufe der Barockzeit durch die stärker werdende Trennung von Gesang und Instrumentalspiel im solistischen Musizieren oder bei Tätigkeiten in Ensembles und Orchestern. Waren Musiker wie Jacopo Peri oder Giulio Caccini am Hof der Medici in Florenz noch ganz selbstverständlich Sänger und Instrumentalisten in Personalunion, so waren in späterer Zeit Anstellungen als entweder Hofsänger(in) oder Hofmusiker üblich. Bei den Hofmusikern gab es klare Hierarchien, die sich in der Bezahlung widerspiegelten. An der Spitze der Hierarchie stand der Hofkapellmeister, der die Gesamtverantwortung für die Hofmusik innehatte. Er leitete auch Aufführungen und komponierte Musik. Je nach Größe des Hofes unterstanden ihm ein Vize-Kapellmeister und weitere Hofkompositeure. Die Kammermusiker, die im intimeren Rahmen für die Herrschaften musizierten, waren wiederum weiteren Instrumentalisten übergeordnet. Daneben gab es noch Pauker, Trompeter oder Hautboisten, die für Signalmusik, Fanfaren und Militärmusik zuständig waren. Das Gesangspersonal konnte unterschiedlichen Status haben. Herausragende Sängerinnen und Sänger erhielten mitunter höhere Gehälter als der Hofkapellmeister. So verdienten die Spitzensängerinnen und -sänger am preußischen Hof in den 1740er-Jahren um die 4.000 Taler jährlich, während der Hofkapellmeister Carl Heinrich Graun nur 2.000 Taler bekam. Dies war in nicht-höfischen Kontexten ähnlich. Der Komponist Francesco Cavalli verdiente beispielsweise in der Saison 1667/68 am Teatro Santi Giovanni e Paolo in Venedig 450 Dukaten, während die »prima donna« Antonia Coresi beachtliche 1.500 Dukaten erhielt.[36]

Eine Anstellung am Hof inkludierte häufig auch Tätigkeitsbereiche, die mit Musik gar nichts zu tun hatten. Giulio Caccini wurde 1588 an den Hof in Mantua empfohlen, weil er auch ein hervorragender Gärtner war und eine schöne Handschrift hatte.[37] Der junge, aus Florenz stammende Jean-Baptiste Lully betätigte sich in seiner Funktion als »garçon de chambre« (Kammerdiener) der Duchesse de Montpensier als Italienischlehrer, Tänzer und Musiker. Manche agierten auch im Auftrag ihrer Herrschaften als Diplomaten, Agenten oder Spione. So schickte Mattias de' Medici seinen Kastratensänger Atto Melani auf Anfrage des französischen Ministers und Kardinals Jules Mazarin 1644 an den Pariser Hof.[38] Politisch waren diese Kontakte für die Medici wichtig, um sich im europäischen Machtgefüge gut zwischen den Habsburgern und den Bourbonen zu positionieren. Je länger jedoch Melani in Paris auf Wunsch der Königin von Frankreich Anna von Österreich verweilte, desto mehr riskierte er, von Mattias de' Medici fallen gelassen zu werden, da er für die musikalischen Aktivitäten der Medici nicht mehr zur Verfügung stand. Melani versicherte Mattias in Briefen immer wieder seiner Treue, übernahm verschiedene Aufgaben für die

Medici (etwa den Ankauf von Kunst oder anderen Gegenständen) und lieferte regelmäßig wichtige politische Informationen aus dem Machtzentrum des Pariser Hofes, so etwa Details zu den Verhandlungen, die 1648 zum Westfälischen Frieden und damit zum Ende des Dreißigjährigen Krieges führten. Hierin zeigt sich nicht nur, wie politische und dynastische Strategien mit musikalischen Aktivitäten einhergingen, sondern auch, dass es stark hierarchisch geprägte Abhängigkeitsverhältnisse in den höfischen Strukturen gab.

Neben den Höfen oder den privaten Kapellen von Wohlhabenden fanden Instrumentalisten Anstellungsmöglichkeiten auch im Bereich der städtischen Musikpflege als Stadtpfeifer. Die Ausbildung erfolgte hier ebenfalls im Rahmen eines Lehrer-Lehrlings-Verhältnisses. So wurde etwa Johann Joachim Quantz, der spätere Flötenlehrer und Kammerkomponist von Friedrich II., zunächst in Merseburg fünf Jahre lang als Stadtpfeifer von dortigen Stadtpfeifern (unter anderem seinem Onkel Justus Quantz) ausgebildet und fungierte dann noch zwei weitere Jahre als Geselle. Er erlernte dabei vorwiegend Violine, Oboe und Trompete sowie Grundkenntnisse weiterer Instrumente und war in der Folge in Radeberg, Pirna und Dresden als Stadtpfeifer tätig, ehe er sich eine Anstellung in der sächsischen Hofkapelle und später am preußischen Hof sichern konnte.

In der katholischen Kirche fanden Musiker Tätigkeitsfelder als Chorsänger, Organisten, Kapellmeister und gegebenenfalls auch als Instrumentalisten, wenn an Sonn- oder Feiertagen größer besetzte Musik auf dem Programm stand.[39] Das Amt des Kapellmeisters umfasste – ähnlich wie an einem Hof – die Gesamtverantwortung über die Gestaltung der Musik in einer Kirche und inkludierte auch das Komponieren eigener Werke. Die Verantwortungsbereiche und der Umfang der Tätigkeiten hingen wesentlich von der Größe und Organisationsstruktur der Kirche ab. An kleineren Kirchen war der Kapellmeister häufig gleichzeitig der Organist.

Im Bereich der lutherischen Kirchenmusik gab es keinen Kapellmeister, sondern einen Kantor, der die entsprechende Verantwortung für die Kirchenmusik innehatte. Im Unterschied zum Kapellmeisteramt an katholischen Kirchen war der Kantor deutlich mehr in den Unterricht an den Lateinschulen involviert, und zwar nicht nur im Bereich der Musik. Dass diese Konstellation immer wieder Fragen zum Amtsverständnis des Kantors aufwarf, zeigt sich bei Johann Sebastian Bach. Er wurde 1723 Kantor an der Thomaskirche in Leipzig, ließ sich in Bezug auf seine Unterrichtspflichten an der Thomasschule jedoch üblicherweise gegen Bezahlung von anderen Lehrern vertreten. Bach selbst bezeichnete sich häufig als Musikdirektor und nicht als Kantor.[40] Auch in den lutherischen Kirchen war es üblich, dass der Kantor die Verantwortung für die Musik an mehreren Kirchen trug. Bach war in Leipzig für die vier Hauptkirchen (St. Thomas, St. Nikolai, Neukirche und Peterskirche) zuständig. Auch Georg Philipp Telemann hatte als Musikdirektor und Kantor am Johanneum in Hamburg die fünf Hauptkirchen der Stadt mit Musik zu versorgen.

Die verschiedenen Möglichkeiten zur Anstellung an Höfen, in Kirchen, innerhalb städtischer Strukturen oder in privaten Kapellen von Adeligen bedeuteten nicht, dass diese Beschäftigungen immer als ausschließliche oder hauptberufliche Tätigkeiten aufgefasst wurden. Zum einen konnten Musiker verschiedene Ämter oder Positionen gleichzeitig einnehmen. So war Telemann in Hamburg nicht nur Musikdirektor und Kantor an den Hauptkirchen, sondern auch Direktor der Hamburger Oper und Leiter des Collegium musicum. Zum anderen konnte das stabile, aber oft gar nicht so hohe Einkommen einer Anstellung durch weitere Einkommensquellen ergänzt werden wie Kompositionsaufträge, Lehrtätigkeiten oder Musiziergelegenheiten, die einzeln und anlassgebunden vergütet wurden. Kapellmeister am Markusdom in Venedig wie Claudio Monteverdi oder Baldassare Galuppi waren ganz selbstverständlich auch als Opernkomponisten tätig. Galuppi wurde 1765 von seinen Verpflichtungen in Venedig freigestellt, um drei Jahre lang Hofkapellmeister bei Katharina II. in St. Petersburg zu sein. Nicht nur an diesem Beispiel zeigt sich, dass feste Anstellungen auch immer wieder mit spezifischen Gelegenheiten für andere Tätigkeiten kollidierten. Die Dienstgebenden konnten entscheiden, ob sie ihre Angestellten für Tätigkeiten, die eine längere Abwesenheit erforderten, freistellten. Insgesamt wurden Musikausübende mehr als Personen angesehen, die Dienstleistungen erbrachten, und weniger als eigenständige Künstlerinnen und Künstler. Dies bedeutete für Kapellmeister oder Komponisten auch, dass sie die Musik schrieben, die verlangt wurde und für die es einen Bedarf gab. Aufgrund der verschiedenen Anstellungsverhältnisse oder der Gelegenheiten für Kompositionsaufträge bedienten zahlreiche Musiker viele verschiedene Genres und waren im Bereich der weltlichen wie auch in der geistlichen Musik tätig. Der Bedarf an Musik führte bei zahlreichen Komponisten zu einer enormen Produktivität. Dass der Vizekapellmeister am Wiener Hof Antonio Caldara insgesamt über 3400 Werke komponierte oder dass von Alessandro Scarlatti allein 600 Kantaten oder von Antonio Vivaldi 340 Solokonzerte bekannt sind, wirkt beeindruckend. Es waren aber keineswegs Einzelfälle.

In zunehmendem Maße waren Musikerinnen und Musiker in keinen stabilen Anstellungsverhältnissen tätig, sondern arbeiteten auf Grundlage von Einzelaufträgen oder in Engagements, die kürzere Zeiträume umfassten. Dies war im Bereich der Opernunternehmen üblich. Engagements von Komponisten, die häufig auch die Aufführungen selbst zu leiten hatten, sowie von Sängerinnen und Sängern erfolgten meist für eine Saison, die je nach lokalen Gegebenheiten mehrere Wochen oder Monate umfassen konnte. Standardmäßig wurde vielerorts die Karnevalssaison bespielt, die Ende Dezember oder Anfang Januar begann und mit Beginn der Fastenzeit endete. In Verträgen wurde festgelegt, dass die Beteiligten mehrere Wochen vorher für Proben anwesend zu sein und alle angesetzten Vorstellungen der Saison (meist fast täglich) zu singen oder zu spielen hatten. Ein pauschales Gehalt für die Saison wurde häufig in mehreren Raten ausbezahlt. Daneben konnten auch zusätzliche Leistungen vereinbart werden, wie etwa Unterkunft, Verpflegung, eine Kutsche oder Garderobe. Im Unterschied dazu wurden die Musiker des Orchesters üblicherweise pro Vorstellung bezahlt. Mit der Etablierung der Oper in verschiedenen europäischen Städten kam es gerade im Bereich des Gesangspersonals ab dem 18. Jahrhundert zu erhöhter Mobilität. Mit welchen Schwierigkeiten dies verbunden war, zeigt sich an der Sängerin Marianne Pirker und ihrem Ehemann, dem Geiger Franz Pirker.[41] Für ein Engagement ab 1746 in London konnte der dortige Impresario aufgrund finanzieller Schwierigkeiten bald keine Gagen auszahlen. Dies zwang die Pirkers dazu, Schulden zu machen. Marianne Pirker ging schließlich im Sommer 1748 nach Hamburg, wo sie in der reisenden Operntruppe von Pietro Mingotti engagiert wurde, während Franz in London blieb, um sich weiter um die ausstehende Gage zu bemühen und einen beschlagnahmten Koffer mit Notenmaterial, Kostümen und Kleidung auszulösen. Er konnte erst im Sommer 1749 aus London abreisen. Der erhaltene Briefwechsel zwischen Marianne und Franz Pirker zeigt sehr deutlich das ständige Bemühen um Festanstellungen und Engagements zu guten Konditionen und die Strapazen, die mit freiberuflicher Tätigkeit und häufigen Ortswechseln verbunden waren.[42]

Notendruck und Notenkopien

Mit Ausnahme der gängigen Improvisationspraktiken ist die Musik einer kulturellen Elite der Barockzeit an die Schriftkultur gebunden. Für die Aufführung der entsprechenden Musik war die vorherige schriftliche Fixierung auf Notenpapier nötig. Es ist vor diesem Hintergrund erstaunlich, dass viele Kompositionen damals nicht in einer größeren Anzahl von Notenexemplaren verfügbar waren. Ein Grund dafür ist, dass eine Wiederaufführung von Kompositionen an anderen Orten oder mit anderen Personen häufig gar nicht vorgesehen war. Das Konzept eines immer wieder gespielten Repertoires an kanonischen Werken existierte mit wenigen Ausnahmen (wie etwa die Opern Jean-Baptiste Lullys in Paris) noch nicht. Stattdessen wurde in großem Um-

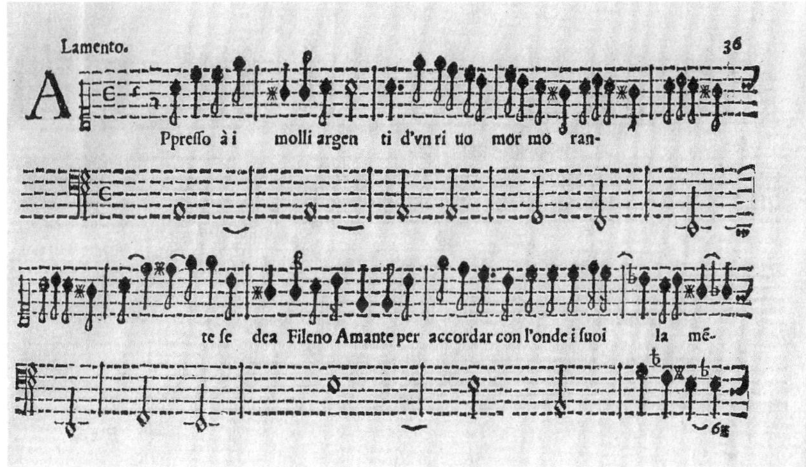

Abb. 7: Barbara Strozzi, »Appresso ai molli argenti« aus *Diporti di Euterpe* (1659), Druckbild der ersten Seite

fang und oft an eine bestimmte Lokalität gebunden ständig neue Musik produziert. In den Kirchen oder an den Höfen komponierte der Kapellmeister anlassgebunden für den Bedarf vor Ort, und eine weitere Verbreitung dieser Musik erfolgte oft nicht. Die Dienstgeber sicherten sich dadurch eine gewisse Exklusivität ihrer Komponisten. Ein anderer Grund für die eher geringe Vervielfältigung von Noten ist sicherlich in den damit verbundenen Kosten zu finden. In der Produktion und damit auch in der Anschaffung waren Noten so teuer, dass nur wenige sich leisten konnten, Musikalien in größerem Umfang zu erwerben. Somit konnte sich auch kein großer Markt und kein Massenkonsum entwickeln.

Der Notendruck war im 17. Jahrhundert zunächst noch stark von dem aus dem Buchdruck übertragenen Verfahren des Drucks mit beweglichen Lettern geprägt.[43] Auf der Druckplatte wurden die einzelnen, in Metall gegossenen Noten jeweils für eine bestimmte Komposition aneinandergereiht. Dieses Druckverfahren war zwar relativ einfach, hatte allerdings den Nachteil, dass die Notenlinien durch die Reihung der Einzelnoten nicht als durchgehende Linien erschienen (Abb. 7). Zudem konnte der Druck von mehreren Stimmen in einem System, kleinen Notenwerten, Balken oder Bindebögen kaum befriedigend umgesetzt werden. Ende des 16. Jahrhunderts etablierte sich der Kupferstich als alternatives Verfahren, bei dem die handschriftliche Notation auf eine Kupferplatte aufgetragen wurde. Die Toccaten Frescobaldis erschienen so im Druck beim römischen Verleger Nicolo Borboni (Abb. 8). Das Druckergebnis

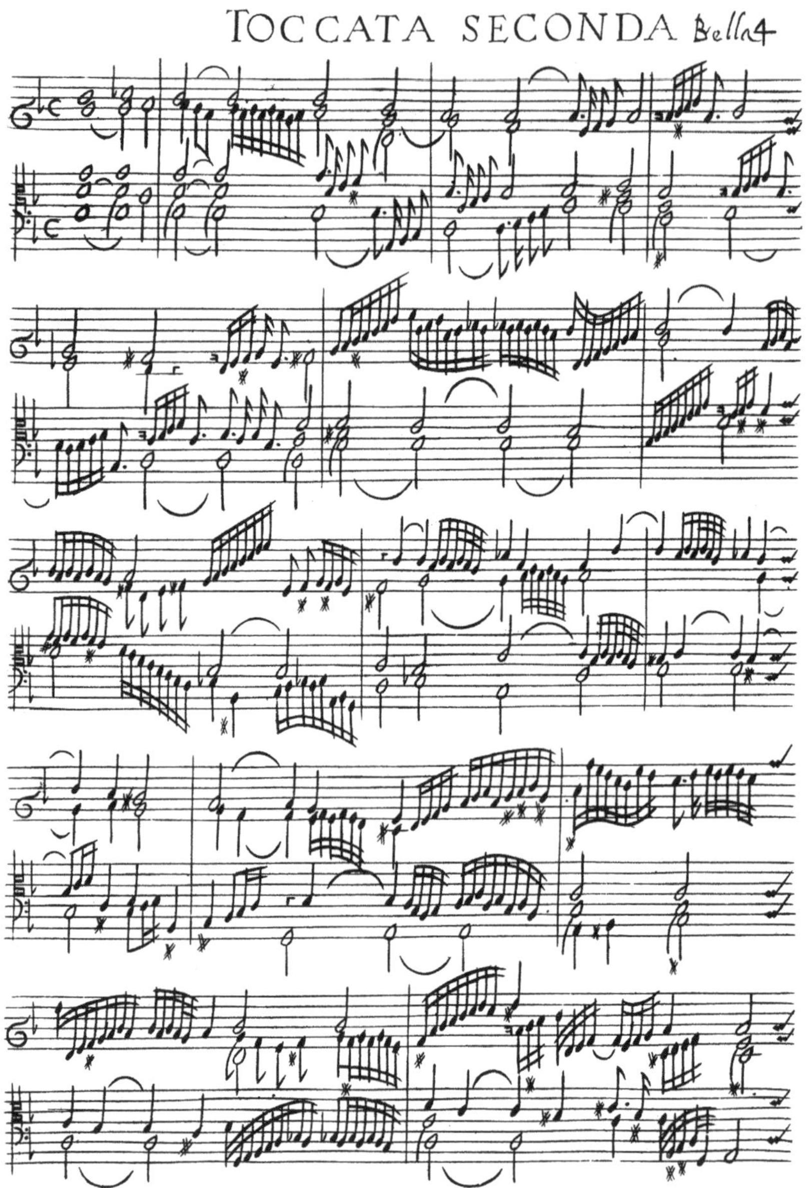

Abb. 8: Girolamo Frescobaldi, Toccata seconda aus *Il primo libro di Toccate e Partite* (1615), Druckbild der ersten Seite

war zwar optisch besser, und der Kupferstich setzte sich Ende des 17. Jahrhunderts letztlich für den Notendruck durch, das Verfahren blieb jedoch aufwendig und kostspielig.

Der Notendruck durch eigene, auf Musik spezialisierte Verleger florierte zunächst besonders in einigen Städten Italiens, vor allem in Venedig und Rom, aber auch in Florenz, Neapel, Mantua oder Ferrara. In Frankreich dominierte die Pariser Verlegerdynastie Ballard durch königliche Druckprivilegien bis ins 18. Jahrhundert. In Deutschland wurden die Messen in Frankfurt und Leipzig zu wichtigen Umschlagsplätzen für Musikdrucke, größere Musikverlage entstanden hier jedoch erst um die Mitte des 18. Jahrhunderts. Gegen Ende des 17. Jahrhunderts etablierten sich mit John Walsh in London oder Estienne Roger in Amsterdam Musikverlage, die durch umfangreiche Programme oder auf größere Zielgruppen ausgerichtete Publikationen eine neue Breitenwirksamkeit mit ihren Drucken auf gestochenen Kupferplatten erreichten. John Walsh veröffentlichte ab 1702 mit der *Monthly Mask of Vocal Music* jeden Monat aktuelle, in Theatern oder Konzerten gespielte Lieder für ein Amateurpublikum zum Nachsingen und -spielen zuhause.[44] Darauf zielten auch seine Veröffentlichungen unter dem Titel *The Favorite Songs in the Opera call'd ...* ab, die jeweils Arien der aktuellen Opernproduktionen in Fassungen für ein Tasteninstrument und Gesang beinhalteten. Walsh war auch der wichtigste Verleger der Musik Georg Friedrich Händels. Estienne Rogers Unternehmen war vor allem auf einen internationalen Vertrieb ausgerichtet.[45] Er druckte zunächst Kompositionen nach, die bereits andernorts erschienen waren, und vertrieb diese wiederum international durch Vertreter oder Agenten. Da es zu dieser Zeit noch keine Urheberrechte im heutigen Sinne gab, war der Nachdruck ein gängiges Verfahren vieler Verleger. Roger veröffentlichte aber auch zahlreiche Erstausgaben und war für die Verbreitung italienischer Instrumentalmusik von Arcangelo Corelli oder Antonio Vivaldi in Europa maßgeblich.

Trotz dieser Entwicklungen im Bereich des Musikdrucks war das Anfertigen handschriftlicher Kopien noch vorherrschend. In eigenen Kopisterien, in denen häufig mehrere Personen tätig waren, konnten Abschriften von Kompositionen in Auftrag gegeben und erworben werden. Der Handel mit Musikmanuskripten florierte in Italien deshalb vor allem in jenen Städten, in denen zahlreiche Reisende Kopien anfertigen ließen, wie etwa in Venedig. An größeren Höfen, Kirchen oder Klöstern gab es eigenes Personal, das nur für das Kopieren von Notenmaterial zuständig war. Ausübende Musiker arbeiteten auch immer wieder als Kopisten. Da Papier teuer war und das handschriftliche Kopieren der Noten erhebliche Zeit in Anspruch nahm, war die Herstellung und der Erwerb von handschriftlichen Kopien ebenfalls relativ kostenintensiv.

Die Herstellung von Drucken oder handschriftlichen Kopien konnte unterschiedliche Funktionen erfüllen. Nicht immer stand dabei die Musikausübung im Vordergrund. Der Druck von Monteverdis *L'Orfeo*, der 1609 in Venedig erfolgte, hatte nicht zum Ziel, dass das Werk andernorts möglichst oft nachgespielt wird, sondern sollte die reiche Musikkultur am Hofe der Gonzaga in Mantua sichtbar machen. Der Druck von Kompositionen konnte auch der Selbstdarstellung derer dienen, die die Musik verfasst hatten. Dies eröffnete für sie die Möglichkeit, Anstellungen oder Kompositionsaufträge zu erwirken. An außeritalienischen Höfen wurden Manuskripte der je aktuellen Musik aus Italien angekauft, ohne sie notwendigerweise aufzuführen. Das Sammeln war hier der vorrangige Zweck des Notenerwerbs. So entstanden umfangreiche Musiksammlungen, die noch heute erhalten sind, wie etwa jene an der Österreichischen Nationalbibliothek in Wien, die zahlreiche Notenbestände der verschiedenen Mitglieder der Habsburger Dynastie beheimatet. Kopien gelangten häufig durch Agenten, Diplomaten oder reisende Musikerinnen und Musiker an die unterschiedlichen Orte.

Barbara Strozzi, »Diporti di Euterpe, overo cantate & ariette a voce sola« (op. 7)

Barbara Strozzi veröffentlichte zwischen 1644 und 1664 acht Sammlungen an Vokalmusik (sieben davon weltlich, eine geistlich) im Druck. Damit zählt sie in dieser Zeit zu den am häufigsten verlegten Komponistinnen und Komponisten im Bereich der weltlichen Vokalmusik.[46] Ihre Musikdrucke und deren Funktion können aus ihrer biographischen Situation heraus betrachtet werden. Strozzi war die illegitime Tochter von Giulio Strozzi und dessen Bediensteter Isabella Garzoni. Giulio Strozzi war ein bedeutender Literat in Venedig, der auch mehrere Opernlibretti verfasst hatte. Er ließ Barbara Strozzi musikalisch bei Francesco Cavalli ausbilden. Sie war aber niemals in irgendeinem Anstellungsverhältnis, sondern trat als Sängerin und Komponistin vornehmlich in der von Giulio Strozzi gegründeten Accademia degli Unisoni (ein Ableger der Accademia degli Incogniti) auf. Die besondere Position, die sie dort innehatte, spiegelt sich auch darin, dass eine Publikation über die Aktivitäten der Akademie (*Le Veglie de' Signori Unisoni*, 1638) ihr gewidmet war. Strozzi vertonte auch viele Texte von Akademiemitgliedern. Die acht Musikdrucke weisen Widmungen an hochgestellte Persönlichkeiten auf: die Großherzogin der Toskana Vittoria della Rovere, Kaiser Ferdinand III., die Erzherzogin Anna von Österreich, den Prinzen von Belvedere Francesco Carafa, den späteren

Dogen von Venedig Nicolò Sagredo und Herzogin Sophie von Braunschweig und Lüneburg. Es ist davon auszugehen, dass Strozzi von ihnen auf die eine oder andere Weise unterstützt wurde. Im Falle von Anna von Österreich ist nachweisbar, dass sie von ihr für die Widmung eine kleine Schachtel sowie eine Halskette, beides aus Gold und mit Rubinen verziert, erhielt.[47] Das Vorwort des Druckes von op. 8 deutet an, dass Barbara Strozzi auch im Haushalt von Herzogin Sophie von Braunschweig und Lüneburg bei deren Venedig-Aufenthalt musiziert hatte. Die Veröffentlichungen stehen damit nicht nur als musikalische Kompositionen für sich, sondern vermitteln ein Bild davon, wie und mit wem Barbara Strozzi vernetzt war und wie sie sich als Sängerin und Komponistin in ihrem Umfeld positionierte.

Der Titel von Strozzis 1659 veröffentlichtem op. 7, *Diporti di Euterpe* (Vergnügungen der Euterpe, der Muse der Dicht- und Tonkunst), mag auf das Vergnügen des Musizierens und damit auch auf die ausübende Sängerin und Musikerin Strozzi selbst anspielen. Thematisch dominieren in der Sammlung von insgesamt 15 Kantaten und Arien für eine Sopranstimme und Basso continuo jedoch – und das ist typisch für das gesamte Œuvre von Strozzi – Liebesleid und -schmerz. Mehrere der vertonten Texte stammen von Autoren, die in Rom tätig waren. Eine Wahl, die Strozzi gewiss nicht zufällig getroffen hat, sondern die unmittelbar damit zusammenhing, dass der Widmungsträger Nicolò Sagredo damals venezianischer Botschafter bei Papst Alexander VII. in Rom war. Es könnte ein strategisches Ziel von Strozzi gewesen sein, mit ihrer Publikation als Komponistin durch diese Verbindungen auch in Rom bekannter zu werden. [48] Die Sammlung eröffnet mit vier gewichtigen Kantaten, die mehr als die Hälfte der insgesamt 169 Seiten umfassenden Publikation einnehmen. Es folgen zehn zweistrophige Arien sowie eine weitere, jedoch kleiner dimensionierte Kantate. Diese Anordnung spricht dafür, dass Strozzi insbesondere mit Kantaten Aufmerksamkeit erlangen wollte, also mit jenem Genre, das um die Jahrhundertmitte im Bereich der vokalen Kammermusik die profiliertesten Kompositionen ermöglichte. In Kantaten konnte eine breite Palette an vokalen Ausdrucksmöglichkeiten bedient werden – von der am Sprachduktus orientierten Textdeklamation bis hin zur regelmäßig gebauten strophischen Arie. Wie Strozzi diese Vielfalt nutzte, zeigt sich etwa in der Kantate »Appresso ai molli argenti« auf einen Text des römischen Dichters Giovanni Pietro Monesi, die an zweiter Stelle der Publikation erscheint.[49] Monesis Dichtung behandelt die unglückliche Liebe des Hirten Fileno zu Filli in fünf Abschnitten, wobei die äußeren beiden über Fileno berichten, während in den Binnenabschnitten Fileno selbst spricht. Strozzi folgt der durch das Versmaß vorgegebenen Anlage des Textes, die einen regelmäßigen Wechsel von rezitativischen und arienartigen Abschnitten vorgibt, allerdings nur bedingt. Stattdessen lotet sie die zeitgenössischen Ausdrucksmöglichkeiten des klagenden Topos (die Kantate ist am Beginn auch als Lamento bezeichnet, siehe Abb. 7, S. 47) unterschiedlich aus: Im ersten Teil überwiegen abrupte Stimmungs- und Tempowechsel, zahlreiche chromatische Wendungen und Dissonanzen, während den zweiten Teil ein ruhiger Dreiertakt und der typische absteigende Lamentobass prägen. Immer wieder geht Strozzi über zeitgenössische Konventionen hinaus, indem sie etwa den vierten Textabschnitt mit seinen drei Vierzeilern im Paarreim, in denen Fileno seine Filli preist, nicht strophisch vertont.[50] Vielmehr wählt sie für seine verschiedenen Überhöhungen von Filli (leuchtender als Sterne, wohlgefälliger in ihrer Stimme als Vogelgesang, schöner als die Blumen) drei unterschiedliche Gestaltungsweisen. So kann sie Schlüsselwörter des Textes deutlich sinnfälliger ausgestalten, wie beispielsweise die leuchtenden Sterne, die in längeren aufsteigenden Melismen umgesetzt sind. Zahlreiche weitere Beispiele ließen sich finden, um zu untermauern, wie ambitioniert Strozzis Kompositionen in *Diporti di Euterpe* im Detail gestaltet sind. Die gesamte Anlage der Sammlung sowie die Wahl von Widmungsträger und Textautoren verdeutlichen jedoch auch, dass es bei der Publikation nicht lediglich darum ging, innovative Kompositionen zu veröffentlichen, sondern dass Netzwerke, Förderung und Selbstdarstellung bei der Veröffentlichung von Drucken eine nicht zu unterschätzende Rolle spielten.

Kapitel 3
Barocke Stile

Im ersten Kapitel dieses Buches wurde bereits festgehalten, dass es nicht möglich ist, von einem übergreifenden barocken Stil zu sprechen. Stilfragen waren jedoch in der Barockzeit durchaus virulent und wurden auf verschiedenen Ebenen behandelt: Um 1600 gab es zunächst mehrere Personen, die für sich beanspruchten, einen neuen Stil erfunden zu haben. Daran anknüpfend wurde diskutiert, welcher Stil für welche Art von Musik und für welchen Aufführungskontext adäquat sei. Vielfach wurde auch von »nationalen« Stilen gesprochen, was insbesondere in Frankreich mit mehreren musikästhetischen Debatten einherging. Und mit den Veränderungen der Musik in der ersten Hälfte des 18. Jahrhunderts tauchen auch neue Termini auf, die bis heute als Stilbegriffe verwendet werden.

Im Folgenden werden nicht nur diese historischen Debatten aufgerollt, sondern abschließend auch zwei musikalische Prinzipien vorgestellt (Generalbass und Konzertieren), die in der Musikgeschichtsschreibung immer wieder als stilprägend für die Barockzeit wahrgenommen wurden. Vorausgeschickt sei, dass der Begriff »Stil« im 17. und 18. Jahrhundert mehrere Bedeutungsebenen umfasste: von satztechnischen Aspekten über Aufführungspraktiken bis hin zu ganzen Musikkulturen, die man unter einem bestimmten Stil fasste. Diese Vielfalt soll in der nachfolgenden Erörterung der unterschiedlichen historischen Dokumente zur Geltung kommen.

Die »Erfindung« eines neuen Stils

Im Jahr 1602 veröffentlichte Giulio Caccini mit *Le nuove musiche* eine Sammlung von Sologesängen, deren programmatischen Titel er im Vorwort näher erläutert. Darin kritisiert er eine kontrapunktische Schreibart, die den Text unverständlich mache und dessen Versmaß verderbe. Ihm sei – in Zusammenkünften der Camerata von Giovanni de' Bardi – der Gedanke gekommen, eine Musik einzuführen, »per cui altri potesse quasi che in armonia favellare« (zu der man gleichsam im Klang sprechen könne).[1] Caccini beschreibt hier den an der Textdeklamation orientierten Sologesang und betont, dass er die Idee dazu gehabt hätte. Bereits zwei Jahre zuvor nahm er in der Veröffentlichung seiner Oper *L'Euridice* darauf Bezug und sprach im Vorwort auch von einem neuen Verzierungsstil, der von ihm erfunden worden sei. Dass Caccini mehrfach für sich reklamierte, einen neuen Stil etabliert zu haben, ist nicht unabhängig von den Konkurrenzverhältnissen am Hof der Medici in Florenz zu sehen. Immer wieder wird um 1600 von einem neuen Stil gesprochen, doch wer diesen Stil erfunden hätte, darauf geben verschiedene Autoren unterschiedliche Antworten. In dem von Alessandro Guidotti verfassten Vorwort zu Emilio de' Cavalieris *Rappresentatione di anima et di corpo* (1600) wird diese Leistung Cavalieri zugeschrieben, in Ottavio Rinuccinis Vorwort zum Libretto seiner *Euridice* (1600) ist es Jacopo Peri. Alle diese Autoren erwähnen wiederum den besonderen Einfluss der Sängerin Vittoria Archilei auf diesen neuen Stil. Sogar Giulio Caccini schreibt in einem Brief an Virginio Orsini, dass er ein Madrigal gemeinsam mit Vittoria Archilei erarbeitet und es nach ihrem Geschmack fertiggestellt habe.[2] Es handelt sich um jene Vittoria Archilei, die 1589 die Florentiner Intermedien als Harmonia doria mit einem Sologesang eröffnete (siehe Kapitel 2, S. 21). Auch zu diesem Anlass traten Caccini, Peri und Cavalieri bereits als Komponisten von Sologesängen hervor.

Die »Erfindung« eines neuen Stils, die im Florentiner Umfeld mehrfach ausgerufen wurde, hat jedenfalls mit der Praxis des solistischen Singens zu tun. Allerdings können unterschiedliche Traditionslinien ausgemacht werden, die in den Jahrzehnten um 1600 zu jenem Aufschwung des Sologesangs führten, der dann für viele Gattungen wie Oper, Oratorium oder Kantate maßgeblich wurde. Eine dieser Traditionslinien ist darin zu sehen, dass mehrstimmige Madrigale im 16. Jahrhundert auch so ausgeführt werden konnten, dass nur eine Stimme vokal vorgetragen und die anderen Stimmen von Instrumenten gespielt wurden. Die Vokalstimme wurde dabei mit improvisierten und höchst kunstvollen Diminutionen (Verkleinerungen der Notenwerte als Verzierungen) versehen. In dieser Tradition sind die Sologesänge der Florentiner Intermedien von 1589 zu verorten sowie die immer wieder erwähnte Verzierungskunst der Sängerin Vittoria Archilei.[3] Aber auch Veröffentlichungen wie Luzzasco Luzzaschis als Kupferstich gedruckte *Madrigali per cantare e sonare a uno e due e tre soprani* (1601), die vermutlich die Gesangspraxis des aus drei Sängerinnen bestehenden Concerto delle dame am Hof von Ferrara dokumentieren, geben Einblicke in diese Aufführungspraxis. Die Singstimmen sind hier mit Diminutionen versehen, und darunter ist ein vierstimmiger unverzierter Satz für ein Tasteninstrument in zwei Systemen notiert. Mit der zunehmenden Generalbasspraxis, die in einem späteren Abschnitt dieses Kapitels im Detail erläutert wird, wird zur solistischen Gesangsstimme dann nur noch eine Bassstimme notiert, die – akkordisch frei ausgeführt – jenen Stil prägt, der um 1600 als neu propagiert wurde.

Eine andere Traditionslinie ist in jenem »in harmonia favellare« zu finden, das Giulio Caccini in seinem Vorwort anspricht: das Sprechen in Musik. Mit Bezug zur antiken Tradition des solistischen Rezitierens orientiert sich die Gesangsstimme hier an der Deklamation des Textes, während die instrumentale Begleitung eine eher zurückhaltende akkordische Grundierung bietet. Dies ermöglichte mehr Freiheiten bei der Ausgestaltung der Singstimme und war insbesondere für die Entstehung des Rezitativs in den musikdramatischen Gattungen maßgeblich. Bei der Entwicklung eines neuen Stils spielen zudem auch die Praktiken der Psalmrezitation im 16. Jahrhundert eine Rolle, in denen eine bewegte und ornamentierte Oberstimme über mehrstimmig ausgeführten Psalmtönen in langen Notenwerten erklang. Diese Erweiterung der traditionellen Falsobordone-Praxis ist etwa in den *Salmi passaggiati sopra tutti i toni* (1601) von Giovanni Luca Conforti anzutreffen, der als Sänger der päpstlichen Kapelle in Rom tätig war.[4]

Es gibt also weder einen einzigen Erfinder eines neuen Stils, noch ist um 1600 überhaupt ein singulärer Stil neu erfunden worden. Eher wäre davon zu sprechen, dass gewisse musikalische Praktiken des solistischen Singens verschriftlicht, im Druck veröffentlicht sowie in einen argumentativen Rahmen eingebettet wurden, der ihnen stärkeres Gewicht verlieh. Dies führte wiederum zu einer insgesamt größeren Produktivität und auch Experimentierfreudigkeit im Sologesang des frühen 17. Jahrhunderts.

Francesca Caccini, »Il primo libro delle musiche a una, e due voci«

Als Tochter des bereits mehrfach erwähnten Giulio Caccini und der Sängerin Lucia Caccini wurde Francesca Caccini schon früh in das Musikleben am Hof der Medici eingeführt und erhielt ab 1607 eine Anstellung als Hofmusikerin in Florenz. Dort war sie als Sängerin, Musikerin, Dichterin und Komponistin tätig und legte 1618 mit *Il primo libro delle musiche* ihre erste, mit 99 Seiten für diese Zeit außergewöhnlich umfangreiche Sammlung an Vokalkompositionen im Druck vor.[5] Bei den 19 geistlichen und 17 weltlichen Werken handelt es sich vornehmlich um Sologesänge mit Basso-continuo-Begleitung. Lediglich vier Duette (drei Canzonetten und ein Madrigal) sind in die Sammlung integriert. In ihrer großen Variabilität erscheint die Sammlung wie eine Zusammenstellung all dessen, was an Vokalmusik im frühen 17. Jahrhundert gängig war: Sonette, Ottave, Madrigale, Arien, Motetten, Hymnen und Canzonetten gibt das Inhaltsverzeichnis zu erkennen. Mit Ausnahme der sieben lateinischen, der Liturgie entnommenen Texte stammen die italienischen Texte von zeitgenössischen Autoren, mit denen Caccini teils bereits am Hof der Medici zusammengearbeitet hatte. Zwölf davon dichtete der Hofpoet Michelangelo Buonarroti (der Jüngere), mit dem sie zuvor bereits mehrere Bühnenwerke produziert hatte. Ein Brief Caccinis an Buonarroti, in dem es um ein mögliches (letztlich dann doch nicht publiziertes) Vorwort geht, zeigt deutlich, dass sich Francesca Caccini innerhalb der von ihrem Vater mitgeprägten Florentiner Tradition des Sologesangs positionierte, jedoch auch die Eigenständigkeit ihrer Sammlung betonte.[6] Die Kompositionen vermitteln eine enorme Bandbreite an formalen Organisationsprinzipien, harmonischen Konfigurationen oder melodischen Wendungen, um die Textvorlagen und den jeweiligen Textausdruck adäquat umzusetzen.

Zwei Beispiele sollen illustrieren, welch unterschiedliche musikalische Gestaltungsmöglichkeiten der Sologesang des frühen 17. Jahrhunderts bot. »Lasciatemi qui solo« ist eine fünfstrophige Arie. Der Terminus »Aria« meint dabei zunächst lediglich, dass Strophen eines Textes gleich vertont werden (im Unterschied zu den durchkomponierten Madrigalen). Die strophische

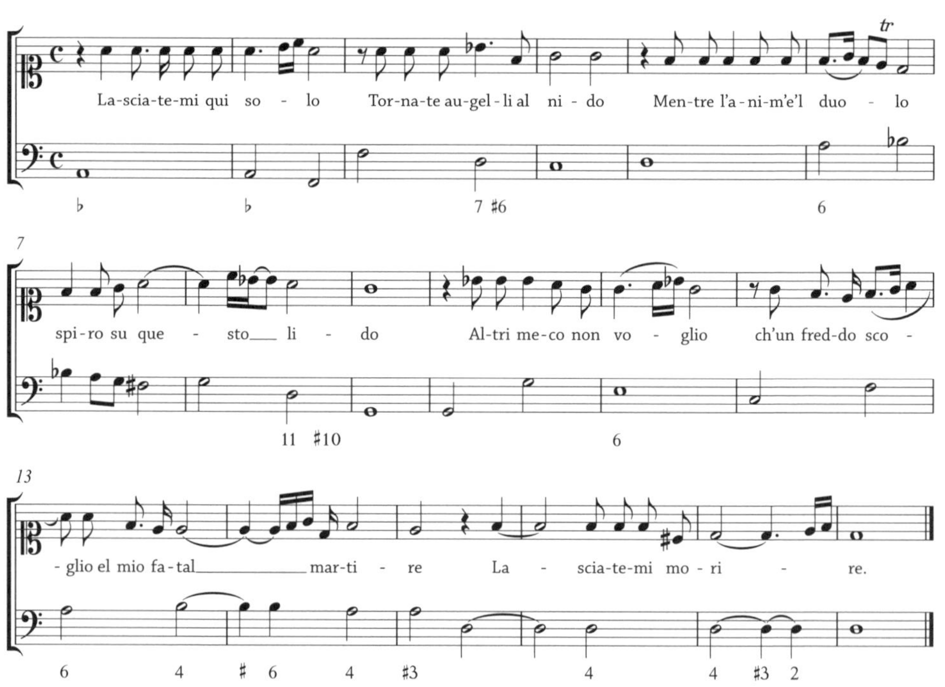

Abb. 9: Francesca Caccini, »Lasciatemi qui solo«, Takt 1–18

musikalische Gestaltung setzt einen Text voraus, in dem die Strophen in Länge und Versmaß übereinstimmen. Damit ist ein wesentliches Prinzip genannt, das letztlich für viele Textvertonungen dieser Zeit gilt: Die textliche Form

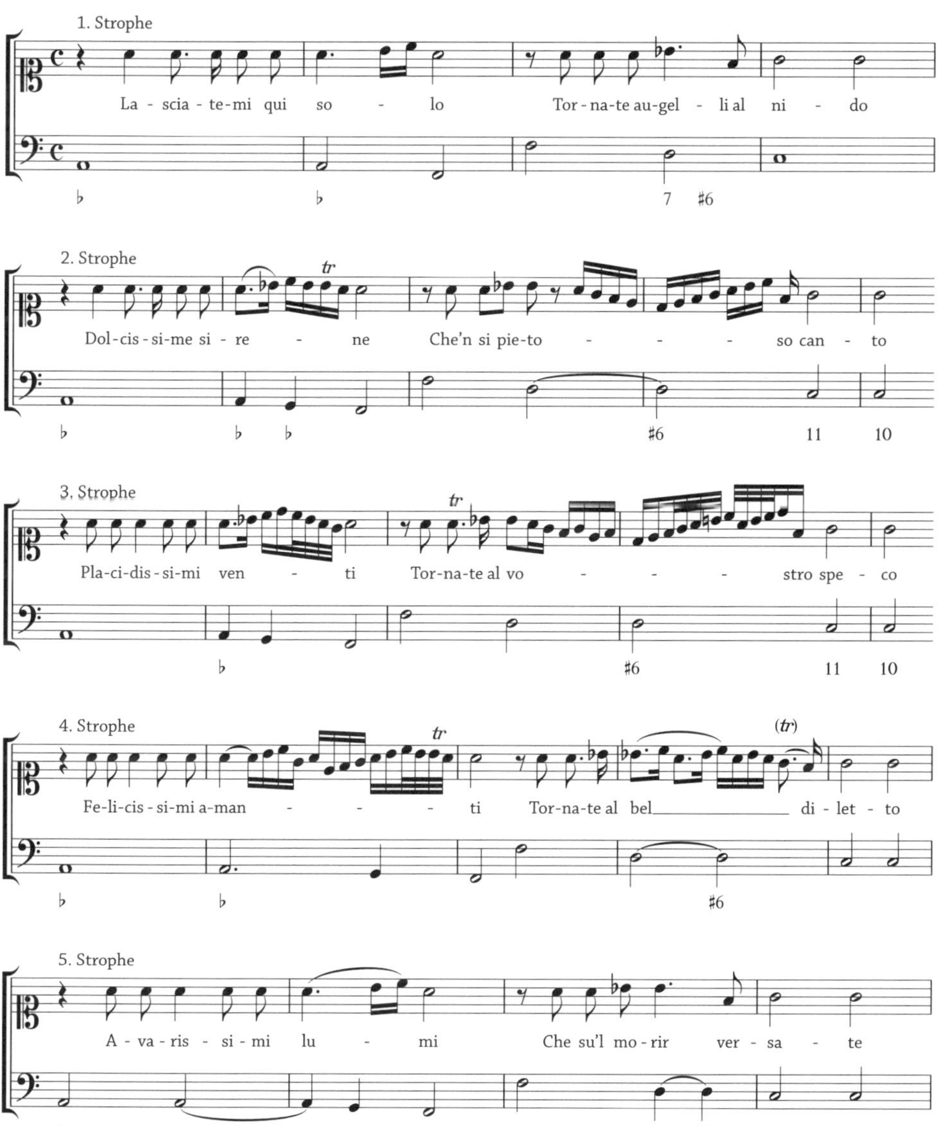

Abb. 10: Francesca Caccini, »Lasciatemi qui solo«, jeweiliger Beginn der fünf Strophen

gibt einen gewissen Rahmen für die musikalische Gestaltung vor. Francesca Caccini setzt in ihrer Sammlung häufig eine variierte Strophengestaltung ein, so auch in »Lasciatemi qui solo«: Die Bassstimme ist für alle fünf Strophen (mit nur sehr geringfügigen Varianten) gleich notiert, während die Singstimme sich jeweils ändert. Wird berücksichtigt, dass der Bass entsprechend der zeitüblichen Generalbasspraxis nicht als einzelne Stimme, sondern akkordisch umgesetzt wurde, so boten sich freilich auch für den Bass improvisierte Variationsmöglichkeiten für jede Strophe an. Das akkordische Gerüst blieb aber für jede Strophe gleich. Ein Blick auf die erste Strophe (Abb. 9) lässt erkennen, dass sich Caccini für die Vertonung dieses Arientextes, in dem eine Person ihre Trauer formuliert, für einen deklamatorischen Stil entscheidet. Der Bass schreitet jeweils in relativ langen Notenwerten voran, während die Singstimme in schnelleren Notenwerten sowohl rhythmisch als auch in den Tonhöhen (häufig repetierte Töne oder Tonschritte nach oben und unten entsprechend der Silbenbetonungen) einen natürlichen Sprechduktus nachahmt. Textsilben werden lediglich auf bestimmten Schlüsselwörtern mit Melismen versehen, das bedeutet, dass mehrere Töne auf einer Textsilbe erklingen. Gut erkennbar ist das in der ersten Strophe etwa bei »duolo« (Schmerz), »freddo scoglio« (kalter Stein) oder »mio fatal martire« (meine verhängnisvolle Qual). In den weiteren vier Strophen variiert Caccini nun die Gestaltung der Singstimme entsprechend des Ausdrucksgehalts des Textes, was bereits deutlich wird, wenn man jeweils die ersten beiden Verszeilen einer jeden Strophe gegenüberstellt (Abb. 10). Die süßesten Sirenen, die ruhigsten Winde, die glücklichsten Liebenden und die geizigsten Augen, die in der zweiten bis fünften Strophe besungen werden, werden auf Schlüsselwörtern mit jeweils spezifischen Melismen und Verzierungen versehen. Ausgangspunkt der Phrasengestaltung bleibt jedoch immer die Textdeklamation.

Eine ganz andere Art des Sologesangs zeigt die Canzonetta »Se muove a giurar fede« in Caccinis Sammlung (Abb. 11). Die drei Strophen, in denen es darum geht, was passiert, wenn man auf die Liebe vertraut, werden nicht variiert, sondern gleich vertont. Dennoch wird hier Variabilität gleichsam zum Programm gemacht.[7] Ein bewegter Bass verwendet neben dem einfachen Fortgang in Viertelnoten im Dreiertakt verschiedene tanzartige Rhythmen: Es wird entweder eine halbe Note mit einer Viertelnote kombiniert oder eine Viertelnote mit einer halben Note (z. B. Takt 4 und 5), wodurch eine abwechslungsreiche, lebhafte Basslinie entsteht. In der Singstimme werden diese Modelle aufgegriffen und mit kleingliedrigen Melismen (meist in Achtelnoten), Punktierungen und Trillern angereichert. Dabei geht es weniger darum, bestimmte Schlüsselwörter auszuzieren, sondern vielmehr um die Ausführung

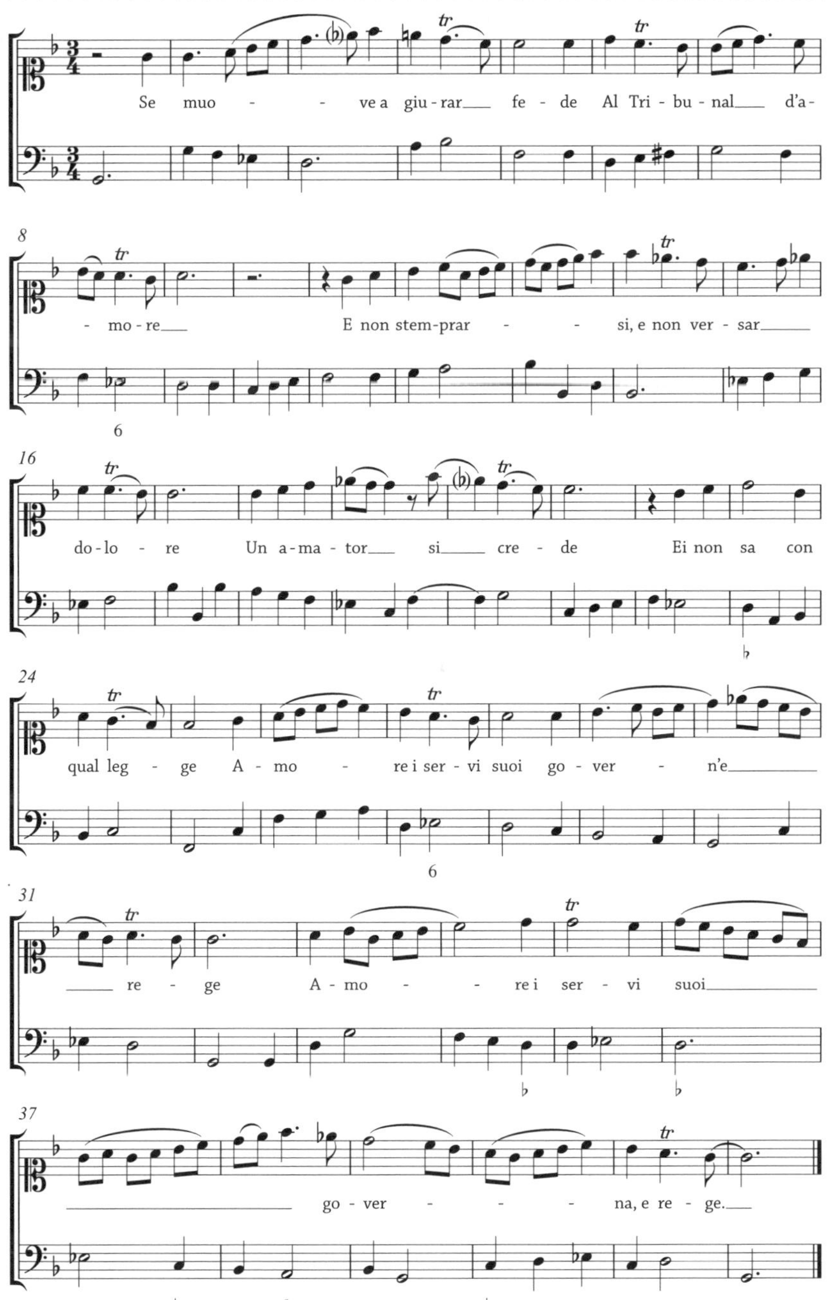

Abb. 11: Francesca Caccini, »Se muove a giurar fede«, 1. Strophe

dieser rhythmischen und melodischen Modelle in immer neuen Kombinationen und Varianten. Der Rhythmus der Sprache und der Sinngehalt der Worte werden zwar berücksichtigt, sodass letztlich keine Verszeile der anderen gleicht. Im Zentrum steht jedoch nicht die Deklamation des Textes, sondern die Variabilität der Phrasengestaltung entlang von bestimmten tänzerischen, rhythmisch-melodischen Mustern.

Nicht nur Francesca Caccinis Veröffentlichungen, sondern auch diejenigen von Sigismondo d'India, Benedetto Ferrari, Domenico Maria Melli, Claudio Monteverdi oder Francesco Rasi – um hier nur wenige Namen aus einer enorm umfangreichen Publikationspraxis zu nennen – zeigen in den ersten Jahrzehnten des 17. Jahrhunderts die vielfältigen Möglichkeiten des Sologesangs. Das Propagieren eines neuen Stils bezog sich um 1600 jedoch nicht nur auf die Praxis des Sologesangs, sondern umfasste auch andere Felder. Prominent geworden ist eine Auseinandersetzung zwischen Giovanni Maria Artusi und Claudio Monteverdi, die um die Frage kreiste, was in der Gestaltung des musikalischen Satzes unter welchen Bedingungen erlaubt sei.[8] Artusi war ein Schüler von Gioseffo Zarlino, dessen Kontrapunktlehre *Le istitutioni harmoniche* (1558) auch am Beginn der Barockzeit für die polyphone Musik als verbindlich angesehen wurde. Im Jahr 1600 veröffentlichte Artusi die Schrift *L'Artusi, overo delle imperfettioni della moderna musica*, in der er am Beispiel von Claudio Monteverdis fünfstimmigem Madrigal »Cruda Amarilli« einer modernen Musik vorwarf, durch den Gebrauch von nicht vorbereiteten oder durch Intervallsprünge erreichten Dissonanzen gegen die kontrapunktischen Regeln zu verstoßen. Monteverdi veröffentlichte das Madrigal – das zuvor nur in Abschriften verbreitet war – 1605 in seinem fünften Madrigalbuch im Druck. Im Vorwort wies er den Vorwurf Artusis zurück und kündigte eine Schrift *Seconda pratica, overo perfettione della moderna musica* an. Zwar erschien diese Schrift nie, eine Erläuterung zu diesem Vorwort wurde von Giulio Cesare Monteverdi allerdings 1607 den *Scherzi musicali* seines Bruders Claudio beigefügt. Darin erklärt er, dass in dieser neuen Art der Musik »l'oratione sia padrona del armonia e non serva« (die Rede Herrin des Tonsatzes sei und nicht Dienerin). Und Artusi hätte – so Monteverdi weiter – in seiner Kritik nicht berücksichtigt, dass die Abweichung von kontrapunktischen Regeln bei seinem Bruder absichtlich dort erfolgt war, wo der Textausdruck sie nötig machte. In Artusis Schrift wurde nämlich die Passage aus »Cruda Amarilli«, die er kritisierte, ohne Text abgedruckt. Demnach konnten die nicht regelkonformen Dissonanzen bei der Textstelle »ahi lasso«, einem klagenden Ausruf des unglücklich liebenden Hirten Mirtillo, auch nicht aus dem emotionalen Gehalt des Textes heraus verstanden werden. Giulio Cesare Monteverdis Argumentation zeigt, dass es bei der »seconda pratica« nicht darum ging, das kontrapunktische Regelwerk für überholt zu erklären und eine neue Musiktheorie zu etablieren. Vielmehr wurde eine musikalische Praxis des Affektausdrucks, die bereits Anwendung erfuhr, für legitim erklärt bzw. gegen die Angriffe Artusis verteidigt. Die Kontroverse zwischen Artusi und Monteverdi ist daher im Zusammenhang mit einem neuen Verhältnis zwischen Musik und Poesie zu sehen, das sich um 1600 Bahn brach und sich keinesfalls nur im Sologesang manifestierte.

Stilarten

Die »Erfindung« eines neuen Stils oder die Verwendung der Begriffe »prima« und »seconda pratica« ging im 17. Jahrhundert einher mit einer Differenzierung verschiedener Stilarten. Dem lag der Gedanke zugrunde, dass nicht für alle Kompositionsanlässe oder Textvertonungen derselbe musikalische Stil angemessen sei, wobei der jeweilige Stil durchaus an unterschiedlichen Faktoren festgemacht wurde. Der Warschauer Hofkapellmeister Marco Scacchi unterschied 1648 drei Stile in der Musik: »stylus ecclesiasticus« (Kirchenstil), »stylus cubicularis« (Kammerstil) und »stylus theatralis seú scenica« (Theater- oder Bühnenstil).[9] Geht diese Dreiteilung zunächst vom Aufführungsort aus, so untergliedert Scacchi den Kirchen- und Kammerstil wiederum in verschiedene Unterarten, die er großteils aus Besetzungsunterschieden ableitet. Im Kirchenstil gebe es: 1. »Messen, Motetten und ähnliche Gesänge zu 4, 5, 6 und 8 Stimmen, und ohne Orgel«, 2. dieselben Gesänge mit Orgel, 3. Gesänge im konzertanten Stil und 4. »Motetten gemäß dem modernen Gebrauch.« Für den Kammerstil unterscheidet Scacchi 1. den Madrigalstil ohne Hinzufügung von Instrumenten, 2. die Gesänge mit Generalbassbegleitung und 3. den Stil, in dem alle Instrumente zugelassen sind. Dieser Aufzählung folgen umfangreiche Ausführungen über den Kirchenstil, wobei Scacchi die satztechnischen Unterschiede besonders wichtig sind. In mehrstimmigen Messen oder Motetten ohne Instrumentalbegleitung müsse ein satztechnisches und kontrapunktisches Regelwerk zwingend eingehalten werden. Mehrchörige Werke oder Werke im konzertierenden Stil wiederum erforderten bestimmte satztechnische Abweichungen, während in den modernen Motetten zur Textausdeutung »Konsonanzen und Dissonanzen anders verwendet werden als in der früheren Praxis.«[10] Scacchis Stilklassifizierung ist damit im Kontext der Diskussion um eine

»prima« und »seconda pratica« zu sehen. Ihr ging auch eine entsprechende Auseinandersetzung Scacchis mit dem Danziger Organisten Paul Siefert voraus, dem er in seinen Psalmvertonungen Satzfehler vorwarf.[11]

Deutlich anders behandelt Athanasius Kircher musikalische Stile in seinem Traktat *Musurgia universalis* (1650). Er unternimmt folgende Klassifizierung:[12] 1. der Kirchenstil, der (entweder unter Verwendung eines Cantus firmus oder frei) in Messen, Hymnen, Gradualien und Antiphonen anzutreffen sei; 2. der Kanonstil; 3. der Motettenstil, der »bedeutungsschwer, sehr majestätisch, blühend vor Vielfalt und an kein Grundthema [subiectum] gebunden ist«; 4. der phantastische Stil der Instrumentalmusik, wie er in Fantasien, Ricercaren, Toccaten oder Sonaten gebraucht wird; 5. der Madrigalstil, um »die Vorzüge von moralischen Handlungen, Liebe und andere geistreiche Anspielungen zu Erzählungen und Geschichten auszudrücken«; 6. der melismatische Stil, der in Arietten oder Villanellen erscheint; 7. der Chor- und Theaterstil (hypochematischer Stil), der bei Gruppentänzen wie Galliarde, Courante, Passamezzo, Allemande und Sarabande zum Einsatz kommt; 8. der symphonische Stil für das Zusammenspiel der Instrumente (in der Kirchenmusik); 9. der dramatische oder Rezitationsstil zum Ausdruck der Affekte, wie sie ein vorgegebener Stoff erfordert. Stil wird von Kircher hier sehr vielfältig dargestellt und geht einher mit der Unterscheidung verschiedener Gattungen, Aufführungskontexte oder Textvorlagen, ohne dies in eine zwingende Systematik zu bringen. Doch wenig schreibt Kircher darüber, wie diese Stile in ihren musikalischen Gestaltungsweisen konkret aussehen.

Wieder aus einer anderen Perspektive – jedoch an Scacchi anknüpfend – argumentiert Christoph Bernhard, ein Schüler von Heinrich Schütz, in seinem um 1650 entstandenen *Tractatus compositionis augmentatus*. Stilarten unterscheidet er anhand der unterschiedlichen Ausgestaltung des Kontrapunkts. Der Contrapunctus gravis (Stylus antiquus), der in der mehrstimmigen Musik der päpstlichen Kapelle anzutreffen sei, steht bei Bernhard dem Contrapunctus luxurians (Stylus modernus) gegenüber. Bei Letzterem unterscheidet er wiederum zwischen dem Stylus luxurians communis (in Kirchen- und Tafelmusik sowie in Sonaten) und dem Stylus luxurians theatralis (vor allem im Theater). Stylus gravis und modernus erfordern einen je anderen Einsatz von »Figuren«, worunter Bernhard »eine gewiße Art die Dissonantzen zu gebrauchen«[13] versteht. Der Stylus modernus bietet deutlich mehr Figuren und damit Möglichkeiten zur Dissonanzbehandlung als der Stylus gravis. Dem Stylus theatralis (auch Stylus recitativus genannt, »weil er eine Rede in der *Music* vorzustellen erfunden worden«) liegt zugrunde »diese General-Regel, daß man die Rede aufs natürlichste *exprimiren* solle«.[14] Er erlaubt folglich die meisten stilistischen

Freiheiten. Angehenden Komponisten empfiehlt Bernhard, für den alten Stil vor allem Giovanni Pierluigi da Palestrina zu studieren, für den neuen hingegen Claudio Monteverdi, Giovanni Rovetta, Francesco Cavalli, Vincenzo Albrici, Giacomo Carissimi und andere – allesamt italienische Komponisten der jüngeren Vergangenheit oder Gegenwart aus Sicht Bernhards. Für den Stylus luxurians communis erwähnt er auch deutsche Komponisten, darunter seinen Lehrer Heinrich Schütz.[15]

Heinrich Schütz, »Symphoniae sacrae II«

Im Jahr 1609 erhielt der bei Landgraf Moritz von Hessen-Kassel angestellte Heinrich Schütz durch seinen Dienstherrn die Möglichkeit zu einem mehrjährigen Aufenthalt in Venedig, um beim renommierten Organisten des Markusdoms Giovanni Gabrieli zu studieren. Im Sommer 1628, nun in seiner Funktion als Dresdner Hofkapellmeister, brach Schütz erneut zu einer mehr als einjährigen Venedig-Reise auf. Schütz akquirierte in Venedig nicht nur neue Musiker, kaufte Noten und Instrumente, sondern machte sich auch mit den neuesten stilistischen Entwicklungen vertraut. Noch in Italien erschien 1629 der erste Band seiner *Symphoniae sacrae*, eine Sammlung mit 20 lateinischsprachigen geistlichen Konzerten für eine bis drei Singstimmen und Instrumente. 1647 und 1650 folgten Band II (für drei bis fünf Stimmen) und III (für fünf bis acht Stimmen) der *Symphoniae sacrae*, wobei Schütz hier deutschsprachige, überwiegend der Bibel entnommene Textvorlagen wählte. Die Aneignung italienischer Musik kann anhand der *Symphoniae sacrae II* sehr gut nachvollzogen werden. Sie zeigt sich nicht nur darin, dass Schütz für das Konzert »Es steh Gott auf« Material aus Claudio Monteverdis Madrigalen »Armato il cor« und »Zefiro torna« entlehnte.[16] Auf italienischen Einfluss zurückzuführen sind auch Elemente wie die obligaten, selbstständigen Instrumentalstimmen (von zwei Violinen oder anderen Instrumenten auszuführen), der teils virtuose Gesangsstil oder der Einsatz bestimmter rhythmischer Modelle italienischer Tanzmusik. Schütz nahm in der Vorrede auch auf Monteverdis achtes Madrigalbuch und die »heutige Italienische Manier« Bezug. Dennoch wird in den *Symphoniae sacrae II* nicht einfach eine moderne affektgeladene Musiksprache umgesetzt. Die Sammlung lässt vielmehr einen Stil erkennen, der bestimmte neue Kompositionstechniken ebenso in Anspruch nimmt wie eine tradierte polyphone Satzweise. So wird ein Stylus luxurians communis sinnfällig, wie er von Schütz' Schüler Christoph Bernhard später in seiner theoretischen Schrift festgehalten wurde.

Im Detail zeigt sich dies etwa im 21. der insgesamt 27 Konzerte der *Symphoniae sacrae II*. Der Text des Konzerts »Herr, neige deine Himmel« ist dem Psalm 144 entnommen und fügt sich ein in den Themenkomplex von Lob, Dank und Bitte, der die Sammlung insgesamt dominiert:

Herr, neige deine Himmel und fahr herab.
Taste die Berge an, so rauchen sie,
laß blitzen und zerstreue sie.
Wirf deine Strahlen und schrecke sie.
Sende deine Hand aus der Höhe
und erlöse mich von großen Wassern,
und errette mich von der Hand der fremden Kinder.
Gott, ich will dir ein neues Lied singen,
ich will dir spielen auf dem Psalter von zehen Saiten.

Schütz vertont in dem Konzert für zwei Gesangsstimmen (Bass I und II), zwei Violinen und Basso continuo jede Verszeile in einem eigenen Abschnitt. Als musikalisches Satzprinzip vorherrschend ist dasjenige der Imitation. Jeder Abschnitt beginnt mit einer kürzeren oder längeren musikalischen Phrase in einer der Singstimmen, die sodann von der anderen zeitversetzt nachgeahmt wird. Damit wendet Schütz eine der üblichen polyphonen Satztechniken an. Die instrumentale Bassstimme, die zugleich die Generalbassstimme darstellt, ist keine eigenständige dritte Stimme. Die Gesangsstimmen stellen zunächst häufig lediglich die verzierten und mit kleineren Notenwerten angereicherten Versionen der instrumentalen Bassstimme dar. Erst ab der dritten Verszeile setzt Schütz die beiden Violinen ein. Sie übernehmen jedoch selten die melodischen Phrasen der Singstimmen und imitieren sie, sondern reichern den Satz meist mit verschiedenen eigenständigen Gegenbewegungen zu den Singstimmen an. Sehr effektvoll kommen sie gerade bei »laß blitzen und zerstreue sie« das erste Mal zum Einsatz und machen durch ihre melodischen Gegenbewegungen bei »zerstreue« die Textausdeutung in diesem Moment besonders plastisch (Abb. 12).

Verzierungen und Koloraturen, die als typisch für den modernen italienischen Stil galten und auch bei Christoph Bernhard als »variatio« in der Beschreibung des Stylus luxurians communis großen Raum erhielten, setzt Schütz immer wieder in Zusammenhang mit der Textausdeutung ein. Bereits in der ersten Verszeile kann die zweitaktige, absteigende Koloratur auf »fahr« dafür ins Treffen geführt werden. Neben dem »rauchen« und dem bereits genannten »zerstreue« in den Verszeilen zwei und drei wird eine solche Koloratur auch bei den »Strahlen« in der vierten Verszeile extensiv wortausdeutend eingesetzt. Auffallend sind auch die chromatisch absteigenden Melodielinien bei »fremden Kinder« in der siebten Verszeile. Eine solche durch die Textinterpretation

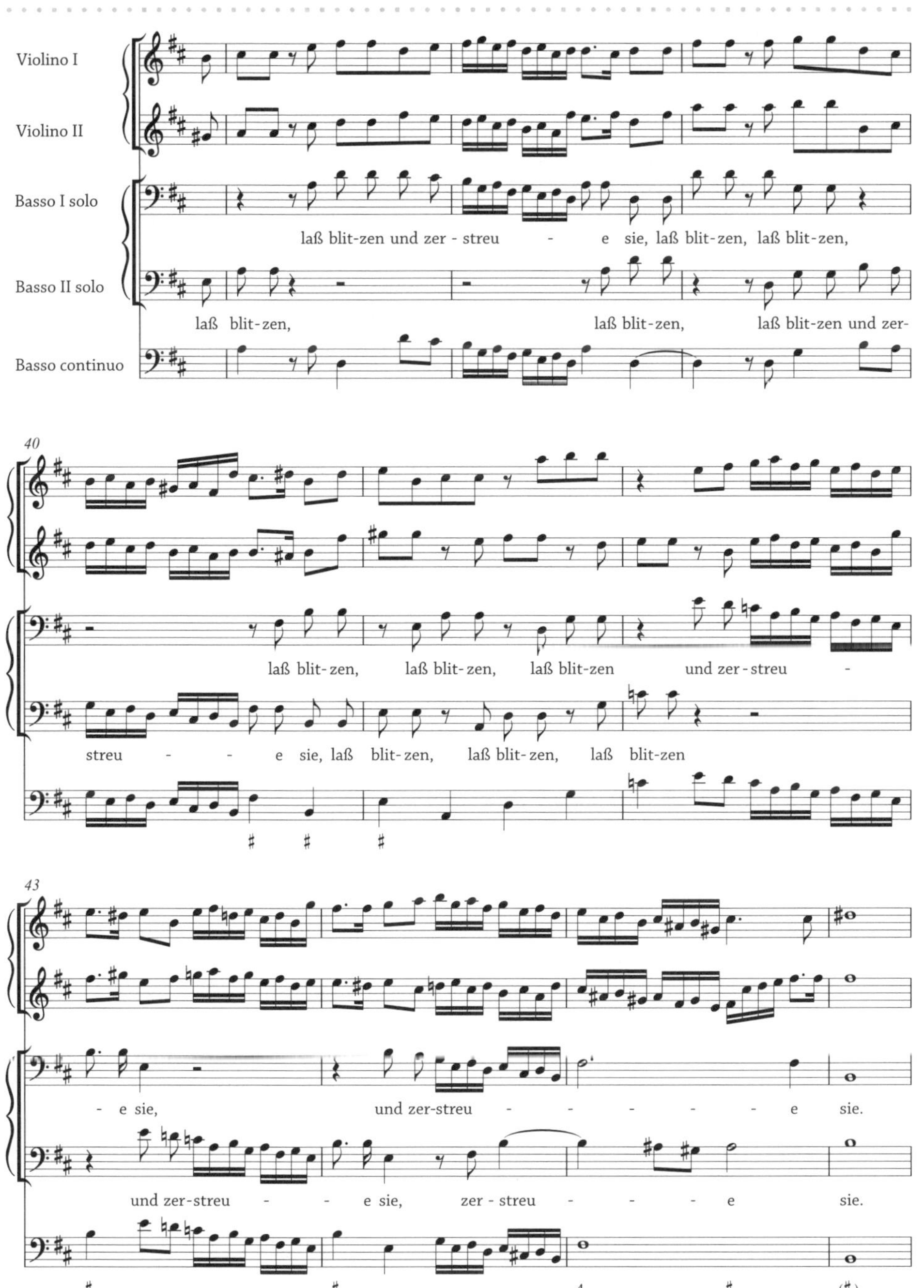

Abb. 12: Heinrich Schütz, »Herr, neige deine Himmel«, Takt 37–46

gerechtfertigte Verwendung von Dissonanzen war ebenfalls charakteristisch für einen modernen Stil. Von Christoph Bernhard wurde sie als »passus duriusculus« beschrieben.[17] Für die Vertonung der letzten beiden Verszeilen wechselt Schütz schließlich in einen tänzerischen Dreiertakt. Das »Spielen auf dem Psalter« wird durch die Punktierungen augenfällig gemacht und auch von den Violinen aufgegriffen, sodass das textlich angesprochene Musikmachen auch in der erklingenden Musik selbst sinnlich nachvollzogen werden kann. Mit der Rückkehr in den Zweiertakt sorgt Schütz am Ende nochmals für eine Steigerung des Singens und Spielens. Das Konzert ist aber nicht nur durch solche Taktwechsel abwechslungsreich gestaltet, sondern auch durch den Einsatz einer instrumentalen Symphonia nach der dritten Verszeile, die musikalisch auf den nächsten Abschnitt vorbereitet und die Violinen in Szene setzt.

Der Einsatz der Instrumente, die vokale und instrumentale Virtuosität und die tänzerischen Elemente sind in diesem Beispiel klar als Elemente eines modernen, italienisch geprägten Stils zu erkennen. Zugleich bleibt Schütz immer innerhalb jenes Rahmens, der aus zeitgenössischer Sicht für die adäquate Vertonung geistlicher Texte abgesteckt wurde. Ein übermäßiger Einsatz von Dissonanzen oder eine offensiver affektgeladene Musiksprache waren dafür nicht angemessen.

Dass Aufführungskontext, Textvorlage und Gattung unterschiedliche musikalische Schreibarten erfordern und dass dies vor allem am kontrapunktischen Regelwerk festzumachen ist, findet sich als Denkfigur auch noch im 18. Jahrhundert. So widmet sich Johann Joseph Fux in seinem Kompositionstraktat *Gradus ad Parnassum* von 1725 vor allem dem Kirchenstil, bei dem er grundsätzlich einen Stylus à capella und einen Stylus mixtus unterscheidet.[18] Beim Stylus à capella wiederum gibt es zwei Schreibarten laut Fux: 1. eine streng kontrapunktische, die zum Einsatz kommt, wenn keine Instrumente beteiligt sind; 2. eine, die unter Hinzunahme von Orgel oder anderen Instrumenten größere Freiheiten im Gesang oder in der Verwendung von Dissonanzen erlaubt. In einem eigenen Kapitel wird ferner noch der Stylus recitativus abgehandelt. Damit finden sich bei Fux durchaus ähnliche Klassifizierungen wie bei Marco Scacchi oder Christoph Bernhard circa 75 Jahre früher. Fux' Kompositionslehre zielt allerdings vor allem auf die Lehre vom Kontrapunkt im Stylus à capella ab. Insofern werden die im 18. Jahrhundert hauptsächlich praktizierten Schreibarten bei Fux nur sehr sporadisch abgehandelt. Er erwähnt, dass es gegenwärtig neben der modernen Kirchenmusik auch eine Kammer- und

Theatermusik sowie die Tanzmusik gebe, die je unterschiedliche Stile erforderten. Allerdings macht er deren spezifische Ausformungen nicht zum Gegenstand seines Buches. Insofern ist die Perspektive im Vergleich zur ersten Hälfte des 17. Jahrhunderts etwas verschoben: Die Existenz eines neuen Stils oder einer neuen Verwendung von Dissonanzen müssen nicht mehr eigens begründet werden, sondern sind zu einer Selbstverständlichkeit geworden. Stilklassifizierungen, wie sie Scacchi oder Kircher prägten, sind insgesamt von sehr vielen Autoren aufgegriffen worden. Es änderte sich jedoch die inhaltliche »Befüllung« der verwendeten Begriffe, weil sich die musikalischen Schreibarten selbst veränderten.

Nationale Stile

Unter Nationen werden gegenwärtig in Europa meist geographisch definierte und einheitlich verwaltete Staatsgebilde verstanden. In der Barockzeit wurde der Begriff hingegen anders verwendet, als dies seit dem Beginn der sogenannten »Nationenbildung« im späten 18. Jahrhundert der Fall war. In Johann Heinrich Zedlers Universallexikon von 1740 heißt Nation »seiner eigentlichen und ersten Bedeutung nach, so viel, als eine vereinigte Anzahl Bürger, die einerley Gewohnheiten, Sitten und Gesetze haben. Aus dieser Beschreibung folget von selbst, daß ein gewisser, grosser oder kleiner Bezirck des bewohnten Erd-Kreises, eigentlich nicht den Unterschied der Nationen ausmache, sondern daß dieser Unterschied eintzig und allein auf die Verschiedenheit der Lebens-Art und Gebräuche beruhe, folglich in einer oftmahls kleinen Provintz, Leute von unterschiedenen Nationen bey einander wohnen können.«[19] Ein solch ethnisch verstandener Nationenbegriff (durch gemeinsame Gewohnheiten, Sitten und Gebräuche definiert) kollidierte im Bereich der Musikkultur einer barocken Elite damit, dass sie wesentlich durch europaweit übergreifende stilistische Konventionen geprägt war. Ersichtlich wird dies etwa bei Athanasius Kircher, der den nationalen Musikstilen in seinem Traktat *Musurgia universalis* (1650) ein Kapitel im siebten Buch widmet. Es heißt dort: »Die Italiener haben einen anderen Kompositionsstil als die Deutschen, diese einen anderen als die Italiener und die Franzosen, die Franzosen und Italiener einen anderen als die Spanier. Sogar die Engländer haben einen – weiß Gott – recht fremden [peregrinum]. Jede Nation hat einen Stil, der ihrem natürlichen Charakter, ihrem Land und ihren Lebensgewohnheiten entspricht.«[20] Kircher leitet die Bevorzugung gewisser musikalischer Eigenschaften zwar teilweise aus klimatischen Bedingungen vor Ort ab, begründet jedoch stilistische Unterschiede vor allem mit lange tradierten regionalen Gewohnheiten. Die Deutschen würden – »meist in kaltem Klima geboren« – einen »schweren, ruhigen, gemäßigten und polyphonen Stil« bevorzugen, die Franzosen hingegen – »von größerer Beweglichkeit« – »einen Stil, der geeignet ist für Reigen, Hüpfen und ähnliche Tänze«. Den Italienern konstatiert Kircher die Vorherrschaft in der Musik, weil sie Musik nach dem besten Geschmack gestalten: »Wie sie in einem sehr ausgeglichenen Klima geboren sind, so haben sie auch den vollkommensten, ausgeglichensten und mit ihrer Natur übereinstimmenden Stil entwickelt.« Kircher hebt vor allem die stilistische Vielfalt der Italiener hervor und bezeichnet ihren Stil als »universal«. Insofern erkennt er zwar unterschiedliche nationale Stile an, weist dem italienischen Stil jedoch eine übergreifende Bedeutung zu, die letztlich auch der historischen Realität seiner Zeit entsprach. Nicht nur waren viele italienische Musiker an bedeutenden musikalischen Wirkungsstätten außerhalb Italiens tätig, sondern Musiker – so hat etwa das Beispiel Heinrich Schütz gezeigt – gingen auch nach Italien, um sich aktuelle italienische Kompositionsweisen anzueignen.

Dies war für Frankreich zunächst nicht anders. Die Kulturpolitik am französischen Hof der ersten Hälfte des 17. Jahrhunderts orientierte sich an italienischen Vorbildern, die durch Perfektion und Qualität übertroffen werden sollten.[21] Nach dem Tod des Premierministers Kardinal Mazarin und mit Beginn der Alleinherrschaft von Louis XIV. wurden jedoch 1661 alle italienischen Musiker am Hof entlassen und eine eigenständige französische Musik- und Tanztradition mehr und mehr propagiert. Eine Konsequenz aus dieser Exklusivität, mit der Louis XIV. und nachfolgende Herrscher eine genuin französische Musikkultur praktizierten, war die Austragung mehrerer ästhetischer Debatten um die Vormachtstellung französischer oder italienischer Musik. Stilistische Merkmale italienischer und französischer Musik, insbesondere der Oper, wurden dabei vergleichend gegenübergestellt. Den Beginn dieser Auseinandersetzungen markiert François Raguenets Schrift *Paralèle des Italiens et des François, en ce qui regarde la musique et les opéra* (1702), die er nach einem längeren Italienaufenthalt verfasste.[22] Raguenet stellt zunächst fest, dass sich die italienische Sprache aufgrund ihrer klangvolleren Vokale besser für den Gesang eigne als die französische. Er sieht die Vorzüge italienischer Musik in ihrer größeren Variabilität an Ausdruckscharakteren in den Arien. Während in französischen Airs ein fließender und kohärenter Ausdruck angestrebt würde, arbeiteten die Italiener mit zahlreichen Wechseln von Dur nach Moll und umgekehrt, mit gewagten Kadenzen und außergewöhnlichen Dissonanzen. Ihre Gesangskunst sei, so Raguenet weiter, virtuoser (insbesondere diejenige der Kastratensänger) und die Gestaltung der Affekte lebhafter, auch in den orchestralen Passagen. Darüber hinaus seien die Mittelstimmen und die begleitenden Stimmen eigenständiger ausgearbeitet. Auch der orchestrale Klang erscheint Raguenet in Italien kraftvoller, was er auf die Seitendicke der Violinen und die längeren Bögen sowie auf die Größe anderer Instrumente (Erzlauten, Bässe) zurückführt. In der Zusammenschau der Argumente zeigt sich deutlich, dass sich Raguenets Urteil aus der Hörerfahrung konkreter Aufführungen in Italien speist und so kompositionstechnische und aufführungspraktische Aspekte in seiner Beurteilung der musikalischen Stile zusammenfließen.

Auf Raguenet reagierte Jean-Laurent Le Cerf de la Viéville 1704 in seiner Schrift *Comparaison de la musique italienne et de la musique françoise*. Le Cerf stellt darin die Stilunterschiede zwischen italienischer und französischer Musik nicht prinzipiell anders dar als Raguenet, bewertet sie jedoch anders: Harmonische Variabilität, Verzierungskunst und Affektausdruck findet er bei den Italienern übertrieben. Stattdessen begeistert er sich für die Natürlichkeit französischer Gesangskunst und eine zurückhaltende Orchesterbegleitung, die den an der Sprache orientierten Textausdruck unterstützt, sich aber niemals in den Vordergrund drängt. Die Debatte wurde von Le Cerf und Raguenet in mehreren Schriften bis 1706 weitergeführt und ging als erste »Querelle« (Streit) in die französische Operngeschichte ein. Dieser sollten noch weitere folgen, wie die Querelle der Lullisten und Ramisten ab den 1730er-Jahren, die Querelle des Bouffons in den frühen 1750er-Jahren oder die Querelle der Gluckisten und Piccinnisten in den 1770er-Jahren. Die italienische Musik diente dabei häufig lediglich als argumentative Reibungsfläche für die Debatte, wie eine französische Musiktradition reformiert werden konnte oder sollte.[23] Die Querelles entfernten sich damit letztlich von der Diskussion eines genuin italienischen oder französischen Musikstils, wie er noch bei Raguenet und Le Cerf im Zentrum stand.

In Reaktion auf diesen Disput zwischen Raguenet und Le Cerf propagierte Johann Mattheson im Kommentar zur deutschen Übersetzung von deren Schriften in seiner *Critica musica* 1722 einen deutschen vermischten Stil: »Man lasse die Franzosen bei ihrer Weise / und die Italiener bey ihrem Sinn. Der Teutsche aber sey so klug / und nehme von beyden das beste vor sich.«[24] Diese Idee wurde auch von Johann Joachim Quantz aufgegriffen, der um die Mitte des 18. Jahrhunderts einen solchen »Geschmack« in Deutschland bereits etabliert sah: »Wenn man aus verschiedener Völker ihrem Geschmacke in der Music, mit gehöriger Beurtheilung, das Beste zu wählen weis: so fließt daraus ein vermischter Geschmack, welchen man [...] sehr wohl den deutschen Geschmack nennen könnte: nicht allein, weil die Deutschen zuerst darauf gefallen sind; sondern auch, weil er schon seit vielen Jahren, an unterschiedlichen Orten

Deutschlands, eingeführt worden ist, und noch blühet, auch weder in Italien, noch in Frankreich, noch in anderen Ländern, misfällt.«[25] Aus einer solchen Bemerkung lässt sich der Anspruch herauslesen, den Deutschen eine gewisse kulturelle Bedeutung neben Italien und Frankreich zuzuweisen. Abseits dieser Wertung ist vor allem die stilistische Syntheseleistung, die Quantz beschreibt, von Interesse. Sie ist jedenfalls darin bemerkbar, wie italienische und französische Musik von verschiedenen Komponisten in Deutschland rezipiert wurde und wie sie sich darüber äußerten.

Georg Philipp Telemann, Konzert für zwei Flöten und Bassinstrument in a-Moll

Im Dezember 1729 schrieb Georg Philipp Telemann an Johann Gottfried Walther: »Was ich in den Stylis der Music gethan, ist bekandt. Erst war es das Polnische, dem folgete das Französ., Kirchen- Cammer- und Opern-Styl u. was sich nach dem Italiänischen nennet, mit welchem ich denn itzo das mehreste zu thun habe.«[26] Überblickt man die Ausbildungswege und biographischen Stationen Telemanns, so zeigt sich darin eine kontinuierliche Aneignung verschiedener musikalischer Stile und Schreibarten. In seiner Autobiographie von 1718 berichtet Telemann, dass er bereits während seiner Gymnasialzeit in Hildesheim bei Besuchen in Hannover den französischen und in Braunschweig-Wolfenbüttel den italienischen Geschmack der dortigen Hofkapellen kennengelernt habe.[27] Er studierte die Werke von Arcangelo Corelli, Agostino Steffani und Antonio Caldara und kam ab 1705 als Hofkapellmeister des Grafen Erdmann II. von Promnitz in Sorau – neben dem Kennenlernen polnischer Musik – wieder vermehrt mit französischer Musik (Jean-Baptiste Lully, André Campra) in Berührung, da der Graf eben von einem Frankreich-Aufenthalt zurückgekehrt war. Bei seiner nächsten beruflichen Station in Eisenach traf er auf den Hofkapellmeister Pantaleon Hebenstreit, der, so Telemann, »in der Frantzösischen Music und Composition eine ungemeine Geschicklichkeit [besaß] / woraus ich mehr Vortheil geschöpfet / als ich hier anzuführen vermögend bin«.[28] Telemann eignete sich zudem die damals neue italienische Konzertform durch das Studium der Kompositionen von Tomaso Albinoni und Antonio Vivaldi an.

Telemanns Praxis, musikalische Stile und Konventionen unterschiedlicher Herkunft zu mischen, zeigt sich unter anderem in den Instrumentalkonzerten, die er in Eisenach oder während der darauffolgenden Zeit in Frankfurt verfasste. Es ist deutlich erkennbar, dass die Konzerte sich am neuen italienischen Konzerttypus orientieren, etwa in der Verwendung der Ritornellanlage, die an

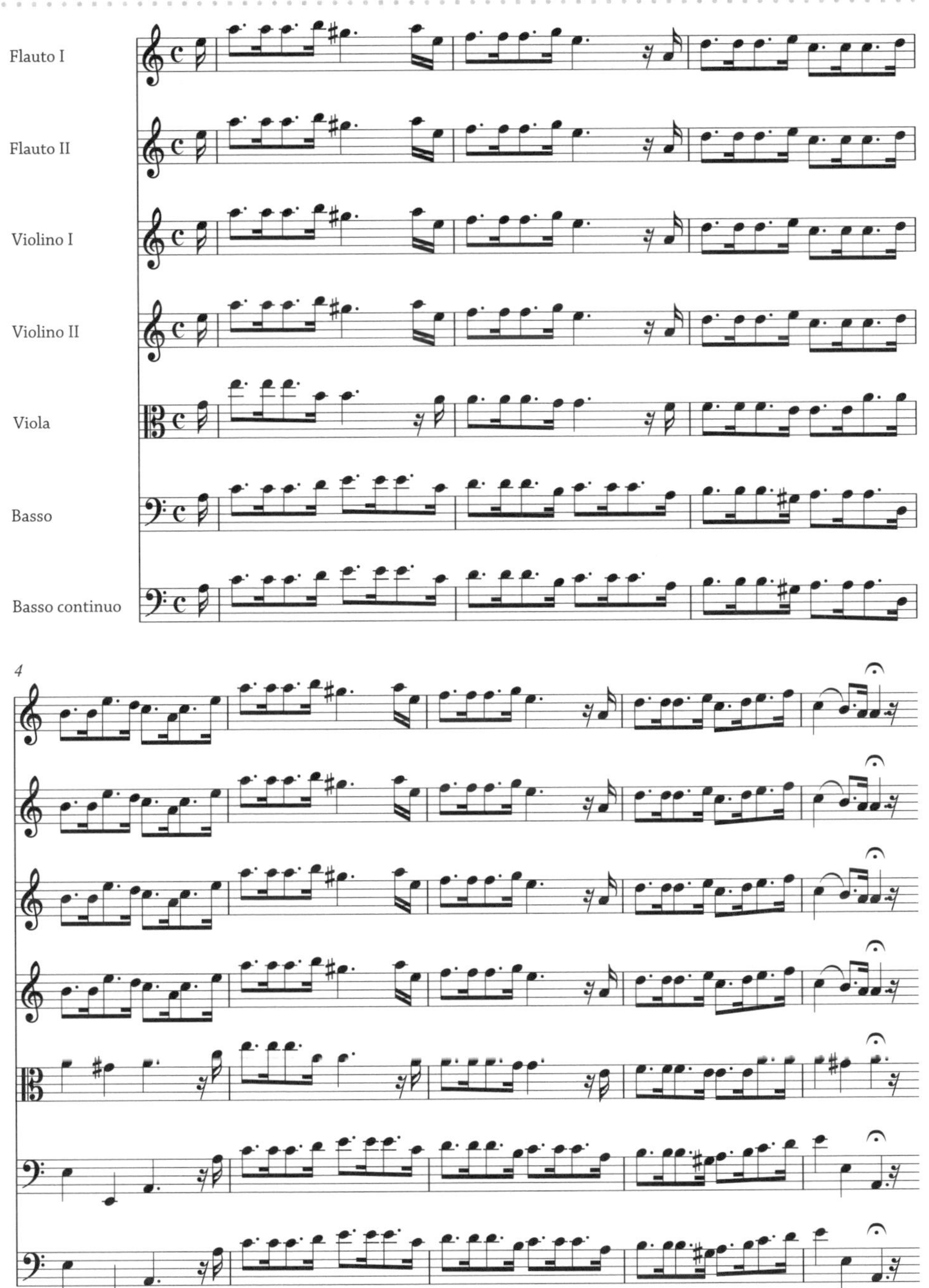

Abb. 13: Georg Philipp Telemann, Konzert für zwei Flöten und Bassinstrument in a-Moll (TWV 53:a1), 4. Satz, Takt 1–8

späterer Stelle noch ausführlicher zur Sprache kommen wird (siehe Kapitel 4, S. 88 ff.). Telemann selbst schreibt jedoch über seine Konzerte, »daß sie mehrentheils nach Franckreich riechen«. Er begründet dies mit seiner Ablehnung bestimmter Stilelemente in den ihm bekannten italienischen Konzerten, in denen er »zwar viele Schwürigkeiten und krumme Sprünge / aber wenig Harmonie und noch schlechtere Melodie antraff«.[29] Exemplarisch kann dieser französische Einschlag an einem Konzert in a-Moll (TWV 53 : a1) demonstriert werden, das zu einer Serie von sechs Konzerten für zwei Flöten und Bassinstrument (Fagott bzw. die Basslaute Calchedon) zählt, die vermutlich zwischen 1719 und 1721 in Frankfurt entstanden sind.[30] Hinweise auf französische Einflüsse finden sich in dem viersätzigen Konzert bereits in der üblicherweise mit Frankreich assoziierten Verwendung der zwei Flöten als Soloinstrumente und in den französischsprachigen Bezeichnungen des ersten Satzes (Lentement) und des dritten Satzes (Loure). Letztere ist ein französischer langsamer Tanz, der hier anstelle des in Italien üblichen Adagio-Satzes eingesetzt wird. So zählt denn auch der Einfluss von Tänzen oder Tanzartigem zu den offensichtlichsten französischen Stilmerkmalen in dem Konzert. Wie Telemann italienische und französische Stilmerkmale kombiniert, zeigt sich im vierten Satz des Konzerts. Der schnelle Satz mit dem auffälligen punktierten Rhythmus verbindet die italienische Ritornellform mit den Merkmalen eines französischen Rondeau, das auf dem Wechsel zwischen Refrains und Couplets beruht.[31] Auf das Rondeau verweist vor allem die tanzartige regelmäßige Periodik der vier wiederkehrenden Refrains zu je acht Takten (Abb. 13), die sich mit den variabler gestalteten Couplets zu je zwölf Takten abwechseln, in denen die Soloinstrumente dominieren. Regelmäßige, an einen Tanzsatz erinnernde Periodik, findet sich auch im schnellen zweiten Satz, der ebenfalls nach italienischer Ritornellanlage aufgebaut ist. Es sind jedoch nicht nur Tanzelemente, die in dem Konzert als französisch erkennbar sind. Im ersten Satz erinnert der langsame, getragene Charakter mit den typischen Punktierungen an eine französischen Ouverture. Virtuose Elemente, wie sie für das italienische Instrumentalkonzert typisch sind, sind zwar vorhanden, stehen jedoch keineswegs im Vordergrund. Es ist also durchwegs die Kombination verschiedener musikalischer Elemente, von rhythmischen Charakteristika über die Phrasenbildung bis hin zur formalen Anlage, die den »vermischten Stil« Telemanns kennzeichnet, indem er sich mal bei italienischen, mal bei französischen Mustern bedient.

Nationale Stile wurden im Europa des 17. und 18. Jahrhunderts entsprechend ihrer mehr oder weniger ausgeprägten Verbreitung gewichtet. Nahezu uneingeschränkt wurde die italienische Musikkultur als dominant anerkannt, weshalb zwar von einem italienischen Stil gesprochen wurde, dieser aber zugleich als »universal« galt. Die zunehmenden, auch machtpolitisch motivierten Bestrebungen Frankreichs nach einem eigenen musikalischen Nationalstil führten dazu, dass insbesondere im Bereich der Instrumental- und Tanzmusik die dortigen Modelle wiederum als französisch wahrgenommen sowie andernorts aufgegriffen und verarbeitet wurden. Es darf nicht unterschätzt werden, dass es sich hierbei um sehr komplexe Transferprozesse handelt. Wenn heute das *Balet comique de la royne* von 1582 als Prototyp des französischen Hofballetts gilt, soll nicht unbemerkt bleiben, dass es sich klar auf die Tradition norditalienischer Intermedien und Pastoralen bezog. Durch den Austausch zwischen Paris und den norditalienischen Höfen wurden die dortigen Hofballett-Aufführungen wiederum in Italien rezipiert und in den Balli in Mantua, Florenz oder Turin in den nächsten Jahrzehnten aufgegriffen.[32] Transferprozesse wurden auch durch die umfangreiche Migration von Musikern und Gesangspersonal befördert, die Kompositionstechniken, Spiel- oder Gesangstechniken, Instrumente oder Notenmaterial an andere Orte brachten. Dass ein nationaler Stil damals im Wesentlichen lediglich für die musikalischen Leitkulturen Italien und Frankreich definiert wurde, zeigt sich in dem Diktum vom »vermischten Geschmack«, der dann als »deutscher Stil« eine Ebenbürtigkeit mit den Leitkulturen signalisieren sollte. Dass Nationalstile und Stilmischungen jedoch insgesamt eine gewisse europäische Popularität genossen, zeigt sich nicht zuletzt an häufig gebrauchten Formulierungen wie »a la francese« oder »all'italiana«. Der in London tätige Komponist Nicola Matteis, der Kompositionen veröffentlichte wie *Aria tra la maniera francese, e la spagnola* oder *Corrente tra la maniera francese e l'italiana* scheint darin eine gewisse Virtuosität erlangt zu haben.[33]

Galanter Stil

Der Begriff »galant« taucht als Stilbegriff, dann auch als Epochenbegriff in der Musikgeschichtsschreibung immer wieder im Zusammenhang mit der Musik des 18. Jahrhunderts auf.[34] Ebenso oft wird er aber auch als unbrauchbar verworfen. Was galant meint und wie der Terminus auf die Musik übertragen wird, war bereits im 18. Jahrhundert enorm vielfältig.[35] Eine Grundlage bildete ein Verständnis des Galanten, das sich aus einem höfischen Verhaltenskodex des 17. Jahrhunderts ableiten ließ. Der »galant homme« war eine Person, die sich durch kultivierte, elegante Umgangsformen, gehobenen Konversationsstil, allgemeine Bildung und einen Sinn für guten Geschmack auszeichnete. Darauf zielte etwa Johann Mattheson im Titel einer Schrift von 1713 ab, der vollständig lautet: *Das Neu-Eröffnete Orchestre, Oder Universelle und gründliche Anleitung / Wie ein Galant Homme einen vollkommenen Begriff von der Hoheit und Würde der edlen Music erlangen / seinen Gout darnach formiren / die Terminos technicos verstehen und geschicklich von dieser vortrefflichen Wissenschaft raisonnieren möge*. Die Verwendung französischer Begriffe verweist hier auf eine Orientierung an Idealen, die einer französisch geprägten Hofkultur entstammten, bei Mattheson jedoch in einen norddeutschen bürgerlichen Kontext übertragen werden.

Dass Mattheson sich an einen »galant homme« richtet, lässt freilich noch nicht auf die Existenz einer galanten Musik mit bestimmten stilistischen Eigenschaften schließen. Spezifischer wird er in der 1721 veröffentlichten Schrift *Das forschende Orchestre*. Er spricht hier von den »galantesten Componisten in Europa«[36] und nennt zahlreiche seiner Zeitgenossen (Giovanni Bononcini, Antonio Vivaldi, Antonio Caldara, Georg Friedrich Händel oder Georg Philipp Telemann). Galant seien sie aufgrund »ihrer vortreflichen / musicalischen (nicht mathematischen) Wissenschafft / ihrer grossen Kundschafft menschlicher Gemüther und Regungen / ihres ingenii wegen«. Hier deutet sich an, was für Matthesons Schriften insgesamt charakteristisch erscheint: Galante Musik ist modern sowie reich an Affektausdruck und Erfindungsgeist und unterscheidet sich von jener, die sich an mathematischer Gelehrsamkeit, das heißt an kontrapunktischem Regelwerk, orientiert.[37]

Ein etwas anderes Begriffsverständnis liegt der Ableitung des musikalisch Galanten aus der französischen Tanzmusik zugrunde. Kurz vor 1700 taucht der Terminus in den Titeln der französischen Opéra-ballets *L'Europe galante* (1697) von André Campra und *Les Festes galantes* (1698) von Henry Desmarest auf und war damit noch klar auf eine französische, höfische Musik- und Tanzkultur bezogen. Ein immer loser werdender Bezug zur Tanzmusik ist dann in der Verwendung des Begriffes »Galanterie« in deutschen Musikdrucken für Klavier- oder Kammermusik festzustellen. In Johann Sebastian Bachs *Clavier Übung bestehend in Präludien, Allemanden, Couranten, Sarabanden, Giguen, Menuetten, und andere Galanterien* (1726) steht Galanterie für Stücke, die nicht den etablierten Sätzen einer Tanzsuite angehören. Als Galanterien werden im 18. Jahrhundert häufig Charakterstücke für das Klavier in einem einfachen und leicht spielbaren Stil bezeichnet.[38]

Für das gesamte 18. Jahrhundert lässt sich bei zahlreichen deutschen Autoren die Unterscheidung zwischen einem leichten freien (eben galanten) und einem schweren gebundenen Stil finden, die sich bereits bei Mattheson angedeutet hatte. Sie findet sich in wichtigen Lehrwerken der Jahrhundertmitte wie Johann Joachim Quantz' *Versuch einer Anweisung die Flöte traversiere zu spielen* (1752) oder Carl Philipp Emanuel Bachs *Versuch über die wahre Art das Clavier zu spielen* (1753) und wird noch 1802 in Heinrich Christoph Kochs *Musikalischem Lexikon* zusammengefasst. Er unterscheidet den strengen Stil, »den man auch die gebundene oder fugenartige Schreibart nennet«, von der freien oder ungebundenen Schreibart, »die man auch den galanten Styl nennet«.[39] Kennzeichen des galanten Stils sind für Koch vielfältige Verzierungen kleingliedriger Melodien, rhythmischer Abwechslungsreichtum und hervorstechende Einschnitte, einfache Harmonik sowie die Verwendung einer einzigen Hauptstimme, der die anderen Stimmen lediglich als Begleitung dienen. Koch merkt außerdem an, in welchen Tonstücken dieser Stil zu finden sei: »Alle Arten der einzelnen Sätze größerer Singstücke, als Arien, Chöre u. dergl.; alle Arten der Ballet- und Tanzmusik, so wie auch alle Einleitungsstücke, Concerte und Sonatenarten, die nicht fugenartig sind, rechnet man zu den Tonstücken in der freyen Schreibart.«[40] Der gebundene Stil hingegen ist für Koch vor allem für die Kirchenmusik geeignet. In diesem Begriffsverständnis steht der galante Stil in der Tradition jener Unterscheidung der Stilarten für Kirche, Kammer und Theater, die bereits das 17. Jahrhundert prägte.

An die unterschiedlichen historischen Bedeutungsebenen anknüpfend haben sich auch in der Musikforschung durchaus vielfältige Konventionen etabliert, den Begriff »galanter Stil« zu verwenden: von einer eher engeren, die sich lediglich auf Klaviermusik beginnend bei François Couperin bezieht, bis hin zu einem Epochenbegriff, der die Musik zwischen 1720 und 1780 charakterisiert.[41] Vielfach erschien die Einführung des Begriffes »galant« in der Musikgeschichtsschreibung dazu geeignet, musikalische Phänomene einer Zeit zu beschreiben, die man nicht mehr mit »Barock« und noch nicht mit »Klassik« in Verbindung bringen wollte. Der galante Stil trat dabei häufig in argumentativer Kombination mit dem empfindsamen Stil auf, der aus der geistesgeschichtlichen Strömung der Empfindsamkeit abgeleitet wurde, die die europäische Kulturlandschaft ab der Mitte des 18. Jahrhunderts prägte.[42] Die Problematik, bestimmte Stilbegriffe auf historisch abgegrenzte Epochen zu übertragen, wurde bereits in der Einleitung in Bezug auf den Terminus »barock« erläutert. Selbiges kann durchaus auch für die Stilbegriffe »galant« oder »empfindsam« gelten. Deren Bedeutung für die historischen Diskurse, in denen sie gebraucht wurden und sinnstiftend waren, muss dadurch jedoch keineswegs geschmälert werden.

Generalbass und Tonalität

Als stilprägend wird für die Barockzeit immer wieder der Generalbass angesehen. Hugo Riemann bezeichnete in seinem *Handbuch der Musikgeschichte* (1911) das 17. Jahrhundert gar als Generalbasszeitalter. Der Generalbass, auch »basso continuo«, »basse continue« oder »thorough bass« genannt, ist als eine häufig mit Ziffern versehene Bassstimme notiert. Gespielt wird allerdings nicht nur diese Bassstimme, sondern eine improvisierte akkordische Ausführung, wobei die Ziffern Hinweise darauf geben, wie der Akkord auszuführen ist. Wird etwa die Ziffer 6 über den Basston gesetzt, so heißt dies, dass (in heutiger Terminologie) ein Sextakkord zu spielen ist. Ferner können auch bestimmte Anweisungen zur Stimmführung durch die Ziffern vermittelt werden. Die Folge 4-3 bedeutet beispielsweise, dass ein Quartvorhalt in die Terz aufgelöst wird. Durch die Verwendung der Ziffern 9, 10, 11 usw. konnte auch vermittelt werden, dass die Töne in höherer Lage zu spielen sind. Je nach Aufführungskontext wurde der Generalbass in der Barockzeit häufig von Laute, Theorbe, Orgel oder Cembalo gespielt. Die Bassstimme selbst konnte noch von weiteren Instrumenten (Gambe, Violone, Fagott oder Posaune) verstärkt werden. In kammermusikalischen Kontexten wurde die Stimme gelegentlich auch nur von einem tiefen Streichinstrument ausgeführt. Die Termini »Generalbass« oder »Basso continuo« weisen darauf hin, dass es sich um das durchgehend zu spielende Fundament des jeweiligen Musikstücks handelt.

Entwickelt hat sich die Generalbasspraxis aus dem sogenannten »Absetzen« der Stimmen von Vokalmusik.[43] Bereits seit dem Mittelalter wurden Stimmen der mehrstimmigen Vokalmusik auch von Instrumenten mitgespielt oder gegebenenfalls Instrumenten auch vollständig überlassen. Akkordinstrumente wie Orgel oder Laute konnten dabei mehrere oder auch alle Stimmen spielen. Die Noten, die häufig nur als Einzelstimmen in separaten Stimmbüchern existierten, wurden für diese Instrumente in Liniensystemen oder Tabulaturen neu geschrieben und den spieltechnischen Möglichkeiten des Instruments angepasst. Für Musik, in der die Stimmen nicht streng polyphon geführt sind, bot es sich an, nur noch die Bassstimme zu notieren und die konkrete akkordische Ausführung offenzulassen. Dies war bereits im 16. Jahrhundert bei Stücken der Fall, in denen eine bewegte Oberstimme zu einer akkordischen Begleitung erklang. Zwar findet sich der erste bezifferte Bass erst im Jahr 1594 in einer Motettensammlung von Giovanni Croce, jedoch ist davon auszugehen, dass bereits weit früher das Generalbassspiel als Praxis existierte.[44] Je umfassender sich der Sologesang verbreitete, desto häufiger ist auch notierter Generalbass zu finden. Die Entwicklung der Generalbasspraxis hängt daher ganz eng mit den Charakteristika dieses neuen Stils zusammen. Nach 1600 mehren sich auch schriftliche Anweisungen zum Generalbassspiel. Eine erste legte Lodovico Viadana 1602 im Vorwort zu *Cento concerti ecclesiastici* vor. 1607 folgte Agostino Agazzaris Traktat *Del sonare sopra'l basso con tutti li stromenti e dell'uso loro nel conserto*. Im deutschsprachigen Raum widmete Michael Praetorius 1619 dem Generalbass ein umfangreiches Kapitel in seinem Werk *Syntagma musicum*, in dem er sich wiederum auf Viadana und Agazzari berief. In der ersten Hälfte des 17. Jahrhunderts kommen sowohl die Praxis des Absetzens als auch die Generalbasspraxis je nach stilistischer Beschaffenheit der Musik zum Einsatz. So ist im Vorwort zu Heinrich Schütz' *Psalmen Davids sampt etlichen Moteten und Concerten* von 1619 zu lesen, dass sich lediglich die homophonen Psalmen für das Generalbassspiel eignen, bei den Motetten hätten sich »fleißige Organisten mit absetzen in die Partitur zu bemühen«.[45] Je mehr also streng polyphone Satzweisen ins Hintertreffen gerieten, desto häufiger war freieres Generalbassspiel erwünscht. Die sich in Oper, Oratorium oder Kantate etablierenden Rezitative wurden, sofern nicht ausdrücklich weitere Instrumentalstimmen notiert waren, ausschließlich durch die Basso-continuo-Gruppe begleitet.

Den Ausführenden des Generalbasses standen zahlreiche Möglichkeiten zur Verfügung, die akkordische Grundlage umzusetzen, etwa durch den Einsatz von rhythmisch freien Arpeggien, das rhythmisierte Zerlegen der Akkorde, den Einsatz von Tremolo oder das Hinzufügen von Ornamenten.[46] Das Generalbassspiel setzte daher umfassende Kenntnisse im Tonsatz und hohe improvisatorische Fähigkeiten voraus. Dass Johann David Heinichen 1728 mit *Der General-Bass in der Composition* einen fast 1000 Seiten langen Traktat vorlegte, verdeutlicht die zentrale Stellung, die der Generalbass nicht nur für die Praxis, sondern letztlich auch für die Kompositionslehre erlangte. Obwohl das Generalbassspiel heute sehr stark mit der Barockzeit assoziiert wird, war es bis ins frühe 19. Jahrhundert gängige Praxis. Zu Veränderungen kam es jedoch in der zweiten Hälfte des 18. Jahrhunderts bei der Besetzung: Zupfinstrumente wurden kaum noch verwendet, während neue Tasteninstrumente wie das Hammerklavier hinzukamen. Dass auch um 1800 noch zahlreiche Traktate und Spielanweisungen zum Generalbass erschienen, steht allerdings Aussagen wie derjenigen Johann Carl Friedrich Rellstabs gegenüber, der 1789 schrieb: »Der Generalbaß wie er von den Alten getrieben wurde, war der äußerste Unsinn. [...] Wir haben die Flügel mit Recht von unsrer jetzigen Music verwiesen.«[47]

Die Entwicklung des Generalbassspiels ging um 1600 einher mit einem sich verändernden Verständnis von Zusammenklängen in mehrstimmiger Musik. In einer vom Kontrapunkt ausgehenden Musiktheorie und Kompositionslehre, auf der auch noch Johann Joseph Fux' Lehrwerk *Gradus ad Parnassum* (1725) beruhte, waren Akkorde das Ergebnis von Regeln der Stimmführung und des Zusammenklangs. Fortschreitungen in bestimmten Intervallen (in Gegen- oder Parallelbewegung) und die damit einhergehenden Zusammenklänge in perfekten (Quinten und Oktaven) und imperfekten Konsonanzen (Terzen, Sexten und teils Quarten) bildeten die Grundlage des Tonsatzes. Darüber hinaus gab es spezifische Anweisungen für die Verwendung von Dissonanzen. Basis einer Komposition war bis ins 17. Jahrhundert eine bestimmte Tonskala, die als Modus (auch Kirchentonart) bezeichnet wurde. Dieses musiktheoretische Denken sowie die kompositorische Praxis erfuhren in der Barockzeit sukzessive Veränderungen, die zur Entwicklung der Dur-Moll-Tonalität führten. Entscheidend hierfür war, dass Dur- sowie Moll-Dreiklänge als Einheiten aufgefasst wurden, die die Grundlage eines Tonsatzes bildeten. Jean-Philippe Rameau theoretisierte 1722 in seiner *Traité de l'harmonie* umfassend die Bildung von Akkorden aus Terzschichtungen und deren Umkehrungen. Er unterschied dabei den Grundton eines Akkords (»basse fondamentale«) von dem erklingenden Basston im Stück. Ähnlich war dies bereits von Johannes Lippius am Beginn des 17. Jahrhunderts formuliert worden. Mit der Auffassung der Akkorde als terzgeschichtete Einheiten ging auch Rameaus Klassifizierung von perfekten (Dominantseptakkord – Tonika) und imperfekten (Subdominante – Tonika) Kadenzen einher. Rameau wurde mit diesen Überlegungen zum Gewährsmann für die im späten 19. Jahrhundert von Hugo Riemann etablierte Funktionsharmonik, die den Harmonielehreunterricht bis heute maßgeblich prägt.

Konzertieren und instrumentale Formationen

In seinem musikgeschichtlichen Überblick hat Jacques Handschin 1948 das 17. und 18. Jahrhundert als die Zeit des »konzertierenden Stils« beschrieben.[48] Ebenso wie der Sologesang oder der Generalbass kann das Konzertieren als musikalisches Prinzip angesehen werden, das sich um 1600 von einer vorherrschenden Vokalpolyphonie absetzte. Gemeint ist mit dem Konzertieren grundsätzlich, dass Vokal- und/oder Instrumentalstimmen in Klanggruppen angeordnet sind, die miteinander in Beziehung gebracht werden. Kürzere oder längere Phrasen oder Abschnitte eines Musikstücks werden dabei jeweils von einer Klanggruppe gestaltet. Sie kontrastieren oder dialogisieren mit einer anderen Gruppe. Am Ende des 16. und am Beginn des 17. Jahrhunderts wurde dies von Andrea und Giovanni Gabrieli im Markusdom in Venedig umgesetzt, indem sie mehrere Chöre und Instrumentalisten räumlich getrennt voneinander in der Kirche platzierten. Die meist homophon und blockhaft gesetzte Musik erzielte durch die räumliche Anordnung der kontrastierenden Gruppen eine spezifische Klangwirkung. Das Prinzip des Konzertierens spielte jedoch nicht bloß in diesen großen mehrchörigen Werken eine Rolle, sondern kam sukzessive in verschiedenen Gattungen barocker Musik zum Einsatz. So kann beispielsweise in einer Arie die Singstimme mit einem Soloinstrument konzertieren. Das Grundprinzip beherrscht auch das bedeutender werdende Instrumentalkonzert. Hier kommt es zu einem Wechselspiel zwischen dem Orchester und einem Soloinstrument bzw. einer kleineren Gruppe von Instrumenten.

Eine Entwicklung, die mit dem Konzertieren einherging, war die Herausbildung eigenständiger Instrumentalstimmen und die Entwicklung von bestimmten Besetzungskonventionen und orchestralen Klangkörpern. Immer häufiger finden sich im 17. Jahrhundert Veröffentlichungen, die eine bestimmte vokal-instrumentale Besetzung vorschreiben. Die notierten Stimmen waren also zwischen Instrumenten und Singstimmen nicht mehr austauschbar, wie das lange Zeit üblich gewesen war. Hier ist wiederum der Zusammenhang mit der Herausbildung des Generalbasses interessant. Er war in seiner akkordischen Ausführung explizit instrumental angelegt und eben keine Einzelstimme, die durch eine Singstimme ersetzt werden konnte, auch wenn die notierten Bassnoten mitgesungen werden konnten.

Mit der zunehmenden Festlegung bestimmter vokal-instrumentaler Besetzungen konventionalisieren sich auch bestimmte Ensembleformationen (beispielsweise zwei Violinen mit Basso continuo) bis hin zu standardisierten größeren Orchesterbesetzungen, wie wir sie auch heute noch kennen. Es ist also gerade die Barockzeit, in der Orchester eigentlich erst entstehen. Neal Zaslaw definiert das barocke Orchester über mehrere Merkmale, die es von einem instrumentalen Ensemble unterscheiden:[49] Mehrfach besetzte Streichinstrumente bilden die Basis des Orchesters – lediglich der Kontrabass kann auch einfach besetzt sein. Die Instrumentation ist standardisiert, sodass sich ein bestimmtes Repertoire herausbildet. Üblicherweise werden Cembalo oder Orgel für den Basso continuo verwendet, häufig ergänzt durch Laute oder Theorbe. Zudem sind Orchester einheitliche Ensembles mit bestimmten organisatorischen und administrativen Strukturen.

Diese Merkmale bilden sich jedoch zu unterschiedlichen Zeiten und regional verschieden heraus, sodass in vielfältigen Kontexten teils von instrumentalen Ensembles, teils von Orchestern gesprochen werden kann. Am frühesten etablierte sich die Orchesterformation am französischen Hof, an dem bereits ab den 1610er-Jahren die Vingt-quatre Violons du Roy (24 Geigen des Königs) als feststehende Formation bei Bällen, Festivitäten oder musikdramatischen

Ereignissen zum Einsatz kamen. An finanzkräftigen Höfen, größeren Kirchen oder in den Opernhäusern entstanden Orchesterformationen im weiteren Verlauf des 17. Jahrhunderts. Gerade im Hinblick auf die Besetzungsgröße gab es jedoch beträchtliche Unterschiede. In der Oper *La Calisto* von Francesco Cavalli spielte 1651 in Venedig ein Ensemble, das lediglich aus sechs Personen bestand (zwei Violinen, Violone und drei Continuo-Instrumente). Die Streicher wurden hier nur einfach besetzt, weshalb eher von einem Ensemble als von einem Orchester zu sprechen wäre. Die Anzahl der eingesetzten Instrumentalisten konnte freilich je nach Anlass und Aufführungsort stark variieren. Für festliche Anlässe oder Freiluftaufführungen wurden mancherorts über 100 Personen engagiert. Im regulären Musikbetrieb standen in größeren Kapellen an Höfen oder Kirchen noch immer oft 20 bis 30 Musiker zur Verfügung. Die Etablierung solcher Ensemble- und Orchesterformationen ermöglichte es, das konzertierende Prinzip so umzusetzen, dass meist unterschiedlich große instrumentale oder instrumental-vokal gemischte Klanggruppen miteinander kontrastierten.

Kapitel 4
Struktur- und Organisationsprinzipien

Wie Musik in ihrem zeitlichen Ablauf organisiert ist, wie also die sukzessiv erklingenden Elemente letztlich zusammengestellt sind und wie dabei Zusammenhänge entstehen, wird heute unter dem Aspekt der Form diskutiert. Die Formenlehre entstand jedoch erst im 19. Jahrhundert und spielte in früheren Musiklehren kaum eine Rolle. Eine tiefergehende Auseinandersetzung mit Form war zunächst wohl auch deshalb nicht notwendig, weil sich Struktur- und Organisationsprinzipien in der Vokalmusik vorwiegend am Text orientierten und in der Instrumentalmusik diese Prinzipien entweder übernommen wurden oder man sich an Tanzstrukturen anlehnte. Virulent wurde das Thema erst, als sich die Instrumentalmusik zunehmend von der Vokal- und Tanzmusik emanzipierte. Zur Beschreibung formaler Grundprinzipien wurden jedoch wiederum zunächst Begriffe aus Grammatik und Rhetorik verwendet. Als einer der Ersten, der sich systematischer damit beschäftigte, kann Johann Mattheson gelten.[1] In seiner Kompositionslehre *Der vollkommene Capellmeister* (1739) übertrug er Begriffe wie Paragraph, Periode, Satz, Colon oder Semicolon unter anderem auf die jeweiligen melodischen Einheiten eines Menuetts.[2] Für die Gliederung von Musikstücken werden diese Begriffe teilweise bis heute in der Formenlehre verwendet. Auch wenn in der Barockzeit keine systematische Auseinandersetzung mit formalen Prinzipien erfolgte, so lassen sich doch wiederkehrende Muster in der Gestaltung von Musik erkennen. Im Folgenden werden einige dieser Struktur- und Organisationsprinzipien vorgestellt, die entweder typisch für barocke Musik sind oder sich in dieser Zeit herausbildeten.[3] Das Spektrum reicht dabei von kleineren Organisationseinheiten bis hin zu größeren formalen Anlagen. Dabei durchdringen sich immer wieder die Ebenen von Satztechnik, Form und Gattung.

Reihung und Periodizität

Ein wichtiges Prinzip musikalischer Gliederung, das aus der mehrstimmigen Vokalmusik der Renaissance weitergeführt wird, ist dasjenige der Aneinanderreihung musikalischer Abschnitte. In der Vokalmusik bietet die textliche und poetische Struktur bereits eine Grundlage für die musikalische Organisation eines Musikstücks. Eine textliche Sinneinheit (ein Satz, eine Verszeile, eine Aussage etc.) wird durch bestimmte Zäsuren zu einem musikalischen Abschnitt geformt. Eine Zäsur entsteht häufig durch die Kombination mehrerer musikalischer Merkmale (harmonische Schlussklauseln / Kadenzen, Pausen, lange Schlusstöne) oder durch die Änderung des verwendeten musikalischen Materials. Erkennbar ist ein solches reihendes Prinzip etwa in Heinrich Schütz' Konzert »Herr, neige deine Himmel«, das in Kapitel 3 (S. 64 ff.) ausführlich behandelt wurde. Jede Verszeile wird in einem eigenen Abschnitt vertont. Diese Abschnitte sind klar voneinander unterscheidbar durch die eben genannten musikalischen Merkmale. Besonders auffällig ist, wie Schütz dem jeweiligen Text einer Verszeile durch unterschiedliches musikalisches Material eine besondere Charakteristik verleiht.

Auch in der Instrumentalmusik ist ein ähnliches reihendes Prinzip zu finden. Die Toccaten von Girolamo Frescobaldi, die in Kapitel 2 (S. 27 ff.) zur Sprache kamen, zeigen sehr deutlich eine abschnittsweise Komposition. Frescobaldi stellt jedoch auch Zusammenhänge zwischen den Abschnitten her, indem er neue musikalische Ideen aus den vorhergehenden entwickelt und in anderen musikalischen Satzweisen verarbeitet. Dass Frescobaldi äußert, man könne das Stück auch nach jedem Abschnitt beenden und müsse es nicht vollständig spielen, verdeutlicht, dass das Reihungsprinzip nicht auf einer von hierarchischen Strukturen geprägten Anordnung beruht. Dies lässt sich bei solchen Kompositionsverfahren auch innerhalb der Abschnitte beobachten, die häufig keine besonderen Regelmäßigkeiten erkennen lassen. Musikalische Gedanken werden vielmehr bis zum Ende eines Abschnittes entwickelt, verarbeitet und verdichtet.

Ein dazu in gewisser Weise konträres Gestaltungsprinzip ist jenes der Periodizität. Ein Musikstück gliedert sich dabei in regelmäßige und symmetrische Abschnitte. Mit dem bereits erwähnten Menuett bringt Mattheson ein solches Beispiel (Abb. 14). Er bezeichnet dieses Notat als Zusammenschluss (Paragraphus), der aus zwei Sätzen oder Perioden besteht, deren Ende jeweils von ihm mit drei Punkten unterhalb der Notenzeilen gekennzeichnet ist. Die Setzung von Colon (in der ersten Zeile) und Semicolon (in der zweiten Zeile) unterteilt die jeweils acht Takte in vier Takte. Drei Kommata wiederum bilden Einschnitte zu je zwei Takten. Singt man sich das Menuett eben wie eine »Klang-Rede« im Sinne Matthesons vor, so werden die regelmäßigen Einschnitte von unterschiedlicher Gewichtung ganz sinnfällig. Oberhalb der Notenzeilen markiert Mattheson zudem rhythmisch und melodisch korrespondierende Teile. Regelmäßigkeit und Symmetrie waren insbesondere in der Tanzmusik wichtig,

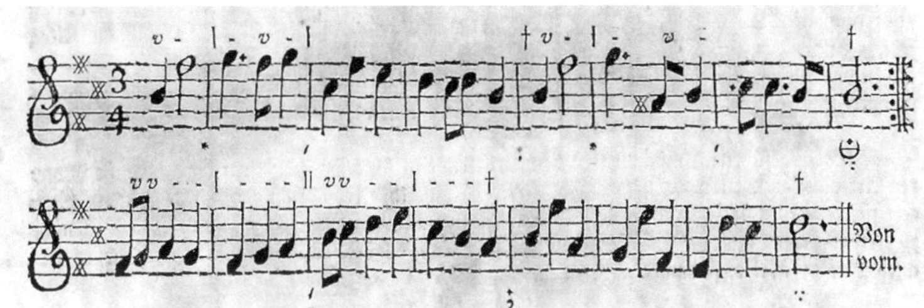

Abb. 14: Johann Mattheson, Menuett aus *Der vollkommene Capellmeister*, S. 224

da die Tanzerinnen und Tanzer bei den sich wiederholenden Schrittfolgen eine musikalische Orientierung benötigten. Dies lässt sich vor allem im Zuge der Popularisierung höfischer Tänze (wie beispielweise des Menuetts) als Gesellschaftstänze nach 1700 beobachten. Insofern ist es nicht zufällig, dass Mattheson zur Illustration ein Menuett wählt. Wie wichtig diese Prinzipien aber in der Folge für die Frage der Formbildung in der Instrumentalmusik insgesamt waren, zeigt sich darin, dass das Menuett auch in der zweiten Hälfte des 18. Jahrhunderts in zahlreichen Kompositionslehren eine tragende Rolle spielte.[4] Periodizität wird zu einem zentralen musikalischen Gestaltungsmittel in der »Klassik«. Die Ursprünge in der barocken Tanz- und Instrumentalmusik sind jedoch deutlich zu erkennen.

Reihung und Periodizität schließen sich in der musikalischen Gestaltung nicht notwendigerweise aus. In vielen Musikstücken, die zu einem Reihungsprinzip tendieren, finden sich auch regelmäßige Anordnungen, die im Sinne einer periodischen Gliederung gedeutet werden können, und umgekehrt.

Ostinato und Variation

Ostinato und Variation waren als Prinzipien der musikalischen Gestaltung bereits im 16. Jahrhundert verbreitet und kamen dann vermehrt in Musikstücken völlig unterschiedlicher Gattungen zum Einsatz. Mit Ostinato ist eine meist mehrtaktige Ton- oder Klangfolge gemeint, die permanent wiederholt wird. In der Barockzeit wird die ostinate Tonfolge meistens in der Bassstimme gebraucht und – entsprechend der Generalbasspraxis – mit Akkordtönen ausgefüllt. Basstonfolge und Akkordschema gehen also miteinander einher. Eine solche typische Basstonfolge ist der Lamentobass, eine schrittweise absteigende Viertonfolge, die gelegentlich auch durch dazwischenliegende chromatische Töne ergänzt wird. Sie findet häufig Verwendung, um den Affekt der Klage musikalisch darzustellen, und wurde bereits im Zusammenhang mit Henry Purcells »When I am laid in earth« oder Barbara Strozzis »Appresso ai molli argenti« erwähnt.

Ostinate Bassmodelle sind oft die Basis für Variation oder Improvisation. Ein Bassmodell wird gleichsam in einer Dauerschleife wiederholt, und darüber werden eine oder mehrere Oberstimmen immer wieder neu variiert, um musikalische Abwechslung zu erzeugen. Typisch hierfür sind etwa die ostinaten Modelle in Tänzen wie der Folia, der Ciaccona oder der Passacaglia, die sowohl in der Vokal- als auch in der Instrumentalmusik anzutreffen sind. Ein Beispiel aus dem Bereich der Vokalmusik ist das Madrigal »Zefiro torna« aus den 1632 veröffentlichten *Scherzi musicali* von Claudio Monteverdi, das von Heinrich Schütz im Konzert »Es steh Gott auf« in den *Symphoniae sacrae II* adaptiert wurde. In Monteverdis Ciaccona wird das zweitaktige Bassthema (Abb. 15) in den ersten drei Strophen insgesamt 56 Mal wiederholt. Darüber erheben sich die zwei Singstimmen in kurzen Phrasen oder längeren Melismen, die einzeln und in Imitationen, aber auch parallel (meist im Terzabstand) gesungen werden. Im Text wird eine milde Morgenstimmung beschrieben, in der Filide und Clori ihre Liebeslieder singen, deren Echo durch die Berge und Täler widerschallt. Gerade durch das Ostinato kann Monteverdi dieser Stimmung in

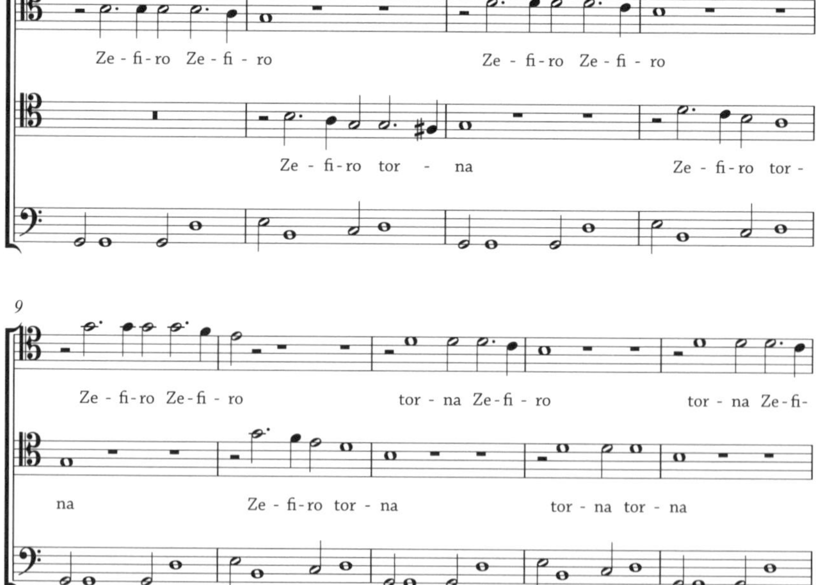

Abb. 15: Claudio Monteverdi, »Zefiro torna«, Takt 5–13

immer neuen Varianten Ausdruck verleihen, sei es durch die Ausdeutung einzelner Worte (etwa die charakteristischen Koloraturen für die brechenden Wellen oder die flüsternden Winde), sei es durch Imitationen, die die im Text angesprochene Echowirkung aufnehmen. Erst als in der vierten und letzten Strophe ein Ich-Erzähler von Einsamkeit und Unglück berichtet, kehrt Monteverdi vom Bass-Ostinato ab. Der Kontrast zur vorherigen Idylle ist damit besonders stark. Heinrich Schütz nutzt das Ostinatomodell im letzten Abschnitt von »Es steh Gott auf« für die Textpassage »Aber die Gerechten müssen sich freuen und fröhlich sein, von Herzen freuen und fröhlich sein für Gott.« Zwei Instrumentalstimmen konzertieren hier mit den beiden Vokalstimmen. Längere Koloraturen auf »freuen« und »fröhlich« bieten immer wieder neue und abwechslungsreiche Varianten zum Ostinato der Bassstimme.

Im Bereich der Instrumentalmusik boten Ostinatomodelle die Möglichkeit für Variationen, in denen instrumentale Virtuosität gezeigt werden konnte. So nutzte sie der Geiger und spätere Salzburger Hofkapellmeister Heinrich Ignaz Franz Biber mehrfach in seinen sogenannten »Rosenkranz«- oder »Mysterien«-Sonaten für Violine und Basso continuo, die vermutlich 1678 entstanden.[5] Bereits in der ersten Sonate wird nach dem Präludium ein viertaktiges Bassthema einer viertaktigen Aria vorangestellt, die nachfolgend variiert wird. Das Bassmodell wird dabei nicht verändert, sondern acht Mal wiederholt, während die Solovioline sich bis hin zu durchgehenden Zweiunddreißigstelnoten figurativ steigert. Häufig setzt Biber in seinen Sonaten Variationen über zweiteilige Tanzsätze ein. So besteht die vierte Sonate aus einer Ciaccona, in der zwei viertaktige Bassmodelle jeweils abwechseln und die Solovioline in den sechs Wiederholungen jeweils unterschiedliche virtuose Figuren durchläuft, ehe sie am Ende das Thema wiederholt. Bei der letzten Sonate der Sammlung handelt es sich um eine Passacaglia für Violine solo (ohne Basso continuo), in der das Ostinatomodell nochmals besonders hervorsticht. Die dem Lamentobass entsprechende Tonfolge (g^1, f^1, es^1, d^1) wird von der Violine 64 Mal wiederholt und durch Akkordtöne sowie melodische und rhythmische Figuren angereichert.

Die Wirkung ostinater Modelle entfaltet sich vor allem durch den Abwechslungsreichtum der übrigen Stimmen. Vielfach werden dabei innerhalb eines längeren Stückes Steigerungen durch zunehmende Komplexität erlangt, die auch mit ruhigeren Passagen kontrastieren können. Am Ende wird meist eine finale Schlusssteigerung angestrebt. Ersichtlich ist dies etwa in der Passacaglia c-Moll für Orgel (BWV 582) von Johann Sebastian Bach. Das achttaktige Bassthema wird 20 Mal wiederholt, wobei es in den ersten zehn Wiederholungen zu einer sukzessiven Steigerung in der Bewegtheit der Ober- und Mittelstimmen kommt, während der Bass immer gleichbleibt. In den nächsten fünf Wiederholungen geht Bach davon ab und erreicht eine Variabilität, indem er das Thema nun durch die Stimmen wandern lässt und der Bass größtenteils pausiert. In den letzten fünf Wiederholungen kehrt das Ostinato wieder in die Bassstimme zurück. Nach dem Durchlaufen verschiedener variantenreicher rhythmischer Modelle umspielen am Ende alle anderen Stimmen die jeweiligen Akkordtöne in Sechzehntelnoten. Der Satz ist damit größtmöglich verdichtet.

Variationen treten freilich nicht nur im Zusammenhang mit Ostinatomodellen auf, sondern sind insgesamt ein äußerst beliebtes Organisationsprinzip. Ausgangspunkt ist dabei ein eher kurzes Musikstück, das zunächst vorgestellt und anschließend in mehreren Durchgängen variiert wird. Die immer gleichbleibende Basis der einzelnen Variationen ist dabei häufig harmonisch oder melodisch gedacht. Entweder es bleibt also das harmonische Schema noch erkennbar, während Tempo, Rhythmus, Melodik oder andere Parameter verändert werden. Oder es wird über ein Thema oder eine Melodie variiert, wie das etwa in den Choralvariationen der Kirchenmusik der Fall ist. Hier bildet der Choral oder das Kirchenlied – meist als feststehender Cantus firmus in einer der Stimmen erscheinend – die wiederkehrende Grundlage, über die variiert wird. Variationen können als eigenständige Werke gestaltet sein, wie Bachs *Goldberg-Variationen*, oder als Einzelsätze in mehrsätzigen Instrumentalwerken erscheinen, wie in den genannten Sonaten von Biber. Sie spielen auch eine zentrale Rolle in der Orgelmusik, in der die erwähnten Variationen über Choral- und Kirchenliedmelodien häufig zum Einsatz kamen.

Imitation, Kanon und Fuge

Kontrapunktische Satztechniken waren trotz der »Erfindung« eines neuen Stils um 1600 keineswegs obsolet, sondern wurden aus der Renaissance weitergeführt oder neu kontextualisiert. Das wichtigste übergreifende Gestaltungsprinzip, das bereits mehrfach zur Sprache gekommen ist, ist die Imitation. In einem mehrstimmigen Satz ahmt eine einsetzende Stimme die ihr zeitlich vorhergehende Stimme nach. Dies geschieht dadurch, dass sie ihr melodisch und rhythmisch ähnelt, sie muss aber nicht völlig gleich gestaltet sein. Häufig setzt sie auf einer anderen Tonstufe ein oder verwendet etwas andere Intervalle. Die Imitation ist nicht nur eine Satztechnik, sondern auch ein wichtiges Strukturprinzip in Kompositionen, wenn Abschnitte jeweils mit einem neuen musikalischen Gedanken in einer Stimme beginnen, dem dann zeitversetzt Imitationen in den anderen Stimmen folgen. Dies konnte unter anderem bereits in Schütz' Konzert »Herr, neige deine Himmel« beobachtet werden. Techniken der Vokalpolyphonie der Renaissance werden hier mit konzertierenden Elementen kombiniert. Erkennbar ist dies auch in zahlreichen Messvertonungen, in denen neben blockhaft homophonen und konzertierenden Abschnitten auch Sektionen durch nacheinander einsetzende, sich imitierende Stimmen charakterisiert sind.[6] Die *Missa Purificationis* von Johann Joseph Fux zeigt dies beispielsweise deutlich. Im ersten Messteil »Kyrie eleison« wird das erste »Kyrie« als vierstimmiger, eher homophon gesetzter Chor vertont. Im »Christe eleison« konzertiert eine Sopran-Solostimme mit den beiden Violinen, und im darauffolgenden »Kyrie«-Abschnitt sind die Chorstimmen in Imitationen geführt. Diese abschnittsweise unterschiedlichen Satzweisen lassen sich auch in den anderen Teilen dieser oder anderer Messvertonungen beobachten.

Sind die zeitversetzt einsetzenden Stimmen in einem mehrstimmigen Stück komplett gleich, so spricht man von einem Kanon. Einer der heute populärsten Kanons ist der aus dem späten 17. Jahrhundert stammende Canon in D-Dur für drei Violinen und Basso continuo von Johann Pachelbel. Er kombiniert die drei kanonisch geführten Violinen, die im Abstand von je zwei Takten zeitversetzt einsetzen, mit einem zweitaktigen ostinaten Bassmodell, das 28 Mal wiederholt wird. Kanons sind auch in die bereits erwähnten *Goldberg-Variationen* Bachs integriert. Sie sind sowohl in der Vokal- als auch in der Instrumentalmusik anzutreffen.

Eine kontrapunktisch orientierte formale Anlage, die vor allem in der Instrumentalmusik einen Aufschwung erlebte, ist die Fuge. Sie ist insofern nicht eigentlich eine Form, als nur ihr Beginn schematisch festgelegt ist: Ein Thema (Subjekt) wird in einer festgelegten Anzahl an Stimmen nacheinander exponiert. Es wird also im Unterschied zur Imitation nicht gleich enggeführt, sondern in jeder Stimme vollständig gebracht, bevor die nächste einsetzt. Der Einsatz der ersten Stimme wird Dux genannt, die zweite Stimme (Comes) setzt üblicherweise nicht auf der gleichen Tonhöhe wie die erste Stimme ein, sondern in der Oberquint oder Unterquart. Während das Thema im Comes erklingt, wird der Dux als Gegenstimme (Kontrapunkt, oder falls immer gleichbleibend: Kontrasubjekt) weitergeführt. Die dritte Stimme setzt als Dux wieder auf der Tonhöhe der ersten Stimme (oder der Oktave dazu) ein, die vierte Stimme (Comes) wieder in Oberquint oder Unterquart und so weiter. Wurde das Thema je einmal in jeder Stimme gebracht, so ist die Exposition abgeschlossen, und es beginnen weitere Durchführungen des Themas. Sie sind formal nicht mehr so streng festgelegt und verarbeiten das Thema mithilfe verschiedener kontrapunktischer Techniken (Umkehrung, Engführung, Abspaltung etc.). Die Durchführungen wechseln mit meist frei gestalteten Abschnitten ab, in denen das Fugenthema keine Rolle spielt. Als idealtypisch für die Fuge in dieser Anlage werden bis heute die Fugen von Johann Sebastian Bach angesehen. Der Typus ist aber beispielsweise bereits bei Johann Pachelbel ähnlich ausgebildet. Insgesamt waren Fugen im 17. Jahrhundert, die sich etwa in Ricercaren, Kanzonen oder Fantasien für Tasteninstrumente bei Jan Pieterszoon Sweelinck, Samuel Scheidt oder Dieterich Buxtehude finden, deutlich variabler gestaltet. Sie trugen allerdings selten den Begriff Fuge im Werktitel. Erst Ende des 17. Jahrhunderts konventionalisierten sich Titel wie »Präludium und Fuge« oder »Toccata und Fuge« im Bereich der Musik für Tasteninstrumente. Mehrfach wurden Sammlungen mit Fugen veröffentlicht, die auch zyklischen Charakter haben. Mit den beiden Bänden des *Wohltemperierten Klaviers* und der *Kunst der Fuge* schuf Johann Sebastian Bach drei große Fugenzyklen. In der *Kunst der Fuge* zeigt sich besonders deutlich, wie einzelne Fugentypen sukzessive abgearbeitet werden (einfache Fugen, Gegenfugen, Doppel- und Tripelfugen, Spiegelfugen, Kanons und eine Quadrupelfuge). Darüber hinaus werden in den einzelnen Fugen sowohl unterschiedliche kontrapunktische Techniken als auch verschiedene Stile bedient.[7] Jede Fuge hat folglich einen eigenen Charakter, obwohl der gesamte Zyklus auf einem einzigen Thema beruht, das umfassend verarbeitet wird. Fugen wie auch andere Strukturprinzipien, die auf kontrapunktischen Techniken beruhen, sind deutlich öfter im Bereich der geistlichen Musik anzutreffen, da der Stile antico hier eine größere Rolle spielte. Häufig werden Fugen dabei am Ende eines Musikstückes als Schlusssteigerung eingesetzt. Einen ausgeprägten Fugencharakter hat standardmäßig auch der zweite Teil einer französischen Opernouverture.

Strophe, Refrain und Ritornell

Die Wiederkehr gleichbleibender Abschnitte ist ein wichtiges Gestaltungsprinzip von Musik. Bestimmte Modelle, die teilweise bereits in vorhergehenden Kapiteln erwähnt wurden, sind in der Musik der Barockzeit besonders häufig anzutreffen. Francesca Caccinis Canzonetta »Se muove a giurar fede« etwa besteht aus drei Strophen, die musikalisch alle gleich gestaltet sind. Nur der Text ändert sich in jeder Strophe. Strophische Texte, die im 17. und 18. Jahrhundert in Musik gesetzt wurden, beinhalteten jedoch immer wieder auch gleichbleibende Textteile, häufig am Ende einer Strophe. Diese können als Refrain aufgefasst werden, also als ein Abschnitt, der textlich und auch musikalisch immer gleich wiederkehrt. Auch hierfür kann Caccini als Beispiel dienen. In »Lasciatemi qui solo« endet jede Strophe (mit Ausnahme der letzten) mit den Worten »Lasciatemi morire«. Während die Strophen prinzipiell alle unterschiedlich gestaltet sind, ist diese Passage am Ende jeder Strophe musikalisch immer gleich, auch in der letzten Strophe, in der der Text »Già sono esangu'e smorto« lautet. Eine wieder andere Möglichkeit für die Wiederkehr musikalischer Teile war, die verschiedenen Strophen oder Abschnitte einer Vokalkomposition durch gleichbleibende instrumentale Zwischenspiele zu unterbrechen. Diese Zwischenspiele wurden häufig im Notentext als »Ritornello« bezeichnet (vom italienischen »ritornare« – wiederkehren). Eine solche Anlage ist beispielsweise im Prolog zu Monteverdis Oper *L'Orfeo* anzutreffen. Die allegorische Figur La Musica singt fünf Strophen, die melodisch jeweils etwas variiert werden. Vor, zwischen und nach den Strophen wird das gleiche »Ritornello« auf Instrumenten dargeboten, zwischen den Strophen ist es lediglich etwas verkürzt im Vergleich zum Vor- und Nachspiel. Das Ritornell strukturiert damit die Strophenabfolge. Im Laufe des 17. Jahrhunderts etablierte sich in verschiedenen Gattungen die Konvention, Sologesänge und Arien textlich zweistrophig oder zweiteilig zu gestalten. Diese Strophen oder Teile wurden vielfach unterschiedlich vertont, jedoch mit Wiederholungen versehen, sodass sich ein bestimmter Ablauf ergab wie A-B-B oder A-B-A. Aus der A-B-A-Struktur kristallisierte sich die sogenannte Da-capo-Arie als eine gegen Ende des 17. Jahrhunderts dominierende formale Anlage heraus, in der instrumentale Ritornelle und ein bestimmter harmonischer Verlauf eine zentrale Rolle spielten.[8] Schematisch dargestellt sieht dies so aus:

Abschnitt	Ablauf	Tonstufe
	Ritornell	I
	Gesangsteil a	I–V (I–III in Moll)
A	Ritornell	V (III in Moll)
	Gesangsteil a'	V–I (III–I in Moll)
	Ritornell	I
B	Gesangsteil b	VI oder andere Tonstufe, Modulationen
	Ritornell	I
	Gesangsteil a mit Verzierungen	I–V (I–III in Moll)
A	Ritornell	V (III in Moll)
	Gesangsteil a' mit Verzierungen	V–I (III–I in Moll)
	Ritornell	I

Die Da-capo-Arie blieb bis zum Ende der Barockzeit das dominierende Modell für Arien in unterschiedlichen Gattungen. In der Wiederholung des A-Teils konnten die Sängerinnen und Sänger durch Verzierungen ihren Ideenreichtum und ihre Virtuosität zeigen.

In der Instrumentalmusik wurden Refrain- oder Ritornellmodelle aus dem Bereich der Vokalmusik aufgegriffen und eigene formale Anlagen ausgebildet. Typisch für die französische Tanzmusik war das Rondeau. Hier wechselt ein gleichbleibender Refrain von vier bis acht Takten mit immer unterschiedlich gestalteten Couplets ab. Das Rondeau ist in dieser Form in den Tanzsätzen der französischen Oper oder auch in der Suite anzutreffen.

Für das italienische Instrumentalkonzert des 18. Jahrhunderts, in dem ein Wechsel zwischen dem Orchester und einem oder mehreren Soloinstrumenten maßgeblich ist, wird das Modell aus der Vokalmusik nun wiederum spezifisch adaptiert. Die Orchesterpassagen entsprechen hier den Ritornellen und die Solopassagen den wechselnden strophischen Abschnitten. Die Ritornelle sind jedoch – ebenso wie in der Da-capo-Arie – nicht immer gleich. Das motivische Material des ersten Ritornells wird in den folgenden Ritornellen oft verkürzt dargebracht und erscheint erst im letzten wieder vollständig. Zudem modulieren die Soloabschnitte, weshalb die Ritornelle auf je andere Tonstufen versetzt sind. Das letzte Ritornell kehrt üblicherweise wieder zur Ausgangstonart zurück. In der Musikforschung wird diese Ritornellanlage meist wie folgt dargestellt:[9]

Abschnitt	Tonstufe	Motive
Ritornell 1	I	Etablierung mehrerer Motive
Solo 1	I–V (I–III in Moll)	Figurenspiel
Ritornell 2	V (III in Moll)	Auswahl von Motiven aus Ritornell 1
Solo 2	Modulationen	Figurenspiel
Ritornell 3	verschiedene, häufig VI	Auswahl von Motiven aus Ritornell 1
Solo 3	VI–I	Figurenspiel
Ritornell 4	I	Motive aus Ritornell 1 vollständig

In der Realität waren die kompositorischen Konventionen zwar deutlich vielfältiger. Dennoch ist das grundsätzliche Schema in vielen Instrumentalkonzerten der Barockzeit erkennbar. Der Vorteil von solch standardisierten Abläufen in der Instrumentalmusik war, dass eine Musik, für die nicht mehr bestimmte Muster durch einen Gesangstext vorgegeben waren, durch motivisch-thematische und harmonische Anlagen eine gewisse Struktur bekommen konnte. Je eigenständiger und länger Instrumentalstücke wurden, desto mehr benötigten sie eine sinnhafte, eigenständige Struktur, wie sie sich etwa in einer Ritornellanlage konventionalisierte.

Mehrsätzigkeit

Die zunehmende Länge der Stücke ging in der selbstständiger werdenden Instrumentalmusik mit dem Phänomen der Mehrsätzigkeit einher. Mehrere eigenständige Stücke sind dabei aneinandergereiht, werden aber dennoch als ein Werkganzes wahrgenommen. Die Musikforschung spricht dann von einer zyklischen Anlage mit mehreren Sätzen. Dahingehend sind in der Barockzeit zwei Phänomene zu beobachten: Einerseits konnten einzelne Stücke in einer bestimmten Abfolge gespielt und publiziert werden, die dann ein größeres Ganzes ergab. Die Einheit wurde hier meist über die gemeinsame Tonart hergestellt. Dies ist etwa im Bereich der Tanzmusik und bei der Entstehung der Suite zu beobachten. Andererseits beinhalteten Instrumentalstücke häufig kontrastierende Abschnitte, die im Laufe der Zeit immer länger wurden. Wenn diese eine gewisse Eigenständigkeit erlangen (zum Beispiel durch verschiedene Tempi, Taktarten und Charaktere), kann man von einem mehrsätzigen, zyklischen Werk sprechen. Dies lässt sich an der Entwicklung der Sinfonia beobachten.[10] Als instrumentales Einleitungsstück, insbesondere bei Opern, war sie zunächst sehr kurz und hatte einen feierlich-langsamen Charakter. Die venezianische Opernsinfonia um die Jahrhundertmitte besaß dann zwei Abschnitte: einen feierlichen in geradem Takt und einen tänzerischen in ungeradem Takt. Ab 1700 konventionalisierte sich vielerorts eine Abfolge von drei Abschnitten. Ein Beispiel dafür wäre die Sinfonia zu Alessandro Scarlattis Oper *Eraclea*, die 1700 erstmals in Neapel aufgeführt wurde. Dem 21-taktigen Allegro in geradem Takt folgt ein 19-taktiges Adagio im Dreivierteltakt und ein abschließender 27-taktiger zweiteiliger Abschnitt im Dreiachteltakt. Aufgrund ihrer relativen Eigenständigkeit und Länge werden diese Abschnitte oft als Sätze bezeichnet. Gerade der langsame Mittelsatz hatte jedoch häufig den Charakter einer Überleitung.

Für zahlreiche Gattungen der Instrumentalmusik (nicht nur Sinfonia, sondern auch Suite, Sonate oder Konzert) bildeten sich mehrsätzige Strukturen aus. Häufig ist dabei ein Kontrastprinzip zu beobachten, etwa in der Abfolge von schnellen und langsamen Sätzen oder von Sätzen mit verschiedenen Charakteren, Anlagen oder Satzweisen (mit, ohne oder mit unterschiedlichem Tanzcharakter, mehrteilige oder zyklische Anlagen, homophone oder polyphone Satzweisen). Dies ist in Zusammenhang mit einem Anspruch auf »varietas« (Vielfalt) zu sehen, der in vielerlei Hinsicht für die Ästhetik barocker Musik maßgeblich ist.

Die Entstehungs- und Publikationskontexte lassen jedoch nur bedingt auf die Aufführungspraktiken von mehrsätzigen Werken als Werkeinheiten schließen. Gerade dort wo die Sätze eine substanzielle Länge erlangten, ist davon auszugehen, dass sie auch einzeln oder nicht unmittelbar nacheinander gespielt wurden. Im liturgischen Kontext konnten die Sätze einer Triosonate beispielsweise an unterschiedlichen Stellen im Ablauf einer Messe dargeboten werden. Mehrsätzigkeit changiert somit immer zwischen dem eigenständigen Einzelstück und einer Zugehörigkeit zu einem größeren Werkganzen. In den meisten Fällen sind die strukturellen Zusammenhänge zwischen einzelnen Sätzen eines mehrsätzigen Werkes in der Barockzeit wenig ausgeprägt. Es waren also immer vielfältige Aufführungsarten möglich. Insgesamt ist die Idee eines geschlossenen, unabänderlichen Werkes erst in deutlich späterer Zeit anzusetzen.

Rezitativ und Arie

Die Abfolge Rezitativ und Arie entwickelte sich im Laufe des 17. Jahrhunderts zu einem zentralen Schema für zahlreiche Gattungen der Vokalmusik wie Oper, Serenata, Oratorium, Kantate oder Motette. Historisch gesehen ging die Unterscheidung von Rezitativ und Arie einher mit der Verwendung verschiedener Versformen, wie sie sich etwa in frühen italienischen Opern beobachten lässt. Prinzipiell orientierte sich die Gestaltung der Textbücher an Versformen, die in den existierenden italienischen lyrischen und dramatischen Gattungen verwendet wurden. Es dominierten daher zunächst zwei Versarten: der Settenario und der Endecasillabo. Ohne hier eine Geschichte der italienischen Versmetrik erzählen zu können, sei angemerkt, dass die italienische Metrik sich nicht so sehr an regelmäßigen Betonungen orientiert, wie das etwa in der deutschen Dichtung der Fall ist (Jambus, Trochäus etc.), sondern an der Anzahl der Silben. Der Settenario enthält sieben Silben, der Endecasillabo elf. Betonungen spielen nur insofern eine Rolle, als üblicherweise die vorletzte Silbe im Vers betont wird und eine Abweichung davon die Zählung der Silben beeinflusst und den Charakter des Verses ändert. In der italienischen Literatur wurden die beiden Versarten Settenario und Endecasillabo in offener Form etwa in Dramen verwendet, in Strophenform hingegen in der Lyrik oder Epik. Offene Form heißt, dass Verse mit sieben oder elf Silben in einer losen Abfolge gebraucht werden und keinem bestimmten Reimschema folgen müssen. Diese Verse werden auch Versi sciolti genannt. Im Unterschied dazu enthalten Strophen eine bestimmte Anzahl an Verszeilen, die einem konkreten Reimschema folgen. Eine Strophe kann beispielsweise aus vier Verszeilen im Kreuzreim bestehen oder aus sechs Verszeilen, von denen die ersten vier einen Kreuzreim und die letzten beiden einen Paarreim bilden. Die letztere Form war am Beginn des 17. Jahrhunderts sehr beliebt und wurde auch häufig vertont, wie etwa in Francesca Caccinis Canzonetta »Se muove a giurar fede« (siehe Kapitel 3, S. 58). Die drei sechszeiligen Strophen sind in dieser Canzonetta nach dem Schema a^7-b^7-b^{11}-a^7-c^7-c^{11} gereimt, wobei die hochgestellte Ziffer das Versmaß (Sieben- oder Elfsilbler) angibt.

Die Unterscheidung von offenen Formen und Strophenformen spielte eine wichtige Rolle, als Oper, Oratorium oder Kantate entstanden. Textliche und musikalische Gestaltung gingen dabei zumindest tendenziell miteinander einher: Die offene Form wurde für dramatische Monologe, Dialoge oder auch erzählende Mitteilungen eingesetzt, und zwar meist als eine an der gesprochenen Sprache orientierte Rezitation; die geschlossene Form hingegen beispielsweise in (variierten) Strophenliedern oder Chören. Es dauerte allerdings lange, bis sich die metrisch entweder offene oder geschlossene Form musikalisch in eine klare Unterscheidung zwischen Rezitativ und Arie übersetzte. Eine große Flexibilität ist etwa in den Kompositionen um die Mitte des 17. Jahrhunderts zu beobachten. In Barbara Strozzis Kantaten oder Francesco Cavallis Opern finden sich immer wieder ariose Abschnitte auch dort, wo metrisch eigentlich eine offene Form herrscht. Und strophische Arien können auch unvermittelt in rezitativische Gestaltungsweisen übergehen, wenn es die Textauslegung an bestimmten Passagen sinnfällig macht.

Rezitativ und Arie konventionalisieren sich erst am Ende des 17. Jahrhunderts folgendermaßen: Im Rezitativ wird eine lose Folge meist ungereimter Sieben- und Elfsilbler (Versi sciolti) als Versmaß verwendet. Der Gesang orientiert sich am Sprechduktus. Folglich wird der Text deklamierend auf Basis einer akkordischen Generalbassbegleitung vorgetragen. Die Arie hingegen besteht textlich meist aus einer oder mehreren gereimten Strophen. Bereits gegen Ende des 16. Jahrhunderts hatten sich, vor allem durch den Einfluss von Gabriello Chiabrera, in der Lyrik auch andere (zuvor lediglich in der Volksdichtung übliche) Versarten als der Sieben- und Elfsilbler etabliert.[11] Durch diese Entwicklungen erweiterte sich langfristig gesehen auch das Spektrum der Versarten, die in Arien eingesetzt werden konnten, sodass zunehmend Vier-, Fünf-, Sechs-, Sieben- oder Achtsilbler anzutreffen sind. Die Arie kann zwar musikalisch unterschiedlichen formalen Modellen folgen, unterscheidet sich vom Rezitativ aber deutlich, indem sie sich in Periodik, Rhythmus und Melodik an einer musikalischen Logik orientiert, die auf Kantabilität oder Virtuosität abzielt, nicht aber auf Deklamation. Die Arie wird (je nach Aufführungskontext) nicht nur durch den Generalbass begleitet, sondern es kommen auch weitere Instrumentalstimmen hinzu, bis hin zur Orchesterbesetzung. Rezitativ und Arie unterscheiden sich auch in ihren Inhalten. Im Rezitativ wird ein Handlungsfortgang erzählt bzw. in einem Monolog oder Dialog eine Situation exponiert oder vorangetrieben. Die Arie hingegen dient dem Affektausdruck oder hat häufig kommentierenden oder reflektierenden Charakter. Beispielhaft kann dies an der Kantate »Vicino a un rivoletto« gezeigt werden, die Antonio Caldara 1729 für den Wiener Kaiserhof schrieb.[12] Sie besteht aus der Abfolge »Rezitativ –

Arie – Rezitativ – Arie«. Im ersten Rezitativ wird zunächst eine Situation aus einer erzählenden Perspektive geschildert: Prinz Coriolano erwartet Cleopatra, in die er verliebt ist, an einem Bächlein. In der ersten Arie wird von der Erzählung direkt in die Situation gewechselt. Coriolano kommt selbst zu Wort, indem er Wind, Vogel, Blume und Bach bittet, der Angebeteten von seiner Liebe zu erzählen. Das zweite Rezitativ bringt einen dramatischen Umschwung: Coriolano beklagt sich, dass ihm keine Hilfe gewährt wird, und gibt Cupido die Schuld an seinem Liebesleid. In der letzten Arie wendet er sich direkt an Cleopatra, die ihn davon erlösen soll. Wie sich Rezitativ und Arie in Form und Inhalt unterscheiden, kann an dem zweiten Rezitativ und der zweiten Arie der Kantate illustriert werden:

Ma, oh ciel! Che insin le piante,	a^{7}	Aber, oh Himmel! Was beschleicht die Pflanzen
E l'erbe i fiori, e sassi	b^{7}	Und die Kräuter, die Blumen und Steine,
Gli augelli, i venti, e l'onde	c^{7}	Die Vögel, die Winde und die Wellen.
Si mostrano crudeli a miei martiri.	d^{11}	Sie zeigen sich meinen Qualen gegenüber grausam.
Ah nume cieco alato	e^{7}	Oh Gott, blinder beflügelter
Cupido del mio fato	e^{7}	Amor, mit meinem Schicksal
Tu almeno abbi pietade.	f^{7}	Hab wenigstens du Mitleid.
Me feristi crudele!	g^{7}	Du verwundetest mich grausam!
Mi colpisti nel seno	h^{7}	Du trafst mich ins Herz.
Ne vale dir ch'io peno	h^{7}	Es lohnt sich zu sagen, dass ich leide,
Se la perfida ingrata	i^{7}	Wenn die grausame Undankbare,
Per più dar cruccio al core	j^{7}	Um meinem Herzen noch mehr Kummer zu bereiten,
Favellando mi va d'antico amore.	j^{11}	Mich von der alten Liebe sprechen macht.
Aimè sento il mio core,	a^{7}	Ach, ich fühle mein Herz
Che sviene dal dolore	a^{7}	Vor Schmerz vergehen.
Per te vago mio bene,	b^{7}	Für dich, meine entfernte Liebste,
Languendo ogn'ora sta.	c^{7-}	Schmachte ich in jeder Stunde.
Tu sola o mio tesor	d^{7-}	Nur du, mein Schatz,
Spegner puoi quell'ardor,	d^{7-}	Kannst dieses Feuer löschen,
Che non tormento attroce	e^{7}	Damit keine grässliche Qual
In petto acceso va.	c^{7-}	In der Brust entzündet wird.

Während in den Sieben- und Elfsilblern des ersten Absatzes kein festgefügtes Reimschema vorhanden ist, auch wenn sich manche Verse reimen, hat die darauffolgende Arie, die aus zwei Strophen zu je vier Zeilen siebensilbiger Verse besteht, ein klares Reimschema (aabc ddec). Mit der Wiederkehr von c wird auch ein Zusammenhang zwischen den beiden Strophen hergestellt. Das Rezitativ vermittelt Aktivität durch Coriolanos Ausrufe und Anklagen; in der Arie hingegen drückt er seinen Schmerz deutlich reflektierter aus. Sie bringt im Vergleich zur aufgeregten Deklamation zuvor auch musikalisch eine Beruhigung. In einem Larghetto tritt zum Basso continuo nun ein Violoncello hinzu, das die ausgedehnten instrumentalen Ritornelle dominiert und während der Strophen mit der virtuos geführten Singstimme in einen konzertierenden Dialog tritt. Poetische Struktur, Inhalt und musikalische Gestaltung bedingen einander somit. Dies wird in den nun folgenden Betrachtungen verschiedener Gattungen immer wieder zur Sprache kommen.

Kapitel 5
Gattungen und Aufführungskontexte

Wenn ein Musikstück heute »Arie«, »Konzert« oder »Sinfonie« genannt wird, so werden ihm bestimmte Eigenschaften zugeschrieben, die es mit anderen, ebenfalls so bezeichneten Stücken teilt. Es wird also angenommen, dass diese Musikstücke derselben Gattung angehören. Welche Eigenschaften eine bestimmte Gattung definieren, kann sehr verschieden sein und zeigt sich in unterschiedlichen Systematisierungsversuchen. Grundsätzlich unterschieden werden Gattungen etwa nach Aufführungsort (Kirche, Kammer, Theater), nach Funktion und Zweck (liturgische Musik, Tanzmusik), nach Textgrundlage (geistlich, weltlich), nach Besetzung (vokal, instrumental, Stimmenanzahl, Besetzungsgröße) oder nach bestimmten Formen und satztechnischen wie stilistischen Charakteristika. Für unterschiedliche Gattungen sind dabei unterschiedliche Kriterien maßgeblich. So konstituiert sich eine Oper zunächst durch ihren Aufführungsort (Theater), ihre Textgrundlage (weltlich, dramatisch) und ihre Besetzung (Solostimmen, Orchester, gegebenenfalls Chor). Form, Satztechnik und Stil sind jedoch deutlich schwieriger übergreifend für Opern verschiedener historischer Epochen zu beschreiben. Auch die Abgrenzung von anderen Gattungen mit ähnlichen Eigenschaften oder die Einpassung individueller Werke in Gattungsschemata ist eine Herausforderung. Das zeigt sich etwa an einem Werk wie Emilio de' Cavalieris *Rappresentatione di anima et di corpo* von 1600, das in der Musikgeschichtsschreibung wahlweise als Oper, Oratorium oder geistliche Oper bezeichnet wird. Dazu kommt, dass in der Zeit um 1600, die wir heute üblicherweise als Beginn der Operngeschichte ansehen, niemand von Oper im Sinne einer Gattung gesprochen hat.

Viele der heute gebräuchlichen Gattungsbegriffe wurden zu Beginn der Barockzeit teils gar nicht, teils anders oder deutlich weniger spezifisch verwendet. Wenn im frühen 17. Jahrhundert unter Aria ein solistisch vorgetragenes strophisches Musikstück von meist einfacher musikalischer Gestaltung verstanden wurde, so hat dies wenig mit dem gemeinsam, was man sich hundert Jahre später unter einer Arie vorstellte. Ebenso wenig entsprechen Heinrich Schütz' geistliche Vokalwerke *Symphoniae sacrae* einem späteren Verständnis von Sinfonien. Seit dem 18. Jahrhundert wird der Begriff üblicherweise für ein mehrsätziges, groß besetztes Orchesterwerk mit einer bestimmten formalen

Anlage gebraucht und nicht für Vokalkompositionen für eine bis acht Singstimmen mit Begleitung eines instrumentalen Ensembles. Eben diese *Symphoniae sacrae* wurden in Kapitel 3 (siehe S. 63) jedoch als Konzerte bezeichnet – ein Begriff, der hier auf das »concertare« von Vokal- und Instrumentalstimmen abzielt, der dann jedoch ab dem späten 17. Jahrhundert hauptsächlich für Instrumentalmusik verwendet wurde. Innerhalb einzelner Konzerte der *Symphoniae sacrae* gibt es wiederum instrumentale Abschnitte, die Schütz selbst jeweils mit »Symphonia« überschreibt.

Die Begriffe »Arie«, »Symphonie« und »Konzert« meinen also je nach Kontext unterschiedliche Dinge. Daher ist die Vielfalt der Bedeutungsebenen von Begriffen immer mitzudenken, wenn von musikalischen Gattungen die Rede ist. Ebenso ist zu berücksichtigen, dass verschiedene Begriffe teils auch synonym verwendet wurden, wie etwa Symphonia, Sonata oder Concerto, die gelegentlich sogar für ein und dasselbe Werk gebraucht wurden. Es ist sinnvoll, sich immer wieder die Frage zu stellen, was eine Gattungsnorm ist und wie sie hergestellt wird. In der Barockzeit bilden sich bestimmte Modelle aus, die aufgegriffen und nachgeahmt werden und damit auch normierenden Charakter haben. Zugleich lassen sich Einzelwerke häufig nur mühsam in eine oft erst aus der historischen Distanz heraus formulierte Gattungssystematik einpassen. Im Folgenden steht daher die Frage im Zentrum, wie und unter welchen Umständen sich bestimmte Modelle ausbilden, wer sie wie aufgreift und weiterführt und mit welchen Bedeutungsebenen sie in Aufführungskontexten versehen sind. Dadurch liegt ein stärkerer Fokus auf den nach 1600 neu entstehenden Gattungen wie Oper, Ballett, Oratorium, Kantate, Suite, Sonate oder Instrumentalkonzert als auf denjenigen, die aus der Renaissance weitergeführt werden wie Madrigal, Messe oder Motette. Der Hinweis auf dieses Ungleichgewicht soll auch zur weiteren Beschäftigung mit jenen Gattungen einladen, die im Folgenden nicht ausreichend gewürdigt werden können.

Bühne frei

Gegen Ende des 16. Jahrhunderts kommt es in Norditalien, insbesondere in Florenz, zu einer intensiveren Auseinandersetzung mit Fragen der Musikdramatik. Sie orientierte sich an dem Anspruch, einen dramatischen Text vollständig in Musik zu setzen, sodass sich die Handlungsfiguren ausschließlich singend äußern. Dies war nämlich in den zuvor existierenden (musik-)theatralen Gattungen nicht der Fall. Szenische Darbietungen unter Beteiligung von Musik waren vor 1600 sehr vielfältig. In der Rappresentazione sacra wurden Inhalte der

Bibel oder Heiligenlegenden unter Verwendung von Lauden und Kanzonen dargestellt. Die Commedia dell'arte verknüpfte improvisierten Sprechtext und komödiantische Darstellungskunst mit verschiedenen Musik- und Tanzeinlagen, während die Madrigalkomödie Handlungselemente der Commedia dell'arte mit ausgedehnten Madrigalkompositionen verband. Bei höfischen Festen wurden Schauspiele zusammen mit musikalischen Zwischenspielen (Intermedien) aufgeführt, die im 16. Jahrhundert immer umfangreicher wurden und auch Tänze inkludierten. Schließlich wurden Madrigale auch in Pastoraldramen integriert, wie etwa Giovanni Battista Guarinis *Il pastor fido*, ein Drama, das 1590 im Druck erschien und als dichterische Vorlage wiederum häufig für Madrigalkompositionen verwendet wurde. Musik war somit aus Dichtung und Theater auch vor Entstehung der Oper nicht wegzudenken. Sie wurde jedoch einerseits lediglich an bestimmten Stellen einer ansonsten gesprochenen Handlung eingesetzt und orientierte sich andererseits am zeitgenössischen mehrstimmigen Madrigal, sodass die Handlungsfiguren sich nicht individuell singend äußerten. Ersichtlich ist dies beispielsweise in der Madrigalkomödie *L'Amfiparnaso* von Orazio Vecchi aus dem Jahr 1594. In einem Prolog und drei Akten begegnen uns typische Figuren der Commedia dell'arte: Der alte Pantalone möchte die junge Hortensia für sich gewinnen, wird aber von dieser abgelehnt; der spanische Capitano durchkreuzt die Liebe zwischen Lucio und Isabella; die Tochter von Pantalone wird schließlich mit Dottore Graziano verehelicht, und auch Lucio und Isabella finden am Ende zueinander. Obwohl die einzelnen Figuren miteinander dialogisieren, werden die Szenen in fünfstimmigen Madrigalen musikalisch umgesetzt. Dabei ist keine der Stimmen einer Figur zugeordnet, sondern sie äußern sich jeweils im mehrstimmigen Gesang.

Eine wichtige Voraussetzung für die individualisierte Verkörperung von Figuren, wie sie für die Oper typisch werden sollte, war daher die Entwicklung des Sologesangs. Im Florentiner Umfeld wurde dieser nicht nur in den Zusammenkünften bei Giovanni de' Bardi und Jacopo Corsi mit Verweis auf den Gesang der griechischen Antike erprobt. Er wurde auch in Aufführungen am Hof der Medici eingesetzt, etwa in den Solomadrigalen der Intermedien zu *La pellegrina* von 1589 und in den Pastoraldramen *Il satiro*, *La disperazione di Fileno* (beide 1591) und *Il giuoco della cieca* (1595) von Emilio de' Cavalieri mit Texten von Laura Guidiccioni, zu denen allerdings keine musikalischen Quellen erhalten sind. Nicht vollständig überliefert ist musikalisches Material zu einer von Jacopo Peri und Jacopo Corsi 1598 vertonten und im Palazzo von Corsi aufgeführten Pastorale mit dem Titel *La Dafne*.

Die ersten erhaltenen dramatischen Werke, in denen sich die Handlungsfiguren als Individuen durchgehend singend äußern – und damit die ersten

Opern im Sinne einer Gattungsgeschichte –, stammen aus dem Jahr 1600. Jacopo Peri und Giulio Caccini komponierten für die Hochzeitsfeierlichkeiten zwischen Maria de' Medici und Heinrich IV. je eine eigene Version von *L'Euridice* (die allerdings in einer Hybrid-Version mit Anteilen beider Kompositionen zur Aufführung kam) auf ein Libretto von Ottavio Rinuccini, der bereits das Textbuch zu *La Dafne* verfasst hatte. Emilio de' Cavalieri führte im selben Jahr in Rom sein Werk *Rappresentatione di anima et di corpo* im Oratorium der Kirche Santa Maria in Vallicella auf. Agostino Mannis Textbuch orientierte sich mit seinem allegorischen Inhalt eher an der Rappresentazione sacra und am Jesuitentheater, was auf den geistlich geprägten Aufführungskontext in Rom zurückzuführen ist. In Florenz und andernorts war hingegen in der frühen italienischen Oper der pastorale Topos vorherrschend. Schäfer und Nymphen bevölkerten die Opernlibretti, in denen die Schicksale mythischer Helden wie Apollo oder Orfeo im Zentrum standen. Häufig wurde auf Episoden aus Ovids *Metamorphosen* zurückgegriffen. Rinuccinis Libretti wurden später auch von Claudio Monteverdi (*L'Arianna*, 1608) und Marco da Gagliano (*La Dafne*, 1608) in Mantua vertont. Beides waren Festopern für die Hochzeit von Francesco Gonzaga mit Margherita von Savoyen. Monteverdi hatte sich bereits ein Jahr zuvor ebenfalls mit dem Orpheus Stoff auseinandergesetzt, allerdings nicht auf Rinuccinis Libretto zurückgegriffen, sondern auf ein neu verfasstes von Alessandro Striggio. Eine von Martin Opitz adaptierte deutschsprachige Fassung von Rinuccinis *Dafne* kam 1627 mit der Musik von Heinrich Schütz ebenfalls anlässlich einer Fürstenhochzeit auf Schloss Hartenfels bei Torgau zur Aufführung.

Diese Zusammenschau zeigt, dass sich die frühe Oper zunächst hauptsächlich im höfischen Umfeld etablierte, was aufgrund ihrer Kostspieligkeit kaum verwundert. Szenische Darstellungsmodi und pastorale Elemente übernahm sie dabei aus den musiktheatralen Formen, die bereits zuvor an den Höfen praktiziert wurden. Dass sich poetische Anlage und Inhalte am Pastoraldrama orientierten, war keineswegs zufällig. Die arkadische Hirtenwelt bot reichlich Möglichkeiten für Tanz und Gesang, sodass die Tatsache, dass die Figuren durchgehend sangen und nicht sprachen, nicht so offensichtlich gegen das bereits im antiken Theater etablierte Prinzip der »verosimiglianza« (Glaubwürdigkeit) verstieß.[1] Dieses Problem sprach auch Jacopo Peri im Vorwort zu seiner gedruckten *Euridice*-Partitur an. Er leitete daraus als Ziel ein »imitar col canto chi parla« (mit dem Gesang das Sprechen nachahmen) ab. Mit dem Argument, dass auch in der griechischen Tragödie gesungen wurde, sicherte sich Peri gegen mögliche Einwände bezüglich einer mangelnden »verosimiglianza« ab.

Die Nachahmung des Sprechens führt in Peris *Euridice* dazu, dass die Figuren sich meist eines stark an der Deklamation des Textes orientierten Gesangs bedienen. Der Generalbass bietet nur langsam wechselnde Akkordschemata, während die Singstimmen weitgehend Sprachmelodie und Rhythmus des Textes übernehmen. Berücksichtigt werden muss dabei freilich die Möglichkeit zur Auszierung der Gesangsstimme durch die Sängerinnen und Sänger, die Peri im Vorwort zur Partitur der *Euridice* explizit erwähnt. Allerdings eröffnet der am Sprechduktus orientierte Stil Peris hier deutlich weniger Möglichkeiten als etwa die zeitgleich in Florenz etablierten Solomadrigale. Affektgeladen wirkt Peris Textausdeutung vor allem dort, wo er mit Dissonanzen arbeitet.

Von diesem vorherrschenden Deklamationsstil weicht Peri lediglich dort ab, wo die Figuren nicht singend sprechen, sondern tatsächlich innerhalb der Handlungslogik singen, etwa in der zweiten Szene, wenn Tirsi Flöte spielend und eine strophische Aria singend auftritt, oder in der letzten Szene, wenn Orfeo einen Freudengesang anstimmt, nachdem er Euridice wiedererlangt hat. In einem madrigalartigen, weitgehend homophonen Stil sind die Chöre der Hirten und Nymphen drei- bis fünfstimmig vertont. Äußerst selten gibt es reine Instrumentalstücke in Form von kurzen Ritornellen. So nähert sich Peri der Problemstellung, wie ein gesamtes Drama in Musik gesetzt werden kann, hauptsächlich über einen an der Textrezitation orientieren Gesang. Emilio de' Cavalieri, der in den Dialogen seiner *Rappresentatione di anima et di corpo* häufiger mit einer bewegten Bassstimme und raschen Wechseln zwischen Zweier- und Dreiermetrum arbeitet, erzeugt demgegenüber mehr Abwechslungsreichtum. Eine größere Palette an zeitgenössischen musikalischen Ausdruckscharakteren, mit deutlich weniger Schwerpunkt auf der Textdeklamation, wird insbesondere von Claudio Monteverdi ausgelotet.

Claudio Monteverdi, »L'Orfeo«

Der Herzog von Mantua, Vincenzo Gonzaga, hatte 1600 der Florentiner Fürstenhochzeit und damit der dortigen Aufführung von *L'Euridice* beigewohnt. Auch am Hof von Mantua interessierte man sich für die musikdramatischen Genres. Dass der dortige Hofkapellmeister Claudio Monteverdi 1607 ebenfalls eine Vertonung des Orpheus-Stoffes vorlegte, war also keineswegs Zufall. Monteverdi und sein Librettist Alessandro Striggio orientierten sich jedoch nur bedingt an den Florentiner *Euridice*-Fassungen. Die Szenen reiht Striggio nicht lose aneinander, sondern gliedert sein Textbuch in fünf Akte, nebst dem üblichen Prolog. Und während in Rinuccinis Libretto im Prolog die allegorische Figur La Tragedia aufritt, ist es bei Striggio La Musica. Sie spricht in fünf Strophen von ihrer Macht, die Menschen zu rühren, und bringt dafür Orfeo selbst als Beispiel, der durch seinen Gesang die wilden Tiere besänftigen und die Götter der Unterwelt erweichen konnte. Der Prolog kann hier gleichsam als Programm dafür gelesen werden, was in der Musik und insbesondere in den musikdramatischen Gattungen zentral wurde: die Rührung der Affekte.

Ganz entsprechend dieser Macht des Sängers zu rühren steht in Striggios Libretto die Figur des Orfeo in jedem Akt mit längeren monologischen Passagen im Zentrum. Dies gibt wiederum Monteverdi die Möglichkeit, in Orfeos Gesängen deutlich vielfältigere musikalische Gestaltungsweisen einzusetzen, als dies etwa Peri mit seinem Deklamationsstil möglich war. Im ersten, von pastoraler Idylle geprägten Akt – es steht die Hochzeit von Orfeo und Euridice bevor – preist Orfeo die Sonne und seine Liebe zu Euridice. Hier herrscht ein deklamierender Stil vor, der von dem langen, über vier Verszeilen gehaltenen Basston am Beginn klanglich getragen wird. Ganz anders dagegen die tanzartige, mit instrumentalen Ritornellen durchzogene strophische Canzonetta Orfeos am Beginn des zweiten Aktes, die mit Orfeos Gesang am Ende des Aktes kontrastiert, als er erfährt, dass Euridice tot ist. Hier wird nun ein deklamierender Tonfall durch bestimmte textausdeutende Effekte angereichert und damit dramatisiert. Das zeigt sich etwa daran, wie Orfeo erst langsam realisiert, was er gerade gehört hat. »Tu se' morta« (Du bist gestorben) singt Orfeo in der ersten Verszeile auf die Töne *b-fis-g-g* und in musikalisch gesteigerter Form in der zweiten Verszeile mit einem langgezogenen ersten Hochton »Tu se' da me partita« (Du hast mich verlassen) auf d^1*-fis-fis-fis-fis-g-g*. Ähnliches wird am Ende des Gesangs umgesetzt, wenn Orfeo in immer höher steigenden Ausrufen sich von Erde, Himmel und Sonne verabschiedet. In »Possente spirto e formidabil nume«, Orfeos ausladendem Bittgesang im dritten Akt, in dem er den Fährmann Caronte um Zugang zur Unterwelt anfleht, singt Orfeo sechs variierte Strophen, die durch den in der Partitur in einer eigenen Stimme genau ausnotierten, hochvirtuosen Sologesang auffallen. Die Niederschrift versucht hier möglicherweise abzubilden, was der Tenor Francesco Rasi, von dem auch mehrere Sammlungen mit Sologesängen gedruckt wurden, in der Aufführung vortrug (Abb. 16). Bemerkenswert sind auch die je anders instrumentierten und gestalteten Echos und Ritornelle des Orchesters in dem Bittgesang. Eine wieder andere Form findet Monteverdi für den vierten Akt, in dem Orfeo mit Euridice aus der Unterwelt zurückkehren darf, es jedoch nicht schafft, sich nicht nach ihr umzudrehen, wie es der Gott der Unterwelt gefordert hatte. Orfeo singt hier zunächst eine strophische Aria zu einem in Viertelnoten fortschreitenden Bass, der den Weg des Paares aus der Unterwelt musikalisch nachzeichnet.[2] Als ihm Zweifel kommen, ob Euridice ihm auch folgt, wechselt Orfeo in den deklamierenden, von dramatisierenden Akzenten durchzogenen Duktus. Im

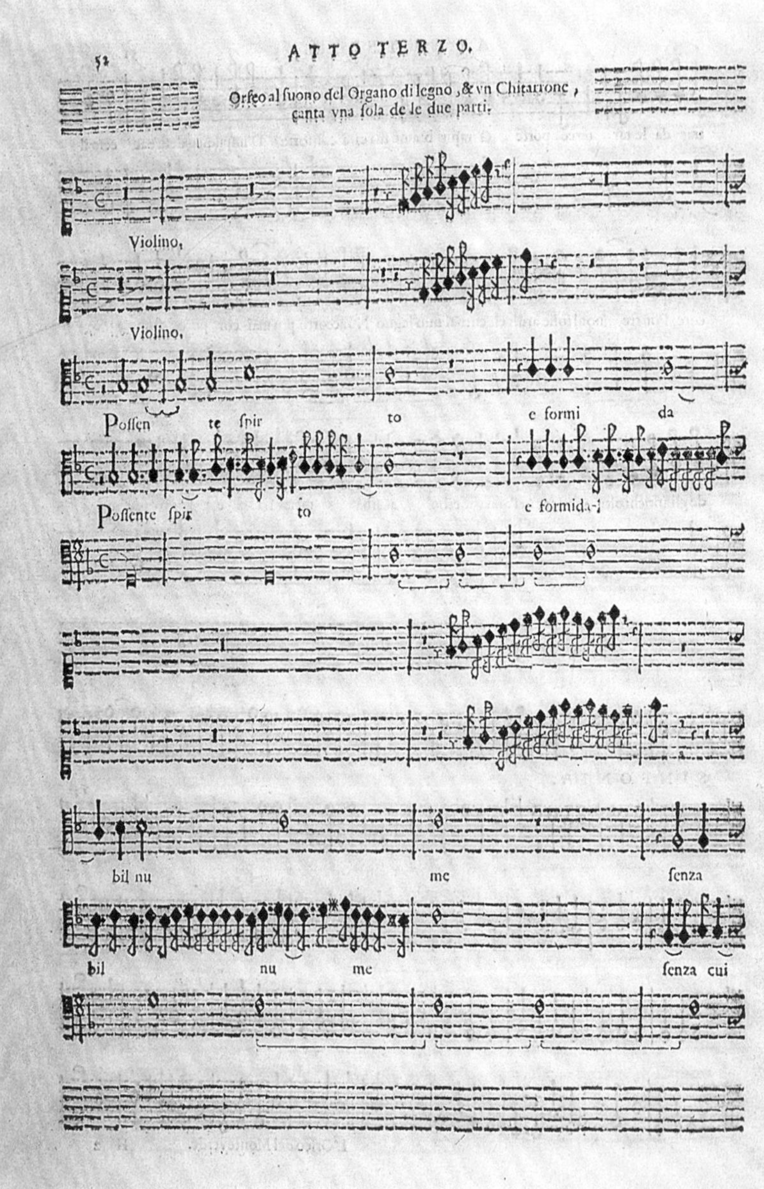

Abb. 16: Claudio Monteverdi, »Possente spirto« aus *L'Orfeo*, Erstdruck mit unverzierter und verzierter Gesangsstimme

fünften Akt ist Orfeo wieder alleine auf den Feldern Thrakiens. Auf seinen Klagegesang antwortet ihm nur noch ein Echo, ehe er sich in strophischen Variationen in eine Überhöhung Euridices hineinsteigert. Orfeos Gesänge weisen so eine enorme Variabilität auf, die je nach dramatischen Erfordernissen der Handlung eingesetzt wird: vom deklamierenden, mit dramatischen Elementen angereicherten Stil über die mit Ritornellen durchzogene strophische Aria bis hin zum virtuosen Sologesang mit instrumentalen Effekten.

Vielfalt zeigt sich jedoch nicht nur in den Sologesängen Orfeos, sondern auch in der Anlage der Oper insgesamt. Neben den Sologesängen und Dialogen zwischen den einzelnen Figuren werden Chöre und instrumentale Abschnitte extensiv eingesetzt. Duettpassagen mit Imitationen der Stimmen gibt es sowohl bei den Hirten als auch am Ende der Oper zwischen Orfeo und Apollo. Die Partitur schreibt eine umfangreiche Besetzung des Orchesters vor: Streicher in großer Anzahl, Chitarroni, Cembali, Orgeln, Gamben, Posaunen, Trompeten, Flöten, Zinken, eine Doppelharfe und ein Regal. Die Instrumente sind jeweils bestimmten Handlungsschauplätzen und Inhalten zugeordnet. So werden die Saiteninstrumente für die Welt der Hirten, die Zinken und Posaunen hingegen für die Unterwelt verwendet. Die Streicher sind mit dem Sänger Orfeo verbunden, die Harfe steht für das Himmlische. Am Ende jedes Aktes, aber auch zwischendurch, gibt es fünf- bis siebenstimmige instrumentale Sinfoniae, die die Abschnitte der Handlung gliedern. Auch die Chöre haben eine deutlich breitere Ausdruckspalette, als dies bei Peri oder Caccini der Fall war: vom tanzartigen Charakter der Festszenen in den ersten Akten bis zum getragenen Duktus der Unterweltszenen. Sie sind auch nicht durchgehend homophon vertont, sondern verwenden immer wieder imitatorische Elemente. Musikdramatik wird von Monteverdi in *L'Orfeo* folglich nicht mehr nur als ein »imitar col canto chi parla« verstanden, sondern als eine Möglichkeit, eine dramatische Geschichte mit all den vielfältigen musikalischen Mitteln, die im frühen 17. Jahrhundert zur Verfügung standen, umzusetzen.

Die aufwendige Machart des *Orfeo*, die sich unter anderem an der reichhaltigen Instrumentierung und am benötigten Personal zeigt, steht in einem gewissen Widerspruch dazu, dass die Oper nicht im Rahmen einer höfischen Festveranstaltung erstaufgeführt wurde wie Peris / Caccinis *Euridice*, sondern auf einer kleinen Bühne als Veranstaltung der Accademia degli Invaghiti im Karneval 1607. Der Francesco Gonzaga gewidmete Partiturdruck von 1609 sowie die personellen Verbindungen zwischen Akademie und Hof (der Herzog agierte als Schirmherr der Akademie) situieren *L'Orfeo* jedoch klar im höfischen Umfeld. Ein Jahr nach *L'Orfeo* komponierte Monteverdi dann für die Hochzeit von Francesco Gonzaga seine zweite Oper *L'Arianna*. Aus dieser ist lediglich ein Monolog Ariannas erhalten, der als »Lamento d'Arianna« prägend für den Klagegesang nicht nur in der Oper, sondern im Sologesang des 17. Jahrhunderts insgesamt wurde.

Die neue Art und Weise, eine dramatische Handlung vollständig in Musik zu setzen, blieb im höfischen Kontext zunächst eine unter vielen Möglichkeiten, Musik und Drama zu verbinden. Bei höfischen Festen im frühen 17. Jahrhundert wurden weiterhin Intermedien und verschiedene Schauspiele unter Einbeziehung von Musik dargeboten. Daneben spielte der Tanz eine herausragende Rolle. Vielfach waren theatrale Ereignisse auf eine Mischung aus Musik, Tanz, gesungenen und gesprochenen Texten ausgelegt. Dabei entwickelten sich auch lokal spezifische Traditionen wie etwa die Court Masque in England. Im Mittelpunkt standen hier die Tänze von maskierten Tänzern in einer allegorischen oder mythologischen Rahmenhandlung. Die Masque inkludierte jedoch auch Songs, Chöre und gesprochene Dialoge und ging zum Abschluss in eine Tanzdarbietung über, an der alle Höflinge beteiligt waren. Besonderes Augenmerk wurde auf das Bühnenspektakel und die Ausstattung gelegt. Für die Aufführung von Masques wurden temporäre Bühnensettings errichtet, etwa im Whitehall Banqueting House unter König James I., das auch für vielfältige andere Veranstaltungen genutzt wurde.[3] Dies war für musiktheatrale Aufführungen am Beginn der Barockzeit auch andernorts üblich. Viele davon waren anlassgebunden (Hochzeiten, Geburts- und Namenstage), und man errichtete eine funktionale Bühne entweder in einem bereits bestehenden, etwa für Bankette oder Bälle genutzten Raum oder baute ein temporäres Theater aus Holz.

Regelmäßige Aufführungen von Opern außerhalb anlassgebundener höfischer Feste gab es erstmals in größerem Umfang in Rom. Die Familie der Barberini erlangte ab 1623 dort großen Einfluss, als Maffeo Barberini zum Papst (Urban VIII.) gewählt wurde. Insbesondere sein Neffe Kardinal Francesco Barberini, einer der mächtigsten Kurienkardinäle, förderte die Aufführung von Opern, die regelmäßig im Karneval im Palazzo Barberini bzw. ab 1639 auch im dort eingerichteten Teatro Barberini stattfanden.[4] Der Kleriker Giulio Rospigliosi, der später selbst Papst werden sollte (Clemens IX. ab 1667), hatte unter den Barberini mehrere hochrangige Ämter inne und wurde einer der wichtigsten Librettisten der frühen römischen Oper. Im lokalspezifischen, geistlich geprägten Kontext der Barberini in Rom wurde es als nicht angemessen erachtet, in den Opern pastorale und mythologische Themen zu behandeln, wie sie in Norditalien üblich waren. Rospigliosis Libretti nahmen stattdessen

Legenden von Märtyrern und Heiligen wie *Il Sant'Alessio* (1632 mit Musik von Stefano Landi aufgeführt) in den Fokus oder Geschichten aus dem Umkreis der Kreuzzüge, etwa aus Torquato Tassos *La Gerusalemme liberata*. Mit *Chi soffre speri* entstand 1637 zwar eine von Virgilio Mazzocchi in Musik gesetzte Komödie nach einer Vorlage von Giovanni Boccaccio aus dessen *Decamerone*. Auch hier war das Hauptziel jedoch – wie in anderen römischen Textbüchern – die moralische Erbauung des Publikums.[5] Dies hielt Rospigliosi allerdings nicht davon ab, komische Szenen und Figuren in seine Libretti zu integrieren, wie sie bereits in der Rappresentazione sacra üblich waren. So handelt *Il Sant'Alessio* von dem asketischen, als Bettler lebenden Alessio, der einer Verführung durch den Teufel standhalten kann. Mit den Pagen Martio und Curtio treten jedoch zwei wenig tugendhafte Figuren auf, die sich über Alessio lustig machen und die dramatische Handlung immer wieder durch komödiantische Einlagen auflockern. Hier deutet sich ein Kontrastprinzip an, das für viele italienische Opern des 17. Jahrhunderts maßgeblich wird, indem eher ernste Stränge der Haupthandlung mit komischen Figuren und Szenen interpoliert werden.

Deutlich wird im Textbuch von *Il Sant'Alessio* außerdem, dass das barberinische Opernunternehmen einen politisch-repräsentativen Charakter hatte. Die erste Aufführung fand zu Ehren des habsburgischen Botschafters Hans Ulrich Fürst von Eggenberg statt, und 1634 wurde die Oper anlässlich eines Besuchs des polnischen Prinzen Alexander Karl gegeben. Ein Bild von dem großen szenischen Aufwand vermitteln die Kupferstiche, die der 1634 gedruckten Partitur beigefügt sind. Hier sind beispielsweise am Beginn der vierten Szene die Chöre der singenden und tanzenden Dämonen in einer imposanten, von Felssäulen und Flammen dominierten Szenerie zu sehen (Abb. 17). Die Sänger der päpstlichen Kapelle wurden für die Mitwirkung an der Oper abgestellt und übernahmen die Darstellung aller, auch der weiblichen Figuren. In *Il Sant'Alessio* sang auch erstmals ein Kastrat die männliche Hauptfigur in einer Oper, was sich erst im Laufe des Jahrhunderts allmählich zu einer übergreifenden Konvention in der italienischen Oper entwickeln sollte. Die politisch-symbolische Bedeutung ist besonders am Anfang und am Schluss der Oper bemerkbar. Im Prolog tritt Roma als allegorische Figur auf, die die Sklaven befreit, und am Ende besingen die Engel in einem achtstimmigen Chor das glückliche Rom, das einen Heiligen wie Alessio hervorgebracht hat. So wird Rom zum Inbegriff von Tugend und Ordnung. Reputation und Machtanspruch der Barberini werden damit auf verschiedenen Ebenen textlich, szenisch und musikalisch inszeniert.

Einige der Fäden, die in Rom in der Barberini-Ära ausgeworfen wurden, verknüpften sich in Venedig auf neue Weise, als dort 1637 das erste kommerziell

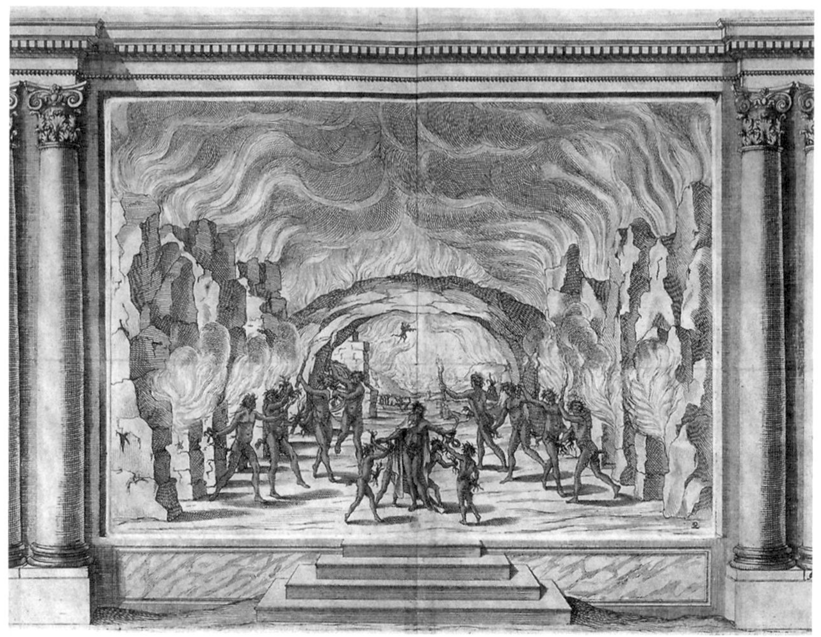

Abb. 17: Bühnendekoration aus dem Partiturdruck *Il Sant'Alessio* von 1634

ausgerichtete Opernunternehmen entstand. Dies markiert den Beginn der Oper als Institution mit einem regelmäßigen Spielbetrieb, der sich über Einnahmen finanzieren musste. In relativ kurzer Zeit eröffneten in Venedig mehrere Theater, die im Karneval neu produzierte Opern spielten: 1637 das Teatro San Cassiano, 1639 das Teatro Santi Giovanni e Paolo, 1640 das Teatro San Moisè und 1641 das Teatro Novissimo.[6] Hinter diesen Unternehmen standen reiche Patrizierfamilien, die Theater neu errichteten oder die Oper in existierenden Theatern installierten, zum Beispiel die Familie Grimani, die das Teatro Santi Giovanni e Paolo, später auch das Teatro San Giovanni Grisostomo, das Teatro San Samuele und das Teatro San Benedetto erbaute bzw. für einen Opernspielbetrieb einrichtete. Geleitet wurden die Häuser allerdings nicht direkt von diesen Familien, sondern von Opernunternehmern, die sich in die Theater einmieteten. Dass gerade Venedig der Gattung Oper diesen Institutionalisierungsschub bescherte, hing mit mehreren Faktoren zusammen.[7] Venedig hatte eine republikanische Regierungsform, in der nicht ein Fürst, sondern wohlhabende Patrizierfamilien das politische Sagen hatten. Ihr Wohlstand generierte sich unter anderem daraus, dass Venedig mit seiner Lage als Hafenstadt ein wichtiges Handelszentrum war. Neben der großen Anzahl von ansässigen kunst- und musikinteressierten Kaufleuten waren auch viele auswärtige Gäste insbesondere während der Karnevalszeit in Venedig zugegen. Es gab also ausreichend Publikum, das bereit war, Logen für eine Saison zu mieten oder Eintrittskarten für die einzelnen Aufführungen zu erwerben. Venedig war damit für kulturaffine Unternehmer besonders interessant. Dass die Gattung Oper in den 1630er- und 1640er-Jahren immer attraktiver wurde, hing wiederum mit ihrem Erfolg in Rom und andernorts zusammen. Dies ist an den personellen Verflechtungen der verschiedenen musikdramatischen Aktivitäten in diesen Jahren sehr gut ersichtlich. Benedetto Ferrari, der mit *Andromeda* 1637 die erste Oper für Venedig produzierte und auch das Libretto dafür schrieb, engagierte ein musikalisches Ensemble, das weitgehend aus Rom stammte und mit dem er bereits ein Jahr zuvor in Parma für eine Opernaufführung zusammengearbeitet hatte. Darunter befand sich die römische Sängerin Maddalena Manelli. Ihr Ehemann, der Komponist von *Andromeda*, Francesco Manelli, der ebenfalls als Sänger an der Aufführung mitwirkte, hatte wiederum in Rom bei Stefano Landi studiert und war mit der Tradition der römischen Oper vertraut. Und auch ein weiterer opernerfahrener Komponist wandte sich dem Genre in Venedig wieder zu: Claudio Monteverdi, seit 1613 als Kapellmeister am Markusdom tätig, komponierte *Il ritorno d'Ulisse in patria* für das Teatro San Cassiano (Karneval 1640), *Le nozze d'Enea e Lavinia* für das Teatro Santi Giovanni e Paolo (Karneval 1641) und *L'incoronazione di Poppea* ebenfalls für das Teatro Santi Giovanni e Paolo (Karneval 1643).[8]

Rasch wurde das Genre auch von anderen ortsansässigen Musikern wie Francesco Cavalli und von Literaten wie Giovanni Busenello, Giacomo Badoaro oder Giulio Strozzi aufgegriffen. Letztere waren Mitglieder lokaler literarischer Akademien wie der Accademia degli Incogniti und begannen damit, Opernlibretti zu verfassen. Mit der Etablierung der Oper in Venedig erweiterte sich ihr Themenspektrum. So wurde in Busenellos Libretto zu *L'incoronazione di Poppea* mit der Krönung Poppeas zur Kaiserin als neue Ehefrau Neros ein historischer Stoff aufgegriffen. Weiterhin beliebt waren mythologische und pastorale Stoffkreise, wofür auf antike Autoren zurückgegriffen wurde. Was sich bereits in den römischen Libretti mit der Interpolation komischer Figuren und Szenen andeutete, wurde in Venedig intensiviert. Die Dramaturgie der Oper, die sich in den nächsten Jahrzehnten konventionalisieren sollte, zielte auf Abwechslung ab, indem mehrere Handlungsstränge ineinander verschachtelt wurden. Die antiken Vorlagen bildeten dabei lediglich den Ausgangspunkt für eine von Liebeswirren, Intrigen, Verwechslungen und erotischen Anspielungen geprägte Handlung, wie sie bereits anhand von Giovanni Faustinis und Francesco Cavallis *La Calisto* erläutert wurde (siehe Kapitel 2, S. 37 ff.).

Der kommerzielle, regelmäßige Opernbetrieb in Venedig beeinflusste nicht nur die mehr auf Unterhaltung abzielende inhaltliche Ausrichtung der Opern, sondern auch ihre Dramaturgie, ihre musikalische Gestaltung und ihre szenische Darbietung insgesamt. Deutlich ist zu erkennen, dass inhaltliche Entscheidungen mit organisatorischen oder ökonomischen ganz unmittelbar zusammenhingen und sich so gewisse Konventionen ausbildeten. Waren die höfischen Opernproduktionen der ersten Jahrzehnte des 17. Jahrhunderts darauf ausgerichtet, ein besonders glanzvolles Einzelereignis im Rahmen umfangreicher Feierlichkeiten zu zelebrieren, so musste sich die einzelne Oper im venezianischen Betrieb in das Produktionssystem fügen. Daraus ergab sich eine stärkere Konventionalisierung in der Anzahl der Handlungspersonen und ihrer vokalen und typenmäßigen Ausrichtung, die sich an dem für eine Saison engagierten Gesangspersonal zu orientieren hatte. Das Orchester war meist gleich besetzt und relativ klein, einen Chor gab es nicht, Ballette gegebenenfalls als Zwischenakteinlagen. Die Schauplätze der einzelnen Szenen oder Akte waren so ausgerichtet, dass Bühnenbilder auch wiederverwendet werden konnten.

Durch die Ökonomisierung kam es auch zu einem Innovationsschub in der Bühnentechnik. Giacomo Torelli baute in das neue Teatro Novissimo 1641 eine Bühnentechnik ein, die es erlaubte, alle Kulissen simultan mit wenig Personal zu wechseln. Bis dahin wurden die auf Rollen oder Schienen befindlichen seitlichen Kulissen beim Bühnenbildwechsel einzeln (durch Schlitze von der Unterbühne aus) nach innen oder außen geschoben. Durch das perspektivisch gemalte Bühnenbild waren daher mehrere seitliche Kulissen links und rechts gleichzeitig zu bedienen. Torelli verband nun alle Kulissen durch eine rotierende Achse, sodass sie zentral und synchron bewegt werden konnten.[9] 1645 installierte er ein solches System auch in der üblicherweise für Feste und Ballette genutzten Salle du Petit-Bourbon in Paris, wo mit Francesco Sacratis *La finta pazza* die erste italienische Oper in Frankreich gezeigt wurde.

Nicht nur dieses Beispiel zeigt, dass sich die venezianische Oper zu einem Exportartikel entwickelte und zunehmend auch modellbildend wirkte. Es waren venezianische Opern der Jahrhundertmitte, die erstmals in größerer Anzahl auch an anderen Orten häufig von reisenden Operntruppen aufgeführt wurden. Eine der erfolgreichsten war Francesco Cavallis Oper *Giasone* von 1649, die in den nachfolgenden Jahrzehnten etwa 20 Produktionen an verschiedenen Orten erlebte. Einige Fürstenhäuser begannen damit, die Oper nach venezianischem Vorbild an ihren Höfen institutionell zu verankern. So ließ Erzherzog Ferdinand Karl von Tirol nach einer Italienreise 1652 in Innsbruck ein Theater am Hof einrichten und engagierte Antonio Cesti, der bereits Opern für Venedig komponiert hatte. Mit *Orontea* vertonte Cesti 1656 ein Libretto von Giacinto

Cicognini, das 1649 in Venedig mit der Musik von Francesco Lucio (allerdings wenig erfolgreich) aufgeführt worden war. Mit Cestis Musik entwickelte sich *Orontea* zu einer der am meisten rezipierten Opern des 17. Jahrhunderts. Unter anderem wurde sie 1678 als erste italienische Oper am Hof in Hannover aufgeführt.

An Cestis *Orontea* zeigt sich, dass es bestimmte Strategien gab, um das venezianische unterhaltende Operngenre in einen höfischen Kontext einzupassen. Cicogninis Textbuch handelt von der ägyptischen Königin Orontea, die sich in den jungen Maler Alidoro verliebt. Dies ruft nicht nur Widerstände beim Hofphilosophen Creonte hervor, dem die nicht standesgemäße Verbindung der Königin widerstrebt. Auch Orontea selbst ist hin und hergerissen zwischen ihrer Pflicht als Königin und ihren Liebesgefühlen. In Alidoro ist ebenfalls Silandra verliebt, die ihn letztlich allerdings zugunsten Corindos aufgibt. Da sich Alidoro als der phönizische Prinz Floridano entpuppt, steht auch einer Verbindung zwischen ihm und Orontea nichts mehr im Weg. Die Handlung wird durch komische Figuren ergänzt: die in Männerkleidern als Ismero aus Phönizien zurückgekehrte Giacinta, die von der Amme Aristea bedrängt wird, und der stets betrunkene Diener Gelone. *Orontea* entspricht damit den Konventionen eines venezianischen Librettos, doch war das Textbuch mit der zwischen Pflicht und Neigung schwankenden Königin als zentraler Figur durchaus anschlussfähig an einen höfischen Kontext. In Innsbruck wurde das Libretto mit einer Widmungsvorrede versehen, in der es heißt, dass die berühmte ägyptische Königin Orontea an die Ufer des Inns gekommen sei, um Erzherzog Ferdinand Karl zu huldigen. Zudem wurde die Oper mit einem neuen Prolog ausgestattet. In der venezianischen Fassung steigt im Prolog Amore von einer Wolke herab, um Orontea von der Liebe zu überzeugen. Zwei Tritonen und eine Sirene stimmen dem Vorhaben zu. In der Innsbrucker Fassung hingegen debattieren Filosofia und Amore über die Vorherrschaft von Wissen und Verstand gegenüber der Sinnlichkeit, ehe Amore sich auf den Weg zu Orontea macht.[10] Das moralische Dilemma der Königin wird damit bereits am Beginn in adäquater Weise für den höfischen Anlass aufbereitet.

Die Wiederverwendung und Anpassung existierender Texte oder Kompositionen an neue Aufführungsbedingungen wurde zu einer gängigen Praxis im Bereich der Oper. Dennoch hatte das herausragende, anlassgebundene Einzelereignis damit keineswegs ausgedient. So schrieb Antonio Cesti beispielsweise für den Habsburger Hof auch die Oper *Il pomo d'oro*, mit der 1668 das Theater auf der Cortina in Wien eröffnet wurde und die dem Kaiserpaar Leopold I. und Margarita Teresa huldigte. Ursprünglich als Festoper zu deren Hochzeit 1666 geplant, konnte sie erst zwei Jahre später zum Geburtstag der Kaiserin aufgeführt werden, da das Theater nicht rechtzeitig fertiggebaut war. Die an zwei Tagen aufgeführte »festa teatrale« (so der Untertitel) mit etwa 50 Handlungspersonen zuzüglich Chor und Ballett und einer Spieldauer von insgesamt mehr als acht Stunden kann als paradigmatisches Beispiel höfischer Prachtentfaltung angesehen werden. Das neu erbaute Theater bot mit seiner Größe und seiner technischen Ausstattung (Flugmaschinen, Versenkungen etc.) Möglichkeiten, die der Bühnenbildner Lodovico Ottavio Burnacini ausgiebig für spektakuläre Verwandlungen, Bühnen- und Lichteffekte nutzte. Die Aufführung ist durch Librettodrucke in mehreren Sprachen und kolorierte Kupferstiche, die auch die hierarchisch angeordneten Festgäste darstellen (Abb. 18), sehr gut dokumentiert.[11] *Il pomo d'oro* wurde jedoch – im Unterschied zu *Orontea* – in der Barockzeit nie wieder aufgeführt. Entscheidend für die repräsentative Wirkung im höfischen Kontext war vielmehr die Einzigartigkeit und Einmaligkeit dieser Festaufführung.

Die Oper entwickelte sich im 17. Jahrhundert zu einer zentralen Gattung, die höfische und städtische Eliten gleichermaßen ansprach. Je nach Aufführungsanlass, lokalen Kontexten und Produktionsbedingungen konnte eine Oper jedoch anders gestaltet sein, bzw. ein existierendes Werk konnte angepasst und verändert werden. Das Spannungsfeld zwischen kommerzieller Unternehmeroper und höfischer Repräsentationsoper blieb dabei über den gesamten Zeitraum hinweg maßgeblich für die verschiedenen Ausprägungen der Gattung.

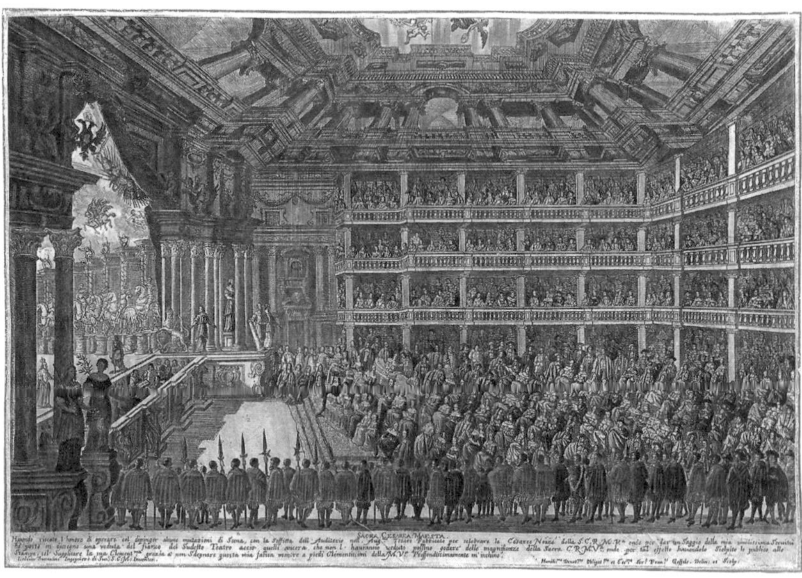

Abb. 18: Kupferstich aus *Il pomo d'oro* mit Blick in den Publikumsraum

Repräsentation à la française

Italienische Musik dominierte in den musik-kulturellen Praktiken europäischer Eliten zwar. Eine gewisse Sonderrolle nahm jedoch Frankreich ein, insbesondere der französische Hof, an dem ab den 1660er-Jahren eine eigenständige, genuin französische Musikkultur in den Vordergrund rückte. Diese Musikkultur hatte ausgesprochen repräsentativen Charakter. In hohem Maße waren die musikalischen Darbietungen in einen politisch-symbolischen Funktionskontext eingebunden, der auf die absolute Macht des französischen Königs ausgerichtet war. Die Zielrichtung dieses Machtanspruchs war eine doppelte: Innenpolitisch sollte der König die zentrale Staatsgewalt darstellen und der Einfluss von Aristokratie und Klerus zurückgedrängt werden. Außenpolitisch sollte die Stellung Frankreichs als europäische Großmacht gesichert werden. Musikkulturelle Aktivitäten konnten durch ihren repräsentativen Charakter diese beiden Ziele unterstützen. Inwiefern der Gestus einer kulturellen Überlegenheit dabei auch eine Eigenständigkeit bedingte, war in Frankreich ein immer wieder diskutiertes Thema. Das offenbarte sich bereits in der Darstellung der diversen Querelles in Kapitel 3. Besonders am Tanz zeigt sich, wie am französischen Hof italienische Traditionen aufgegriffen und neu ausgerichtet wurden.

Der Gesellschaftstanz spielte im höfischen Kontext eine große Rolle bei Zusammenkünften und Festen vielfältiger Art. Im 16. Jahrhundert waren die italienischen Maskeraden und die Intermedien vorbildgebend für die französische höfische Tanzkultur. Dass diese Tanzkultur zunehmend einen repräsentativen Charakter erlangte, zeigte sich vor allem an zwei Elementen: Zum einen wurde den Tänzen eine strengere geometrische Form mit festgelegten Choreographien gegeben, die von den Mitgliedern des Hofstaates tanzend umgesetzt wurden und den Hofstaat gleichzeitig hierarchisch anordneten. Zum anderen wurde der Tanz in eine symbolische Handlung integriert, die eine politische Botschaft über die Macht des Königs vermitteln sollte.[12] Zu einem Prototyp dieser Art von Hofballett (Ballet de cour) wurde das *Balet comique de la royne*, das 1581 anlässlich der Hochzeit von Marguerite de Vaudémont-Lorraine mit Herzog Anne de Joyeuse in einem opulent dekorierten Saal im Pariser Stadtpalast der Bourbonen aufgeführt wurde. Es handelt vom Triumph des französischen Königs Henri III. über die Zauberin Circé. Mythologische und realpolitische Sphäre greifen damit ineinander. Das vom Ballettmeister Balthazar de Beaujoyeulx konzipierte Stück kombinierte Textdeklamation, Chor, Sologesang und Tanz, wobei der Tanz, der von den Höflingen dargeboten wurde, klar im Mittelpunkt stand. König Louis XIV., der ab 1651 selbst als Tänzer im Ballet de cour auftrat, brachte diese Art von repräsentativem Hofballett im 17. Jahrhundert zur Perfektion. Er wurde in diesem Jahr für volljährig erklärt und übernahm die Regentschaft von seiner Mutter Anna von Österreich, wobei Kardinal Mazarin zunächst die Staatsgeschäfte führte. Ein Ballett, das geradezu ikonisch für die politisch-symbolische Bedeutung war, die man dem jungen Regenten beimaß, war das 1653 aufgeführte *Ballet royal de la nuit*. Es bestand aus vier Teilen, die im Textbuch als Wachen zu je drei Stunden (um sechs Uhr abends beginnend) bezeichnet sind und zeitgenössischen Berichten zufolge auch tatsächlich eine solch umfangreiche Aufführungsdauer beanspruchten.[13] Jeder Teil setzte sich aus mehreren Szenen mit Tänzen (Entrées) zusammen, die um Handlungstext sowie gesungene Récits, meist am Beginn der Wache, ergänzt wurden. Die Musik stammte von am Hof tätigen Musikern. Die erste Wache schildert das bunte Treiben abendlichen Stadtlebens: von Hirten, die in die Stadt zurückkehren, bis zu Liebenden beim Einkaufsbummel. Die zweite Wache behandelt Vergnügen und Unterhaltung und inkludiert auch zwei Theater-im-Theater-Szenen und einen großen Ball. In der dritten, um Mitternacht beginnenden Wache bestimmen unter anderem Dämonen, Zauberer und Hexen das Geschehen, und in der vierten erwacht das morgendliche Leben wieder zum Sonnenaufgang. Die inhaltliche Vielfalt mit über 150 verschiedenen Rollen, die von professionellen Tänzern und Mitgliedern des Hofes verkörpert wurden, bot zahlreiche Möglichkeiten für üppige Kostüme und spektakuläre Szenendarstellungen. Louis XIV. tanzte in den vier Wachen verschiedene Rollen. Im letzten Entrée kulminierte das *Ballet royal de la nuit* in seinem Auftritt als Apoll und damit als die aufgehende Sonne. Mit Auroras Gesang »Le Soleil qui me suit c'est le jeune Louis« (Die Sonne, die mir folgt, ist der junge Louis) erschien der König in einem von Sonnenstrahlen geprägten Kostüm (Abb. 19). Die damit verbundene politisch-symbolische Botschaft ist nicht zu übersehen: Es ist der junge Monarch, der als strahlende Sonne aus der Dunkelheit herausführen soll. Diese Dunkelheit manifestierte sich politisch vor allem in der sogenannten Fronde, einer Reihe von Aufständen, die von einflussreichen Adeligen angeführt wurden und ab 1648 die Machtposition des Königs massiv bedrohten. Erst im Jahr vor der Aufführung des *Ballet royal de la nuit* waren sie zurückgedrängt worden. Es war dieser auch bereits in der zeitgenössischen Rezeption hervorgehobene Auftritt von Louis XIV., der sein Image als Sonnenkönig in den nächsten Jahrzenten prägen sollte, wobei die Sonnenallegorie auch im bildlichen Programm des Hofes vermehrt hervortrat, insbesondere in Architektur und Malerei in der zum Herrschaftssitz ausgebauten Schlossanlage von Versailles.[14]

Über den tanzenden Körper des Monarchen konnten im Ballet de cour unterschiedliche symbolische Bedeutungen kommuniziert werden. Das Ballett propagierte die Macht des Königs Louis XIV., der nach dem Tod von Kardinal Mazarin 1661 die alleinige politische Führung übernahm. Zugleich war aber die Zurschaustellung höfischen Vergnügens zentral. Die inszenierte Vision des Hofes als Ort harmonischer Utopie, an dem der König auch völlig unterschiedliche Rollen verkörpern konnte (nicht nur Gottheiten, sondern auch Ritter, Hirten, Sklaven, Dämonen oder Nymphen), unterstützte wiederum die repräsentative Funktion des Hofballetts.[15] Es überrascht daher auch nicht, dass das Ballet de cour in dem Moment an Bedeutung verlor, als Louis XIV. nicht mehr mittanzte. 1669 trat er das letzte Mal im *Ballet royal de Flore* auf, in dem erneut die Sonnensymbolik bedient wurde (die Sonne vertreibt hier den Winter und bringt die Natur zum Erblühen). Louis XIV. feierte mit diesem Ballett das Ende des Krieges gegen Spanien, der mit dem Frieden von Aachen 1668 besiegelt wurde. Die Musik dazu lieferte Jean-Baptiste Lully, der als am Hof engagierter Komponist für Instrumentalmusik nicht nur in den Jahren zuvor das Ballet de cour unter Louis XIV. geprägt hatte, sondern auch zum führenden Vertreter der Tragédie en musique avancieren sollte. Diese Gattung füllte in den 1670er-Jahren das Vakuum, das durch den Rückzug des Königs aus dem Ballet de cour entstanden war, indem sie Elemente der französischen Tragödie, der italienischen Oper und des Ballet de cour miteinander verband und damit eine eigenständige Tradition französischer Oper begründete. Im Unterschied zum Ballet de cour stand nicht mehr der tanzende Hofstaat im Zentrum, sondern die Tragédie en musique wurde von professionellem Gesangs- und Tanzpersonal dargeboten.

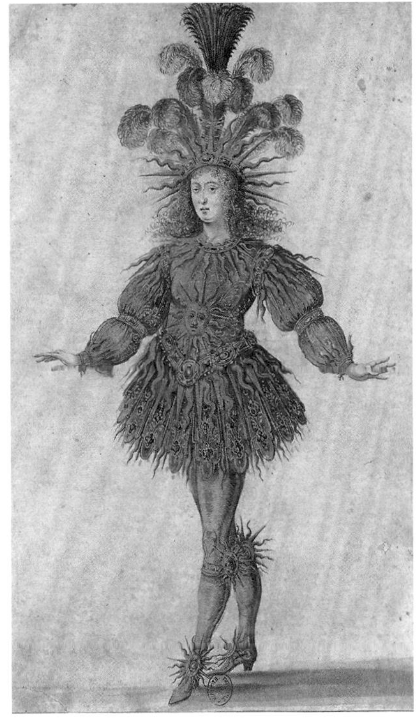

Abb. 19: Das Kostüm von Louis XIV. im *Ballet royal de la nuit*

Der Impuls für eine französischen Oper, in der ein Drama mit französischem Text vollständig in Musik gesetzt sein sollte, ging zunächst vom Dichter Pierre Perrin aus. Er erhielt 1669 vom Hof die Erlaubnis, Akademien zu gründen, in denen Opern in französischer Sprache aufgeführt werden sollten.[16] Das königliche Privileg bedeutete, dass es Perrin als Einzigem erlaubt war, solche Opern aufzuführen. Er konnte sich dadurch also ein Monopol sichern.

Darüber hinaus nahm der französische Hof jedoch zunächst kaum Einfluss. Perrins Unternehmen war kommerziell orientiert. Obwohl er 1671 sehr erfolgreich die pastoral geprägte Oper *Pomone* mit Musik von Robert Cambert aufführen konnte, geriet er in finanzielle und juristische Schwierigkeiten. Jean-Baptiste Lully kaufte daraufhin Perrin das Privileg für Opernaufführungen ab. Erst mit Lullys Übernahme des nunmehr Académie royale de musique genannten Unternehmens kam es zu einer intensiveren Involvierung des Hofes. Personal, Miet- und Betriebskosten, Kostüme und Dekorationen wurden fortan vom Hof finanziert. Neue Opern erlebten meist im Januar ihre erste Aufführung vor der Hofgesellschaft und wurden erst nach Ostern einer breiteren Öffentlichkeit zugänglich gemacht. Das Privileg Lullys sicherte ihm eine beispiellose jahrelange Vorherrschaft im Bereich der französischen Oper. Bis zu seinem Tod im Jahr 1687 produzierte er gemeinsam mit dem Librettisten Philippe Quinault fast jährlich eine neue Tragédie en musique, wie die Gattung der französischen Oper forthin genannt werden sollte.

Die Tragédie en musique erzielte eine Synthese der Künste,[17] die den Anspruch auf eine spezifisch französische kulturelle Nationsbildung unter Louis XIV. besonders gut einlösen konnte. Musikalisierter Dialog, Solo- und Ensemblegesang, Chor, Tanz und Bühnenspektakel wurden in eine stringente Dramenhandlung integriert, die auf eine Überwältigung durch das Wunderbare (merveilleux) abzielte. Der Ablauf war in der Konzeption von Quinault und Lully relativ standardisiert. Die Oper begann mit einer Ouverture gefolgt von einem Prolog und einer fünfaktigen Haupthandlung. Der Prolog zielte auf die Huldigung Louis' XIV. ab, der als gottgleicher Held und siegreicher Kriegsherr adressiert wurde.[18] Die meist der Mythologie entnommene Handlung des jeweiligen Dramas wurde von Louis XIV. bestimmt, dem Quinault Vorschläge unterbreitete, aus denen der König auswählte. Tragische männliche Helden standen häufig im Mittelpunkt der Handlung. Diese entfaltete sich in der Tragédie en musique in den fünf Akten vor allem in einem rezitativischen Dialog, der auch im losen Wechsel mit geschlosseneren Formen (ariosen Passagen, Airs, Duette oder Ensembles) gebraucht werden konnte. Die geschlossenen Formen waren durch eine gewisse Einfachheit geprägt. Jeder Akt beinhaltete – häufig am Ende – ein sogenanntes Divertissement. Es bestand aus Solo-, Ensemble- und Chorgesang sowie Instrumentalstücken und ausgedehnten Tänzen (vom häufig gebrauchten Menuett bis zur groß angelegten Passacaille oder Chaconne). Während die italienische Oper der zweiten Hälfte des 17. Jahrhunderts immer deutlicher einen Fokus auf die Präsentation virtuoser Gesangskunst in den Arien legte, betonte die französische Oper einerseits stärker die dramatische Deklamation der französischen Sprache in der

Tragödienhandlung und andererseits das Sinnlich-Spektakuläre in den Divertissements. Die Anlage der Opern von Quinault und Lully zielte auf symmetrische Struktur und Stringenz des Dramas ab.

Jean-Baptiste Lully, »Atys«

Atys, die vierte Tragédie en musique, die Quinault und Lully gemeinsam entwickelten, wurde im Januar 1676 erstmals am Hof von Louis XIV., im Schloss von Saint-Germain-en-Laye aufgeführt. Behandelt wird eine Episode aus Ovids *Metamorphosen* rund um die tragische Liebe zwischen dem Phrygier Atys und der Nymphe Sangaride. Im Prolog treten jedoch zunächst allegorische Figuren auf: Le Temps (die Zeit) berichtet vom größten, ruhmreichen Helden, und auch die Göttin Flore möchte dem siegreichen Krieger aufwarten. Iris fordert Melpomène, die Muse der Tragödie, auf, gemeinsam mit Flore die Tragödie von Atys zu erzählen, um den größten Helden zu unterhalten. Gemeint ist mit diesem Helden kein anderer als Louis XIV., dem im Prolog gehuldigt wird, ehe die Haupthandlung beginnt. Die Anlage des Prologs verdeutlicht bereits das Zusammenspiel der Künste in der Tragédie en musique: Hier treten neben den singenden Hauptfiguren auch noch tanzende und singende Nymphen und Zephire sowie die kämpfenden und tanzenden Helden und der Chor der Stunden auf. In chronologischer Abfolge besteht der Prolog aus einem Rezitativ von Le Temps, einem vierstimmigen Chor der Stunden, einem Rondeau, in dem die Nymphen tanzen, einem Rezitativ von Le Temps und Flore, das in einen Duettabschnitt übergeht, der musikalisch vom Chor aufgegriffen wird. Es folgt eine Gavotte des Gefolges von Flore, ein Air eines Zephirs, Prélude und Rezitativ von Melpomène, der Kampf und Tanz der Helden, der Auftritt von Iris mit einem Ritournelle und einem Rezitativ und schließlich ein Duettabschnitt zwischen Flore und Melpomène, der wiederum vom Chor aufgenommen und mit Einwürfen der Soli ergänzt wird. Der Prolog schließt mit einem Menuett und der Wiederholung der Ouverture. Mit dieser Abfolge an Rezitativen, Airs und Duetten, Chören, Tänzen und Instrumentalstücken bietet der Prolog bereits eine reiche Palette an künstlerischen Ausdrucksformen.

An der inhaltlichen Anlage der auf den Prolog folgenden fünf Akte zeigt sich, wie sich das Drama um Atys und Sangaride sukzessive zuspitzt und wie die Divertissements geschickt in das Handlungsgefüge eingebaut sind. Im ersten Akt wird der Grundkonflikt etabliert. Atys und Sangaride gestehen sich ihre Liebe, sie soll allerdings mit Célénus verheiratet werden, der mit Atys befreundet ist. Der Akt mündet in ein Divertissement, in dem die Göttin Cybèle erscheint, der die Phrygier huldigen. Im zweiten Akt spitzt sich die Situation zu, als sich herausstellt, dass Cybèle ebenfalls Atys liebt. Im Divertissement wird Atys von Cybèle zum Hohepriester ernannt, um ihn für sich zu gewinnen. Im dritten Akt sucht Atys nach einer Möglichkeit, mit Sangaride zusammen zu sein, Cybèle schickt jedoch die Götter des Schlafes zu Atys, die ihn zur Liebe und Treue ihr gegenüber verpflichten sollen. Dies wird im Divertissement verarbeitet, das hier nicht am Ende, sondern im Zentrum des Aktes und somit auch im Zentrum der gesamten Oper steht. Als Sangaride erscheint, ist sie von Atys' Loyalität zu Cybèle vor den Kopf gestoßen. Im vierten Akt kommt es zu einer Aussprache zwischen Atys und Sangaride, und sie beschließen gemeinsam zu fliehen. Die Hochzeit von Sangaride und Célénus, die im Divertissement gefeiert werden soll, wird von Atys vereitelt. Im fünften Akt wollen die Zurückgewiesenen, Cybèle und Célénus, sich rächen. Cybèle ruft den Rachegott an, woraufhin Atys Sangaride für ein Ungeheuer hält und sie tötet. Als er seinen Irrtum bemerkt, tötet er sich selbst. Cybèle verwandelt Atys schließlich im letzten Divertissement in eine Pinie, ihren heiligen Baum.

Das Drama steuert sehr zielgerichtet auf sein tragisches Ende zu, und keines der Divertissements ist Selbstzweck, sondern immer mit der dramatischen Handlung verknüpft. Dies zeigt sich etwa in der zentralen Schlafszene im dritten Akt, die modellbildend für weitere Opern Lullys und darüber hinaus werden sollte.[19] Mit lieblichen Träumen in einem sanft wiegenden, von Flöten dominierten g-Moll soll Atys von der Liebe Cybèles umhüllt werden. Dies kontrastiert allerdings mit den unheilvollen Träumen, die von schneidenden punktierten Rhythmen in B-Dur dominiert werden und die drohende Rache Cybèles verkünden, sollte Atys ihr nicht treu sein. Das dramatische Verhängnis wird damit in der Traumszene symbolisch ausagiert.

Wie organisch auch die handlungsorientierten Szenen gestaltet sind, zeigt sich bereits im ersten Akt in dem flexiblen Wechsel zwischen offenen rezitativischen Abschnitten und geschlossenen Formen, die von ariosen Passagen über kurze Ensembleabschnitte bis hin zu Airs reichen können. Jede der ersten drei Szenen beginnt mit dem Motto, das Atys am Beginn des Aktes ausruft: »Allons, allons, accourez tous, / Cybèle va descendre« (Kommt, kommt, eilt alle herbei, / Cybèle steigt herab).[20] In der zweiten Szene singen es Atys und Idas, in der dritten Sangaride und Doris zu Beginn, dann alle vier und am Szenenende wieder Atys und Idas. Das Motto rahmt diesen ersten Abschnitt, in dem die Hauptfiguren sich und den anderen etwas vormachen: Atys tut so, als würde er von der Liebe nichts wissen wollen, und Sangaride täuscht Freude über ihre Heirat mit Célénus vor. Die Szenen sind eher von geschlossenen Abschnitten dominiert, in denen über Liebe und Ehe sinniert wird. Erst in der vierten

Szene tritt ein Umschwung ein, als Sangaride zu einem absteigenden Lamentobass »Atys est trop heureux!« (Atys ist zu glücklich!) ausruft. Ihre Vertraute Doris antwortet in einem pragmatischen Rezitativton, dass Sangaride sich doch über ihre bevorstehende Ehe glücklich schätzen dürfe. Sangaride greift den Lamentobass wieder auf, der nun sechs Mal wiederholt wird, als sie über die Qualen der Liebe singt. In der gesamten Szene kontrastiert der knappe Rezitativtonfall von Doris mit den lyrischen Ausbrüchen Sangarides, die sich mal im Rezitativ manifestieren, mal in eher geschlossenen Abschnitten, als sie Doris anvertraut, dass sie Atys liebt. Nach einer kurzen fünften Szene, in der Atys auf- und Doris abtritt, folgt in der sechsten Szene der lange dramatische Dialog, in dem Atys und Sangaride sich ihre gegenseitige Liebe gestehen. In der fast durchgehend in rezitativischem Tonfall gehaltenen Szene wird nuancenreich mit Sprachmelodie und dramatischen Akzenten gearbeitet. Erst ganz am Ende vereinen sich die beiden Stimmen zu einem Duett. Als die Phrygier herbeikommen, müssen Sangaride und Atys wieder den Schein wahren. Atys beschließt die Szene mit einem kurzen ariosen Abschnitt im heiteren Dreiertakt – als wäre nichts gewesen. Es folgt das Divertissement, in dem mit Chören und Tänzen die Ankunft der Göttin Cybèle zelebriert wird, die bereits am Beginn des Aktes angekündigt wurde. Das gibt dem Akt Geschlossenheit. In den Szenen dazwischen hat sich allerdings eine Liebesdramatik eröffnet, die in den folgenden fünf Akten ihren Lauf nehmen wird. In der Schlussszene der Oper sind sich Cybèle und der Chor der Wald- und Wassergötter darin einig, dass das Drama des Atys die ganze Welt erschüttern soll.

Die repräsentative Wirkung der Tragédie en musique entfaltete sich auf mehreren Ebenen. Zum einen behielt Lully die Kontrolle über die Einstudierung und legte großen Wert auf die adäquate Darbietung des dramatischen Dialogs nicht nur bezüglich der gesanglichen und musikalischen Umsetzung, sondern auch im Bereich Gestik und Bewegung.[21] Die Tragédie en musique konnte so auch an die große französische Tragödientradition im Sprechtheater anschließen. Zum anderen bot die Tragédie en musique ein Spektakel von großem personellem und szenischem Aufwand. Lully konnte für seine Opern in Saint-Germain-en-Laye auf ein 77-köpfiges Orchester zurückgreifen,[22] dazu kam der mit circa 25 bis 30 Personen besetzte Chor und das Tanzensemble mit etwa 12 bis 14 Personen. Der Chor hatte strukturierende Funktion, trug mit seinen blockhaften, homophonen Sätzen aber auch zur Prachtentfaltung bei. Er hatte in der Tragédie en musique hierin eine ähnliche Rolle wie im Grand motet – einem weiteren Genre, das im Rahmen höfischer Repräsentation unter Louis XIV. eine spezifische Ausformung erfuhr.

Der Grand motet oder Motet à grand chœur, wie er im 17. Jahrhundert genannt wurde, war die Vertonung eines häufig auf einem Psalm basierenden Textes für Soli, Chor und Orchester. Mit großem Personalaufwand wurde er vor allem am französischen Hof gepflegt, wo er im Rahmen der täglichen Messen für den König, aber auch außerhalb des liturgischen Kontexts aufgeführt wurde. Die Psalmtexte wurden dabei nicht notwendigerweise nur nach ihrer liturgischen Funktion ausgewählt, sondern dienten auch der Verherrlichung des Königs – gleichsam übertragen aus der Verherrlichung Gottes, die in der Messe zelebriert wurde.[23] Besonders oft wurde Psalm 99 vertont, dessen Beginn lautet:

Jubilate Deo, omnis terra, servite Domino in laetitia. Introite in conspectu ejus in exultatione. Scitote quoniam Dominus ipse est Deus, ipse fecit nos, et non ipsi nos, populus ejus et oves pascuae ejus.	Jubelt Gott, alle Welt, dienet dem Herrn mit Freude. Kommt vor sein Angesicht mit Frohlocken. Erkennet, dass der Herr Gott ist, er hat uns gemacht, und nicht wir selbst, zu seinem Volk und zu Schafen seiner Weide.

Dieser Text konnte mühelos so verstanden werden, dass mit dem »Herrn« der König gemeint ist, dem das Volk mit Freude dient. Die Texte der Grands motets wurden auch mehrmals jährlich publiziert und kommunizierten somit die herausragende Stellung der geistlichen Musik des Königs auch nach außen. Die große Motette des französischen Hofes hatte nicht nur eine Vorbildwirkung für die französische Kirchenmusik andernorts, sondern stand auch symbolisch für die Unabhängigkeit Frankreichs von Rom, das mit dem Papst das Zentrum der katholischen Kirche bildete. Die Gattung sollte die Einzigartigkeit der französischen Kultur auch im Bereich der geistlichen Musik demonstrieren. Ein gesteigertes Interesse von Louis XIV. für den Grand motet ist vor allem ab 1683 festzustellen, als er nach dem Tod seiner ersten Frau Marie-Thérèse die sehr fromme Madame de Maintenon ehelichte. Er engagierte an den 1682 nach Versailles umgezogenen Hof auch mehrere neue Musikdirektoren für die königliche Kapelle, darunter Michel-Richard de Lalande, der – vor allem nach Lullys Tod 1687 – zum einflussreichsten Musiker am französischen Hof avancierte. Seine etwa 80 Grands motets bildeten den Höhepunkt der repräsentativen Kirchenmusik unter Louis XIV. und wurden auch in der 1725 gegründeten Konzertreihe Concerts spirituels bis zum Ende des 18. Jahrhunderts immer wieder aufgeführt. Lalande vertonte unter anderem den bereits erwähnten Psalm »Jubilate Deo« als Grand motet. Die Gattungsmerkmale lassen sich darin sehr gut erkennen:[24] Der einleitenden instrumentalen 27-taktigen »Simphonie« folgt die Vertonung des Psalmtextes in vier Abschnitten. Während die mittleren Abschnitte als Tenorsolo (Abschnitt 2) und kleiner dreistimmiger Chor (Petit chœur, Abschnitt 3) umgesetzt sind, dominiert in den äußeren Abschnitten der große, fünfstimmige Chor (Grand chœur). Er ist meist homophon gesetzt und steht – dem konzertierenden Prinzip folgend – im Wechsel mit kleineren Gesangsformationen (Einzelstimmen, Petit chœur) oder dem Orchester. Durch diese verschiedenen Formationen wird in der Lobpreisung Gottes eine große Variabilität erzielt, etwa wenn Lalande im ersten Abschnitt das musikalische Anfangsmotiv »Jubilate Deo« in immer neuen Konstellationen bringt. Die blockhaft gesetzten großen Chöre, die besonders bei den jubelnden, frohlockenden und lobpreisenden Textpassagen dominieren, unterstreichen den repräsentativen Charakter des Werkes insbesondere dann, wenn die Verherrlichung Gottes auf den König projiziert wird. Musik war demnach am französischen Hof ein Kommunikationsmedium, das in verschiedenen Gattungen (seien sie weltlich oder geistlich) eingesetzt wurde, um entsprechende Botschaften zu vermitteln.

Beten und singen

Die repräsentative Funktion, die geistliche Musik wie der Grand motet im höfischen Kontext entfalten konnte, war freilich nicht per se die Hauptfunktion von geistlicher Musik. Sie sollte religiöse Botschaften vermitteln, den Glauben stärken und Ausführende wie Zuhörende moralisch erbauen. Sie diente der umfassenden Lobpreisung Gottes und wurde im Rahmen der Liturgie und auch außerhalb dieser in verschiedenen Kirchen unterschiedlich intensiv und aufwendig gepflegt. Zum Einsatz von Instrumenten hatten die Konfessionen in der Barockzeit sehr verschiedene Haltungen. In jüdischen oder orthodoxen Gottesdiensten war der Gebrauch von Instrumenten unüblich. Die zeitweilige oder vollständige Verbannung oder Zerstörung von Orgeln verdeutlicht die Skepsis gegenüber Instrumentalmusik in anglikanischen und calvinistischen Kirchen. Vokalmusik hingegen stand bis zu einem gewissen Grad mit religiösen Handlungen fast immer in Verbindung. Sie konnte von der musikalischen Rezitation einer Einzelperson über den Gesang der gesamten anwesenden religiösen Gemeinschaft bis hin zu großen vokal-instrumentalen Aufführungen professionell dargebotener Werke reichen. Letztere waren vor allem in der katholischen und evangelisch-lutherischen Kirche anzutreffen; am häufigsten in größeren Kirchen oder bei festlichen Anlässen.

In der katholischen Kirche war die Neuvertonung der gleichbleibenden Texte einer Messe (das Ordinarium bestehend aus Kyrie, Gloria, Credo, Sanctus, Benedictus und Agnus Dei) nach wie vor gängig, wenn auch nicht mehr so zentral wie in früheren Zeiten. Während des Ablaufs eines Gottesdienstes oder während anderer Andachts- und Gebetsveranstaltungen wie dem Stunden- oder Abendgebet kamen im katholischen und evangelisch-lutherischen Bereich vielfältige Musikstücke zum Einsatz, die auf im Kirchenjahr wechselnden oder neu verfassten, oft bibelbezogenen Texten basierten, wie Motetten, geistliche Konzerte oder Kantaten.[25] Der aus der Vokalpolyphonie stammende Stile antico spielte zwar in der geistlichen Musik eine wichtige Rolle, doch nahmen neue Gestaltungsprinzipien barocker Musik, wie etwa das konzertierende Prinzip, gerade in der Kirchenmusik um 1600 ihren Ausgang. Beobachten lässt sich auch eine Integration dramatischer Elemente in die geistliche Musik – und zwar jenseits der bereits vorhandenen theatralen Praktiken wie dem Jesuitentheater oder der Rappresentazione sacra. In der außerliturgischen geistlichen Musik tauchen vermehrt Handlungsfiguren auf, die sich musikalisch individuell äußern und in einen dramatischen Dialog miteinander treten. Vor dem Hintergrund des »recitar cantando« und des neuen Sologesangs lassen sich solche Entwicklungen in der Motette, im geistlichen Madrigal oder in der geistlichen Kantate beobachten. Die Gattung, in der dies am deutlichsten zum Vorschein kommt und die mit den eben genannten in enger Verbindung steht, ist das neu entstehende Oratorium.[26]

Der Begriff »Oratorio« (vom Lateinischen »orare«: »beten«) bezeichnete in der katholischen Kirche zunächst einen Gebetssaal, der für außerliturgische Andachten genutzt wurde. Der Geistliche Filippo Neri erlangte im Zuge der gegenreformatorischen Bestrebungen Popularität mit seinen ab 1551 in Rom täglich in italienischer Sprache abgehaltenen geistlichen Übungen (esercizi spirituali) im Oratorio der Kirche San Girolamo della Carità und später im Oratorio von Santa Maria in Vallicella (Chiesa Nuova). Diese Art von Veranstaltung, die selbst wiederum als Oratorio bezeichnet wurde, gewann sukzessiv an Bedeutung in der katholischen Kirche und wurde auch andernorts aufgegriffen. Gesungen wurden im 16. Jahrhundert in diesen Andachten vor allem mehrstimmige Lauden, später dialogische geistliche Madrigale und Kantaten. Besonders intensiv wurde die Musik bei den sonntäglichen Veranstaltungen gepflegt, die dadurch Gläubige in großer Anzahl anzogen. Im Oratorio del Santissimo Crocifisso, in dem Andachten in lateinischer Sprache abgehalten wurden, kamen dialogische Motetten zur Aufführung. Erkennbar dominierte in diesen unterschiedlichen Genres zunehmend ein dialogisches Prinzip, teils wurden die Kompositionen auch Dialoghi genannt. Im Jahr 1640 gebrauchte Pietro Della Valle in einem

Brief an Giovanni Battista Doni den Begriff »Oratorio« erstmals für ein solch dialogisches Werk, sein *Oratorio della Purificatione*. Dass in der überlieferten musikalischen Quelle allerdings der Titel *Per la festa della Santissima Purificatione – Dialogo in musica a cinque voci* anzutreffen ist, verdeutlicht die Austauschbarkeit dieser und anderer verwendeter Begriffe (wie Cantata oder Historia) im 17. Jahrhundert. Welche Werke gerade in der frühen Zeit der Gattung als Oratorien gelten können und welche nicht, bleibt eine anhaltende Diskussion in der Musikforschung. Interessanterweise unterscheidet sich gerade Della Valles Werk in seiner Kürze von jenen meist ausgedehnteren, zweiteiligen Kompositionen, die forthin häufig als Oratorien bezeichnet wurden.

Wie eng derlei geistliche dialogische Kompositionen mit den musikdramatischen Gattungen verknüpft sind, zeigt sich schon auf der Ebene der poetischen Struktur. Beim italienischen Oratorium handelt es sich üblicherweise um eine neu verfasste Textdichtung mit religiösen Themen, in der ein Wechsel zwischen meist ungereimten Sieben- und Elfsilblern und gereimten Strophen stattfindet. Dieses Prinzip ist in ähnlicher Weise auch in der Oper anzutreffen und wirkt sich da wie dort auf die musikalische Gestaltung von offenen oder geschlossenen Abschnitten aus. Im Unterschied zur Oper sind im Oratorium dramatische Inhalte und Figuren jedoch vielfach nicht durchgehend präsent. Es beinhaltet in höherem Maße erzählende und reflektierende Elemente und wird üblicherweise nicht szenisch dargestellt. Inhaltlich dominieren Themen aus dem Alten Testament, Heiligengeschichten oder religiöse Allegorien. In vielen Fällen führt eine Erzählstimme, die als Testo oder Historicus bezeichnet wird, durch die Handlung, und der Chor repräsentiert nicht notwendigerweise eine bestimmte Personengruppe, sondern kommentiert oder reflektiert. In einem Werk wie dem Oratorium *Il trionfo* des Dichters Francesco Balducci, das später in einer erweiterten Fassung von Giacomo Carissimi als *Oratorio della Santissima Vergine* vertont wurde, gibt es überhaupt nur eine Handlungsfigur (La Vergine) sowie eine Erzählstimme (Historia). Alle übrigen Textpassagen werden vom mehrstimmigen Chor dargeboten. Dennoch gibt es eine Art dialogisches Prinzip, denn die Jungfrau Maria und der Chor wechseln sich in den Repliken ab.

Eine zeittypische, affektgeladene Musiksprache ist in den Werken Giacomo Carissimis erkennbar. Er war als Kapellmeister am Collegium Germanicum et Hungaricum in Rom tätig und komponierte Oratorien sowohl in italienischer als auch in lateinischer Sprache. Sein vermutlich 1649 entstandenes lateinisches Oratorium *Jephte* hat Athanasius Kircher bereits 1650 in seiner *Musurgia universalis* als Beispiel für gelungene Affektdarstellung herangezogen. Der alttestamentarische Stoff behandelt den Schwur des Anführers der Israeliten, Jephte, bei einem Sieg gegen die Ammoniter die erste Person zu opfern, die ihm bei seiner Rückkehr begegnet. Als ihm seine einzige Tochter bei der siegreichen Heimkehr entgegentritt, ist Jephte bestürzt und offenbart ihr sein Versprechen. Voll Trauer zieht sich die Tochter mit ihren Gefährtinnen in die Berge zurück, um dort ihre Jungfräulichkeit zu beklagen, ehe sie sterben muss. Die Dramatik des Stückes liegt vor allem im Kontrast der Stimmungen, der sich besonders gut in den zwei langen Soloabschnitten der Tochter Jephtes zeigt. In dem ersten tritt sie Jephte mit Pauken und Zymbeln entgegen, um seinen Sieg zu feiern. Mit bewegtem Bass und tänzerischem Charakter wird besonders durch die Punktierungen eine ausgelassene Stimmung vermittelt. Dazu tragen auch jene vokalen Melismen bei, in denen ein Loblied auf Gott gesungen wird. Kontrastiv dazu verhält sich die spätere Szene der Tochter, als sie ihr Schicksal beklagt. Hier bedient sich Carissimi eines expressiven, von Chromatik und Dissonanzen geprägten Deklamationsstils (inklusive Echoeffekten). Schmerz und Trauer vermittelt mit seinen absteigenden melodischen Linien auch der abschließende Chor. Somit bietet die dramatische Handlung Raum für vielfältige musikalisch-affektive Gestaltungsweisen, die im Bereich der geistlichen Musik das zunehmende Interesse an der Gattung Oratorium beförderten.

Rom blieb während der gesamten Barockzeit ein Zentrum der musikalischen Oratorienproduktion. In den Oratorien der verschiedenen Kirchen wurden die Werke üblicherweise an Sonn- und Feiertagen aufgeführt. Im Oratorio del Santissimo Crocifisso beschränkte man sich auf die Freitage der Fastenzeit. Bei solchen Zusammenkünften waren die musikalischen Aufführungen bald die Hauptattraktion, und die Oratorien wurden immer ausgedehnter. Sie bestanden im späteren 17. Jahrhundert üblicherweise aus zwei Teilen, die je bis zu einer Stunde Aufführungszeit beanspruchen konnten. Zwischen den Teilen wurde eine Predigt gehalten. Oratorien wurden in Rom jedoch nicht nur in den so bezeichneten Räumen aufgeführt, sondern zunehmend auch in den Palästen Adeliger. Dort verlor sich der Gebets- oder Andachtscharakter der Veranstaltung, und zwischen den beiden Teilen des Oratoriums fand keine Predigt statt, sondern es wurden Erfrischungen gereicht.

In der zweiten Hälfte des 17. Jahrhunderts sind Oratorienaufführungen auch in vielen anderen Städten Italiens nachweisbar. Nach dem Vorbild Filippo Neris wurden in Bologna, Florenz, Venedig oder Neapel zu unterschiedlichen Zeitpunkten religiöse Gemeinschaften (Congregazioni) gegründet und Gebetsveranstaltungen in den Oratorien abgehalten. Musikalische Oratorienaufführungen beschränkten sich jedoch auch hier nicht auf diese Orte, sondern fanden in Palästen, Theatern oder Akademien statt. In Orten mit großer Operntradition wurden Oratorien während der Fastenzeit gleichsam zum Ersatzprogramm für die Oper, deren Saison am letzten Karnevalstag endete.

Eine Annäherung des Oratoriums an die Oper lässt sich unter anderem daran erkennen, dass der Testo oder Historicus um 1700 aus den Libretti verschwindet und der Chor an Bedeutung verliert. Parallelentwicklungen zeigen sich auch in der Verwendung der Da-capo-Arie. So besteht ein Oratorium wie Alessandro Scarlattis *Il primo omicidio* (1707), das die Ermordung Abels durch seinen Bruder Kain behandelt, aus 22 Arien, fünf Duetten und zahlreichen Rezitativen, wobei alle Arien und Duette eine Da-capo-Anlage aufweisen. Es gibt sechs Handlungsfiguren, von denen Kain mit sechs Arien im Zentrum steht, jedoch keinen Chor und keinen Erzähler.

Oratorien wurden in Italien überwiegend in italienischer Sprache dargeboten. Ausnahmen stellten die lateinischsprachigen Oratorienaufführungen in den Ospedali in Venedig und im Oratorio del Santissimo Crocifisso in Rom dar. Auch außerhalb Italiens konnte sich das Oratorium an katholisch geprägten Orten bereits im 17. Jahrhundert etablieren. In Wien war es am Kaiserhof verankert und wurde in der dortigen Hofburgkapelle in italienischer Sprache aufgeführt. Kaiser Leopold I. komponierte selbst ab 1660 mehrere Oratorien. Zahlreiche Werke liegen von Wiener Hofkapellmeistern und Hofkomponisten wie Carlo Agostino Badia, Antonio Draghi, Johann Joseph Fux oder Antonio Caldara vor. Mit dem Sepolcro, das in der Karwoche dargeboten wurde und die Leidensgeschichte Jesu szenisch darstellte, etablierte sich in Wien eine ganz spezifische oratorienartige Form. In Paris wiederum komponierte Marc-Antoine Charpentier lateinischsprachige Werke in der Art von dialogischen Motetten mit Oratoriencharakter. Charpentier war von Giacomo Carissimi in Rom unterrichtet worden und war dann in Paris für verschiedene Auftraggeber sowie als Kapellmeister an der Jesuitenkirche Saint-Louis tätig. Eine breitere Pflege des Oratoriums konnte sich abseits von Charpentier in Paris allerdings nicht entwickeln.

Eine weitere Oratorientradition, die Bezüge zur italienischen aufweist, letztlich aber doch eine völlig eigene Ausprägung erlangte, war die englischsprachige mit ihrem Hauptakteur Georg Friedrich Händel.[27] Er hatte bereits 1707 und 1708 in Rom italienische Oratorien für Benedetto Pamphili und Francesco Maria Ruspoli geschrieben, die in deren Adelspalästen aufgeführt wurden. Auch für das erste englischsprachige Oratorium Händels war ein privater Förderer, der Earl of Carnarvon, maßgeblich, der 1718 *Esther* auf seinem Landsitz in Cannons aufführen ließ. Oratorienaufführungen wurden in England nicht von geistlichen Institutionen getragen, da die anglikanische Kirche diese katholisch geprägte Gattung nicht förderte. Zum bevorzugten Aufführungsort wurde vielmehr das Theater. Händel integrierte Oratorienaufführungen ab 1732 in die Programme seiner italienischen Opernsaisonen. Obwohl der Theaterkontext eine szenische Aufführung der Oratorien ermöglicht hätte, blieb es auf Intervention des Bischofs von London, Edmund Gibson, bei der konzertmäßigen Aufführung der biblischen Inhalte. Als 1738 Händels Opernsaison im King's Theatre am Haymarket kein ausreichendes Publikum mehr fand, konzentrierte er sich auf die Veranstaltung von Oratorienaufführungen im Theater.

Georg Friedrich Händel, »Saul«

Als erstes Oratorium brachte Händel nach der gescheiterten Opernsaison am 16. Januar 1739 *Saul* im King's Theatre am Haymarket heraus. Händels Textdichter Charles Jennens griff mit der Geschichte von Saul und David auf ein beliebtes Oratoriensujet aus dem Alten Testament zurück. Ausgangspunkt ist der Sieg Davids über Goliath und die Philister. Der Israelitenkönig Saul sieht sich dadurch in zunehmender Konkurrenz zu dem beim Volk beliebter werdenden David. In den drei Akten des Oratoriums agiert Saul seine Rache- und Eifersuchtsgefühle aus, die letztlich zu seinem Untergang führen. Im Unterschied zur standardisierten italienischen Opern- und Oratorienanlage dieser Zeit, die auf einer Abfolge aus Rezitativen und Da-capo-Arien mit nur gelegentlichen Ensemblenummern beruhte, lässt sich in *Saul* die für Händels englische Oratorien durchaus typische abwechslungsreiche Dramaturgie erkennen. Dazu tragen vor allem vier Elemente bei: 1. die Chöre des israelitischen Volkes; 2. Instrumentalstücke, die immer dann eingeschoben sind, wenn es in der Handlung einen Zeitsprung gibt, 3. Accompagnato-Rezitative, das heißt dramatische Rezitative, die nicht nur generalbassbegleitet sind, sondern in denen auch andere Instrumente zum Einsatz kommen, 4. variable Arienanlagen und nur wenige Da-capo-Arien.

Wie sich diese Elemente in der dramatischen Handlung zusammenfügen, lässt sich bereits im ersten Akt gut beobachten. Ist Saul gegenüber David anfangs noch großzügig und bietet ihm seine Tochter Merab als Ehefrau an, so wird seine Eifersucht durch den Chor der Israeliten in der dritten Szene geschürt. Zwar begrüßt die Menge Saul als mächtigen König, doch »Ten Thousand Praises« gehen an David für seine Heldentaten. In dem Jubelchor setzt Händel prominent das Carillon (ein Glockenspiel) ein, das er zunächst mit den hohen Chorstimmen der Töchter Israels koppelt. Saul ist geschockt: »What do I hear? Am I then sunk so low, To have this upstart Boy preferr'd before me?« Dies wird in einem kurzen Accompagnato-Rezitativ eingeschoben, bevor der Chor Saul nun seinen Jubelruf auf David in voller Orchester- und Stimmbesetzung entgegenschmettert. Nach einem abermals kurzen Accompagnato-Rezitativ bricht Sauls Wut in der Arie »With Rage I shall burst his Praises to hear!«

hervor. Sie ist geprägt vom Kontrast zwischen bedrohlichen, über eineinhalb Oktaven auf- und absteigenden Unisono-Passagen und bewegten Streicherfiguren. Der Arientext wird einmal wiederholt, dabei aber musikalisch nicht gleich gestaltet, sondern verdichtet. Die nächsten beiden, je durch generalbassbegleitete Rezitative eingeleiteten Arien bringen eine Beruhigung, ebenso ein zwischengeschaltetes Accompagnato-Rezitativ des Hohepriesters. Davids Spiel auf der Lyra soll Saul beruhigen. Dies wird zunächst in einer Arie von Michal (der zweiten Tochter Sauls) angekündigt, in der eine Soloviolíne und eine Solotraversflöte die süßen Klänge gleichsam vorwegnehmen. In einem von Vorhaltsnoten geprägten Largo erbittet David in zwei musikalisch gleichlautenden Strophen für Saul die Heilung seiner verletzten Seele. Davids Lyraspiel ist anschließend als 26-taktiges Largo für Harfe solo umgesetzt. Jonathan, der Sohn Sauls, muss allerdings in einem kurzen Rezitativ feststellen, dass die erwünschte Wirkung nicht erzielt wurde. In der Arie »A Serpent in my Bosom warm'd« richtet sich Sauls Aggression nun direkt gegen David. Er wirft am Ende der Arie einen Speer gegen ihn. Diese Arie erweckt zunächst den Anschein einer Da-capo-Arie durch die Orchesterritornelle, die Textwiederholungen, die Koloraturen und die auf- und absteigenden Skalen der Streicher, die Sauls Wut vermitteln. Ein Wechsel nach g-Moll suggeriert, dass nach dem letzten Orchesterritornell des A-Teils nun der B-Teil der Da-capo-Arie beginnt (Abb. 20). Nach nur vier Takten mit Sauls Drohung »Ambitious Boy! now learn what Danger it is to rouze a Monarch's Anger« bricht die Arie jedoch nach Zweiunddreißigstel-Läufen einfach ab, als Saul seinen Speer nach David wirft. Die dramatische und aggressive Handlung wird an dieser Stelle direkt in Musik umgesetzt. Da Saul David verfehlt, befiehlt er Jonathan diesen zu töten. Nach einer Arie von Merab, die sich mit einigem Furor darüber beklagt, dass Saul seine Leidenschaften nicht unter Kontrolle hat, wählt Händel wieder die Möglichkeit des Accompagnato-Rezitativs, um Jonathans Zwiespalt zu dramatisieren. Soll er seinem Vater gehorchen und den Freund töten? In der nachfolgenden Arie ist Jonathan im ersten langsamen Teil noch nachdenklich gestimmt, im zweiten raschen Teil ist der Entschluss gefasst: David muss leben. Eine Arie des Hohepriesters und ein ausgedehntes Fugato des Chores beschließen den Akt mit an Gott gerichteten Bitten für das Leben Davids.

Allein die Anlage dieses ersten Aktes lässt bestimmte Strategien der Dramatisierung erkennen. Das Accompagnato-Rezitativ kommt besonders dort zum Einsatz, wo sich Figuren in emotionalen Ausnahmezuständen befinden. Es wird später auch sehr prominent am Beginn des dritten Aktes gebraucht, als sich Saul in Verkleidung bei der Hexe von Endor einfindet, um den Geist Samuels anzurufen. Alle Arien des Oratoriums sind relativ kurz, und nur vier

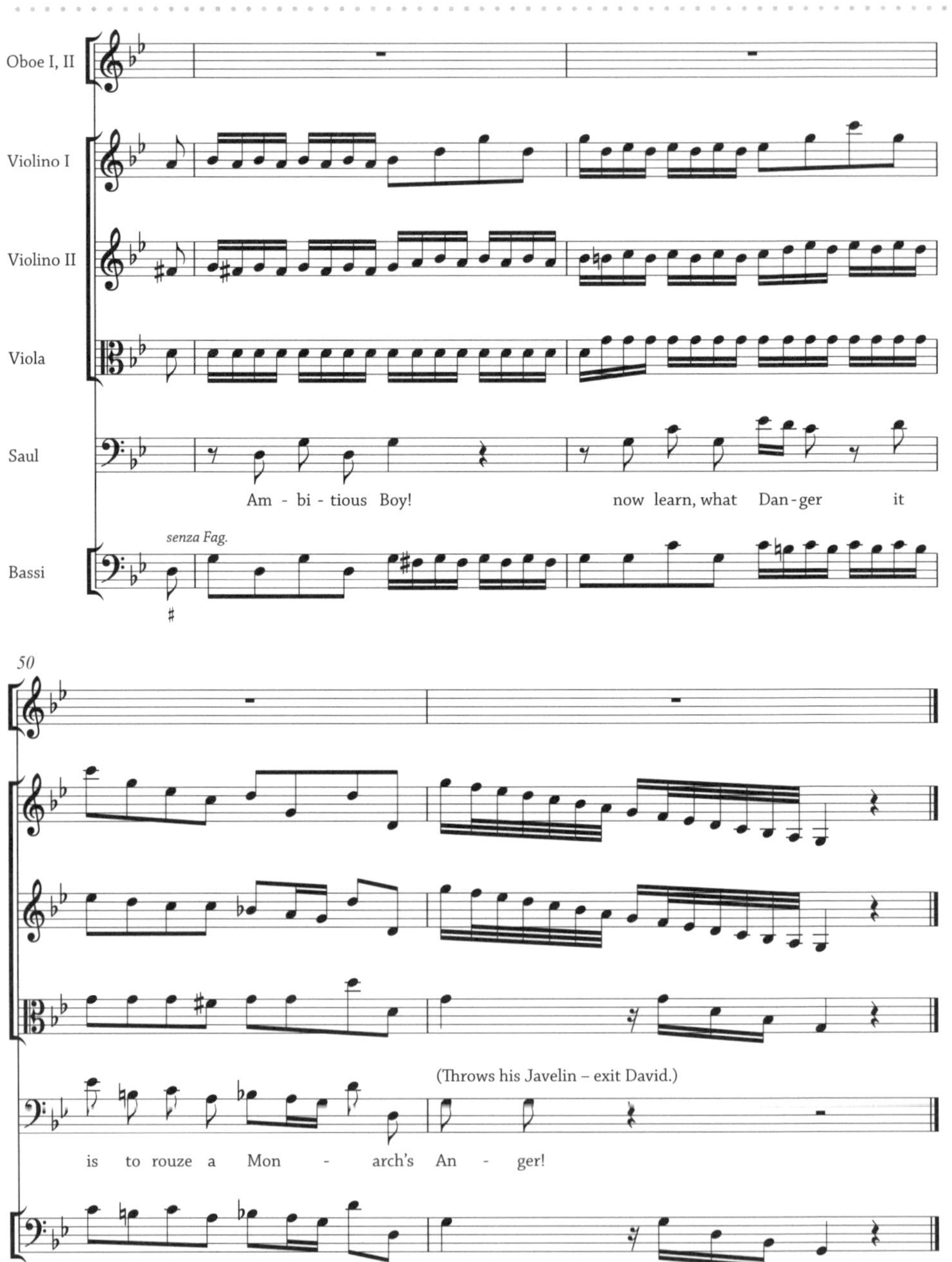

Abb. 20: Georg Friedrich Händel, »A Serpent in my Bosom warm'd« aus *Saul*, Takt 48–51

von insgesamt dreißig haben eine Da-capo-Anlage; im beschriebenen Abschnitt des ersten Aktes keine einzige. Stattdessen werden je nach Fortgang des Dramas völlig unterschiedliche Modelle gewählt (einteilige, zweiteilige oder strophische Anlagen). In »A Serpent in my Bosom warm'd« werden die Zuhörenden sogar regelrecht in die Irre geführt, wodurch der Mordversuch Sauls eine besondere Drastik erlangt. Diese musikalischen Entscheidungen haben wesentlich mit der Textstruktur zu tun, denn die Handlung hält in den Arien wenig inne, sondern schreitet vielmehr kontinuierlich voran. Es hätte sich folglich kaum angeboten, für solche Arientexte formale Anlagen mit wiederkehrenden Teilen zu verwenden. Auch der Chor ist als Volk der Israeliten direkt am Drama beteiligt und hat nicht lediglich eine reflektierende Funktion. Letztlich ist es gerade der Zuspruch des Volkes für David, der Sauls Wut auslöst. Der mächtige Abschlusschor, in dem wuchtige, homophone Abschnitte mit imitatorischen wechseln, macht klar, was das Volk vom neuen Herrscher David erwartet. Die üppige und teils außergewöhnliche Instrumentation (Glockenspiel, Posaunen) wird in dem Werk immer wieder effektvoll eingesetzt. *Saul* ist folglich ein äußerst dramatisches Oratorium. Dennoch setzt es sich von den zeitgleich in London und von Händel selbst gepflegten Opernkonventionen deutlich ab und bedient eine völlig andere Art von Musikdramatik.

Die Dramatik von *Saul* darf allerdings nicht als Regelfall für Händels Oratorien angesehen werden. Oratorien wie *Israel in Egypt* oder *Messiah* sind erzählend und reflektierend und haben keinerlei Handlungsfiguren. Sie übernehmen Texte wörtlich aus der Bibel. Dennoch zielen auch diese Oratorien mit Chören, Accompagnato-Rezitativen und vielfältigen Arienstrukturen auf eine musikalisch abwechslungsreiche Anlage ab.

Eine wieder andere Ausprägung erlangte das Oratorium in den evangelisch-lutherischen Kirchen Deutschlands. Ebenso wie in der anglikanischen Kirche spielte die katholisch geprägte oratorische Gebetsveranstaltung keine Rolle in den Glaubenspraktiken. Im 17. Jahrhundert ist jedoch auch in der evangelisch-lutherischen geistlichen Musik eine Zunahme an dialogischen Kompositionen festzustellen, in denen Solostimmen auf verschiedene Charaktere verteilt sind. Dies ist in Motetten und geistlichen Konzerten erkennbar, etwa bei Johann Hermann Schein, Samuel Scheidt oder Heinrich Schütz. Unter dem Titel »Historia« firmierten Werke, die Textpassagen der Evangelien in Musik setzten, vor allem jene zu Jesu Geburt, Tod, Auferstehung und Himmelfahrt. Am häufigsten vertont wurde die Leidensgeschichte (Passion), für die es bereits in der katholischen Kirche eine sehr lange Tradition gegeben hatte, sie in rezitierendem Gesang mit verteilten Rollen vorzutragen. Während die Passion in der katholischen Kirche in dieser vokalen A-cappella-Tradition in der Barockzeit fortlebte, fand in der evangelisch-lutherischen Kirche eine Übernahme der neuen stilistischen Mittel in den Historien statt (Einsatz von Instrumenten, konzertierender Stil). Der eigentliche Beginn des evangelisch-lutherischen Oratoriums wird meist dort angesetzt, wo eigens gedichtete Texte in diese Historien Einzug halten oder der Text als Ganzes neu versifiziert wird. Bei der Vertonung der Leidensgeschichte hat sich für den ersten Fall in der Musikforschung der Begriff »oratorische Passion« und für den zweiten der Begriff »Passionsoratorium« etabliert. Diese Formen wurden am Beginn des 18. Jahrhunderts vor allem in Hamburg gepflegt. Dass mit Reinhard Keiser, Johann Mattheson oder Georg Philipp Telemann zentrale Akteure auch im Bereich der Opernkomposition aktiv waren, ist kein Zufall. Wie auch andernorts nahm das Oratorium in Hamburg eine wichtige Funktion im städtischen Musikleben ein, wenn keine Oper gespielt wurde. Die Vertonung der Passion überwog, wobei eine Textfassung des Hamburger Ratsherrn Barthold Hinrich Brockes besondere Beliebtheit erlangte. Brockes' *Der für die Sünde der Welt gemarterte und sterbende Jesus* vertonten unter anderem Keiser (1712), Telemann (1716, für Frankfurt), Händel (1716) und Mattheson (1718). Es wurden aber in Hamburg auch andere Themen aufgegriffen. Keiser setzte 1721 beispielsweise ebenso wie Händel die Geschichte von David und Saul in Musik, basierend auf einem Textbuch, das Telemann bereits 1718 in Frankfurt für ein Konzert des Collegium musicum vertont hatte.

Am Modell der Hamburger Passionsvertonungen orientierte sich auch Johann Sebastian Bach in Leipzig, dessen *Johannespassion* und *Matthäuspassion* heute als barocke Höhepunkte dieser Gattung gelten. Bachs weitere Oratorien zeigen eine Nähe zu einer anderen Gattung, die in der Barockzeit entsteht: die Kantate. So handelt es sich bei Bachs *Weihnachtsoratorium* im Prinzip um sechs Kantaten, die 1734/35 in den Gottesdiensten zwischen Weihnachten und Epiphanias erstmals aufgeführt wurden. Im Unterschied zu Oratorientraditionen andernorts, wo die Werke in Oratorienräumen, Akademien, Theatern oder Konzertsälen aufgeführt wurden, waren die Kantaten des *Weihnachtsoratoriums* damit in die gottesdienstliche Liturgie eingebunden. Es ist vor diesem Hintergrund sinnvoll, die Gattung der Kantate etwas genauer in den Blick zu nehmen.[28]

Die Cantata (von Lateinischen »cantare«: »singen«) war zunächst eine überwiegend weltliche Gattung. Sie avancierte in der zweiten Hälfte des 17. Jahrhunderts in Italien zur zentralen Gattung vokaler Kammermusik und wurde in Adelshäusern oder Akademien gepflegt. Inhaltlich behandelte sie vor allem Liebesthemen und bildete eine mehrteilige Form bestehend aus Rezitativen und Arien aus, wie sie in Kapitel 4 anhand von Antonio Caldaras »Vicino a un rivoletto« erläutert wurde. Die Besetzung dieser Art von Kantaten war eher klein und beschränkte sich häufig auf eine Solostimme und Generalbassbegleitung. Es gab jedoch in Verbindung mit festlichen Anlässen auch größer besetzte Kantaten mit Einsatz eines Chores. Darüber hinaus wurden die zwei Teile eines Oratoriums im 17. Jahrhundert häufig als Kantaten bezeichnet. Die begriffliche Engführung von Kantate und Oratorium taucht also zu unterschiedlichen Zeiten in verschiedenen musikkulturellen Kontexten auf.

Im Bereich der evangelisch-lutherischen Kirchenmusik wurde die Hauptmusik des Gottesdienstes nach 1700 gelegentlich als Kantate bezeichnet. Bei dieser Hauptmusik handelte es sich um ein größeres, aus mehreren Sätzen bestehendes vokal-instrumentales Werk, das an Sonn- und Feiertagen im Gottesdienst dargeboten wurde. Der Begriff der Kantate (oder spezifischer: Kirchenkantate) setzte sich allerdings erst in der Musikforschung des 20. Jahrhunderts für diese Art der Musik durch. In der Barockzeit war die simple Bezeichnung »Kirchenstück« gängig. Textlich, musikalisch und in Bezug auf ihren Funktionszusammenhang und ihre Besetzung bestehen erhebliche Unterschiede zwischen italienisch geprägter weltlicher Kantate und evangelisch-lutherischer Kirchenkantate. Letztere wurde im Gottesdienst häufig nach dem Evangelium platziert und stand in Zusammenhang mit den dort angesprochenen Glaubensinhalten. Es ist jedoch kein Zufall, dass der einflussreiche Pastor und Dichter Erdmann Neumeister 1702 seine Textsammlung *Geistliche Cantaten über alle Sonn- Fest- und Apostel-Tage* am Prinzip des Wechsels von Rezitativ und Arie ausrichtete. Sein Anspruch war durchaus, diese Anlage aus der italienischen weltlichen Musik auf die evangelisch-lutherische Kirchenmusik zu übertragen, wie er im Vorwort zu seiner Sammlung betont. Neumeisters Kantatenjahrgang wurde vom Weißenfelser Hofkapellmeister Johann Philipp Krieger in Musik gesetzt. Krieger wiederum hatte in Italien studiert, und der Weißenfelser Hof unterhielt seit Jahrzehnten einen regelmäßigen Opernbetrieb. Die Impulse für diese Übertragung sind daher in jenem Umfeld zu finden. Neumeister publizierte in der Folge weitere Kantatenjahrgänge, in die er auch Bibel- und Kirchenliedtexte integrierte. Sie wurden von verschiedenen Kantoren und Kapellmeistern in Musik gesetzt. Unter anderem vertonte Georg Philipp Telemann einen ganzen Kantatenjahrgang.

Einige Texte Neumeisters finden sich auch in den Kantaten von Johann Sebastian Bach, allerdings sind es nicht allzu viele. Während Bachs Zeit am Weimarer Hof stammten Kantatentexte häufig aus der Feder des dortigen Hofdichters Salomon Franck. Als Bach 1723 Thomaskantor in Leipzig wurde, legte er mehrere Jahrgänge an Kantatenvertonungen vor, wählte jedoch zunächst keinen der gängigen Kantatenjahrgänge Neumeisters oder anderer einschlägiger

Dichter, sondern Texte verschiedener, teils namentlich nicht bekannter Autorinnen und Autoren. Die grundsätzlichen Elemente blieben jedoch nach dem Neumeister-Modell die neu gedichteten Rezitative und Arien sowie integrierte Bibelverse und Choräle. In den insgesamt etwa 200 überlieferten Kantaten Bachs tritt eine enorme Vielfalt musikalischer Gestaltungsweisen auf.[29] Sie lassen auf ein Streben nach »varietas« ebenso schließen wie auf die jeweils vorhandenen Möglichkeiten vor Ort, mit denen im Einzelfall experimentiert werden konnte. Zentral war für die Kirchenkantate in jedem Fall, dass sie innerhalb des Gottesdienstes die Aufgabe hatte, zur Auslegung des zuvor gelesenen Textes aus den Evangelien beizutragen.

Johann Sebastian Bach, »Schauet doch und sehet, ob irgendein Schmerz sei«

Bach begann am 30. Mai 1723, dem ersten Sonntag nach Trinitatis, seinen ersten Jahrgang an sonn- und feiertäglichen Kantatenaufführungen in den Gottesdiensten der Kirchen St. Thomas und St. Nikolai in Leipzig. Die Kantate »Schauet doch und sehet, ob irgendein Schmerz sei« (BWV 46) wurde am zehnten Sonntag nach Trinitatis, dem 1. August 1723 erstmals aufgeführt. In dem für diesen Sonntag des Kirchenjahres vorgesehenen Evangelium (Lukas 19, 41–48) prophezeit Jesus die Zerstörung von Jerusalem und vertreibt die Händler aus dem Tempel, in dem er zu lehren beginnt.

Die Kantate nimmt die Zerstörung Jerusalems als Ausgangspunkt für den ersten Chorsatz, dem ein Bibelspruch (Klagelieder 1,12) zugrunde liegt: »Schauet doch und sehet, ob irgendein Schmerz sei wie mein Schmerz, der mich troffen hat. Denn der Herr hat mich voll Jammers gemacht am Tage seines grimmigen Zorns.« Die klagende Stadt Jerusalem steht damit im Zentrum, sie steht aber auch sinnbildlich für die Glaubensgemeinde. Die zwei Sätze des Bibelspruchs werden von Bach in einem zweiteiligen vierstimmigen Chorsatz in d-Moll umgesetzt.[30] Der erste Teil fokussiert mit Chromatik, Dissonanzen und vor allem den Melodielinien der Singstimmen auf den klagenden Charakter. Die ab Takt 17 nacheinander kanonisch in Quinten einsetzenden Stimmen bringen zunächst jeweils einen Dreiklang abwärts und wandern dann, nach einem Sextsprung aufwärts, bei der Textstelle »irgendein Schmerz« in chromatischen Linien wieder abwärts (Abb. 21). Der Charakter des Satzes wird jedoch nicht erst mit dem Einsatz der Singstimmen, sondern bereits im 16-taktigen instrumentalen

Abb. 21 (nebenstehend): Johann Sebastian Bach, *Schauet doch und sehet, ob irgendein Schmerz sei*, Takt 17–23

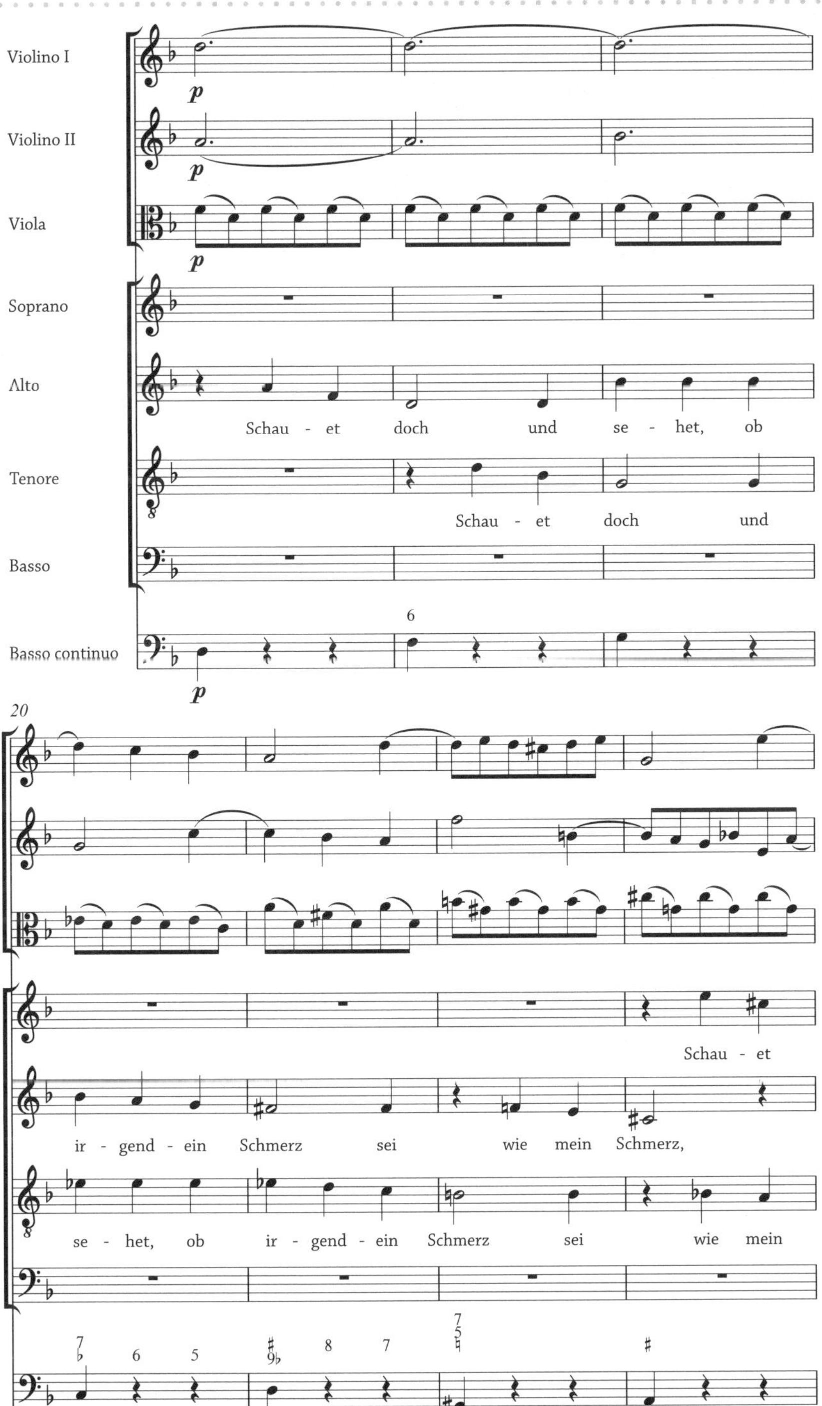
Violino I
Violino II
Viola
Soprano
Alto
Tenore
Basso
Basso continuo
Schau - et doch und se - het, ob
Schau - et doch und
Schau - et
ir - gend - ein Schmerz sei wie mein Schmerz,
se - het, ob ir - gend - ein Schmerz sei wie mein

Vorspiel exponiert durch die tonangebenden zwei Flöten, die im Wechsel von gleichmäßigen Sechzehnteln und langen übergebundenen Tönen mit Vorhaltsdissonanzen arbeiten. Die Streicher haben nur scheinbar eine reine Begleitfunktion, denn die gebundenen Achtelnoten mit den eingestreuten Sechzehntelfiguren tragen ebenfalls substanziell zum Ausdruckscharakter bei. Der zweite Satz des Textes wird in etwas rascherem Tempo als Fuge vertont. Der Kontrast zwischen den häufigen Tonsprüngen und den längeren Melismen auf »Jammer« und »Zorns« fokussiert stärker auf das Gewaltvolle der Zerstörung.

Auf den Eingangschor mit dem Bibelspruch folgen nun vier neu gedichtete Texte in der Abfolge: Rezitativ (Tenor), Arie (Bass), Rezitativ (Alt) und Arie (Alt). Im Rezitativ des Tenors wird Jerusalem direkt auf die Strafe als Konsequenz aus sündhaftem Verhalten angesprochen (»Du achtest Jesu Tränen nicht«). Das Rezitativ wird nicht nur vom Generalbass, sondern auch von den Flöten und Streichern begleitet. Die wiederkehrende Wechselnotenfigur der Flöten setzt dabei die Tränen lautmalerisch um. Die anschließende Bassarie verlässt den bisherigen Klagecharakter. In B-Dur dominiert nun die Versinnbildlichung der Macht Gottes und seiner Rache. Über die tremoloartig geführten Streicher erhebt sich eine virtuose Solotrompete, die die Ritornelle dominiert und auch während der Strophen mit der Singstimme vielfältige Beziehungen eingeht. Die Bassstimme hat mit langen Koloraturen ebenfalls einen explizit virtuosen Charakter.

Nachdem die Zerstörung Jerusalems in der Bassarie nochmals veranschaulicht wurde, wird diese Situation mit einem kurzen Rezitativ und einer Arie der Altstimme ins Allgemeine gewendet. Die Gläubigen werden direkt angesprochen. Das Rezitativ endet: »Weil ihr euch nicht bessert und täglich die Sünden vergrößert, so müsset ihr alle so schrecklich umkommen.« Die Arie dagegen beginnt: »Doch Jesus will auch bei der Strafe der Frommen Schild und Beistand sein.« Einen spezifischen Klangcharakter erhält diese versöhnliche Arie in g-Moll durch ihre Reduziertheit. Nur die zwei Flöten und zwei Oboen da caccia im Unisono begleiten die Altstimme. Die Oboen sind dabei als sogenanntes »Bassettchen« eingesetzt, und es gibt darüber hinaus keine Generalbassbegleitung. Dieses fehlende Bassfundament bildet einen größtmöglichen Gegensatz zur vorhergehenden Bassarie. Die Instrumentierung unterstreicht das Pastorale des Textes, denn Jesus wird hier als Hirte dargestellt, der seine Schafe sammelt. Die Kantate endet mit einer Choralstrophe, nämlich der letzten Strophe von »Oh großer Gott von Macht«, 1633 von Johann Matthäus Meyfart verfasst. Hier wird gleichsam eine inhaltliche Synthese erreicht, denn der Zorn Gottes ist durch das Opfer Jesu am Kreuz gestillt. Die Strophe endet mit dem Appell der Gläubigen an Gott: »Um seinetwillen schone, uns nicht nach Sünden lohne.« Diese versöhnliche Geste wird auch musikalisch hervorgehoben. Im homophonen vierstimmigen Chorsatz mit der Choralmelodie in der Oberstimme (Kantionalsatz genannt) spielt das Corno da tirarsi die Oberstimme mit und die Streicher zerlegen den Satz in Achtelnoten. Die Flöten hingegen nehmen den bewegten Duktus und die Melodik der vorherigen Arie auf und zergliedern die Choralphrasen durch Zwischenspiele. Bachs Vorliebe für kontrapunktische Satztechniken zeigt sich hier wie andernorts im Detail. So sind die Flöten in den Choralzwischenspielen kanonisch im Achtelabstand gesetzt. Beachtenswert ist auch die tonartliche Entwicklung. Bach setzt den Choral zwar in g-Moll, changiert jedoch melodisch immer wieder zwischen *e* und *es* und endet schließlich in D-Dur. Dies bildet einen Bezugspunkt zum Beginn der Kantate mit dem Klagechor in d-Moll. Das Leid des Beginns hat sich durch das Opfer Jesu und die Gnade Gottes zum Guten gewendet.

Die insgesamt sechs Sätze der Kantate verkünden somit eine auf das Evangelium bezogene Glaubensbotschaft, die in der Musik Bachs versinnbildlicht und gedeutet wird. Die Vielfalt musikalischer Mittel zeigt sich in der unterschiedlichen Ausformung der einzelnen Sätze: von der Chorfuge über die virtuose Solo-Arie bis zum Choral mit instrumentalen Zwischenspielen. Die musikalische Gestaltung ist dabei auf das vorhandene Personal abgestimmt.[31] Dies fällt besonders bei der Bassarie mit Solotrompete auf. Mit dem Stadtpfeifer Gottfried Reiche stand Bach ein hervorragender Trompeter zur Verfügung, den er entsprechend exponieren konnte. Die Gesangsparts wurden in Bachs Kantaten von den besonders fähigen Schülern der Thomasschule, der sogenannten ersten Kantorei bestritten. Bach unterrichtete sie als Kantor selbst und studierte die Gesangspartien mit ihnen ein. Als Solisten in den Arien traten eher die tiefen Stimmen hervor, da die bereits durch den Stimmbruch gegangenen Schüler erfahrener waren als die Knaben, die Sopran sangen. Der Einsatz von Sängerinnen war nicht vorgesehen. (Bach hatte 1721 die Köthener Hofsängerin Anna Magdalena Wilcke geheiratet, die in Leipzig allerdings nur noch in eher privatem Rahmen auftrat.) Arien für einen Bass sind nicht nur in der Kantate »Schauet doch und sehet« besonders virtuos gestaltet, sodass davon auszugehen ist, dass Bach hierfür einen besonders guten Sänger zur Verfügung hatte. Besetzung und Instrumentierung erfüllen freilich keinen Selbstzweck, sondern stehen in Zusammenhang mit dem Ausdrucksgehalt des Textes. In »Schauet doch und sehet« ist dies in der virtuosen Bassarie mit Solotrompete (die Macht Gottes) und in der lieblichen Altarie mit Flöten und Oboe da caccia (der Hirte Jesus) besonders augenfällig.

Den ersten Teil des Eingangschors der Kantate »Schauet doch und sehet« verwendete Bach später für das »Qui tollis« seiner h-Moll-Messe. Eine solche Wiederverwendung und Neutextierung von Musik ist bei Bach häufig zu finden. So war das *Osteroratorium*, das am Ostersonntag 1725 erstmals erklang, eine Umtextierung der Schäferkantate »Entfliehet, verschwindet, entweichet, ihr Sorgen«, die wenige Wochen zuvor mit einem Text von Christian Friedrich Henrici (Picander) aufgeführt wurde. 1726 wurde das Werk erneut von Picander umtextiert zur Geburtstagskantate *Die Feier des Genius*. Dies verdeutlicht die Zusammenhänge zwischen Kantate und Oratorium einerseits, und zwischen weltlichen und geistlichen Werken anderseits. Die Frage, wie weltlich die Kirchenmusik sein durfte, wurde immer wieder kontrovers diskutiert. In Bachs Einstellungsschreiben für die Position des Thomaskantors verpflichtete er sich, zur »Beybehaltung guter Ordnung in denen Kirchen die *Music* dergestalt ein[zu]richten, daß sie nicht zulang währen, auch also beschaffen seyn möge, damit sie nicht *oper*nhafftig herauskommen, sondern die Zuhörer vielmehr zur Andacht aufmuntere.«[32] Die Formulierung, Kirchenmusik solle nicht »*oper*nhafftig« sein, ist im Kontext einer Debatte zu sehen, in der Theologen wie Musiker seit Neumeisters Kantaten-Dichtungen diskutierten, inwieweit die Verwendung von Rezitativen und virtuosen Arien für die evangelisch-lutherische Kirchenmusik geeignet sei. In Leipzig scheint die Kombination von Chören, Chorälen, Rezitativen und Arien, in denen Virtuosität nicht überbordend, sondern in Zusammenhang mit bestimmten Textinhalten eingesetzt wird, für die Kirchenkantate ein gangbarer Weg gewesen zu sein. Bachs kontrapunktisch geprägter Kompositionsstil kam einer Wahrnehmung seiner Musik als »nicht opernhaft« sicherlich ebenfalls entgegen.

Überblickt man die katholische und evangelisch-lutherische Vokalmusik der Barockzeit als Ganzes, so zeigt sich darin letztlich eine enorme Vielfalt an Stilen und Ausdruckweisen. Der jeweilige Stil hing zum einen mit lokal und konfessionell unterschiedlich geführten Debatten um eine angemessene geistliche Musik zusammen, zum anderen auch mit Aufführungsorten und -anlässen. Für die liturgische Musik im Gottesdienst war die Grenze des Tolerierbaren oft enger gezogen als für außerliturgische Musik. Die konzertmäßige Aufführung eines dramatischen Oratoriums und die A-cappella-Messe im Stile antico bildeten dabei die beiden Pole eines Spektrums, das sich in der Barockzeit immer weiter ausdifferenzierte.

Musik mit und ohne Tanz

Wenn die Kirchenmusik der religiösen und moralischen Erhebung dienen sollte, so scheinen Tanz und Tanzmusik in ihrer weltlichen Verankerung zunächst genau das Gegenteil davon zu repräsentieren. Die wichtige Rolle von Tanz und Ballett am französischen Hof wurde bereits an anderer Stelle herausgearbeitet. Tanz und Tanzmusik hatten jedoch nicht nur dort, sondern insgesamt eine immense Bedeutung für die musikkulturellen Praktiken der Barockzeit – über einzelne Länder und bestimmte Gesellschaftsschichten hinweg. Wenn mit Tanz bestimmte körperliche Bewegungsabfolgen gemeint sind und mit Tanzmusik die zu diesen Bewegungsabfolgen erklingenden Musikstücke, so lässt sich feststellen, dass beides deutlich umfassender verstanden wurde, als diese Begriffe zunächst nahelegen.

Da dem Tanz vor allem von theologischer Seite immer wieder Unsittlichkeit vorgeworfen wurde, zielte man in höfischen, dann auch in bürgerlichen Kontexten darauf ab, ihn in umfassende Konzepte von moralischer Erbauung einzubetten. Tanz war eben nicht einfach nur Bewegung zu Musik, sondern Ausdruck göttlicher Harmonie sowie eine körperliche Disziplinierung, die für die Erziehung ehrhafter Personen unabdingbar war.[33] Er war Bestandteil eines höfischen Verhaltensideals, das um 1700 auch in breiteren Gesellschaftsschichten populärer wurde. Dies zeigt sich etwa an den zahlreichen Tanztraktaten, die in dieser Zeit erschienen. Gottfried Tauberts 1200 Seiten umfassende Abhandlung *Rechtschaffener Tantzmeister, oder gründliche Erklärung der Frantzösischen Tantz-Kunst*, die 1717 in Leipzig erschien, gibt ein beredtes Zeugnis davon ab. In der Vorrede argumentiert er, bezugnehmend auf Tomaso Garzoni, dass durch das Tanzen »das Gemüthe der Menschen gestärcket / das Gedächtniß geschärffet / allerhand Gemüths-nagende Gedancken gestillet / die Lebens-Geister ermuntert / und zu allen wichtigen Geschäfften gleichsam auf das neue beseelet werden.«[34] Auf mehreren hundert Seiten führt er aus, warum das Tanzen keine vom Teufel gesandte Wollust, sondern für einen kultivierten Habitus »honetter« Personen unabdingbar sei. Tanzmeister brachten ihrer adeligen oder bürgerlichen Klientel nicht nur die Schrittfolgen für Tänze bei, sondern waren für das gesamte körperliche Bewegungs- und Verhaltensrepertoire zuständig. Eine parodistische Verarbeitung dieses Themas zeigt sich etwa in Molières Komödie *Le Bourgeois gentilhomme* (1670), wenn der Tanzmeister versucht, dem bürgerlichen Jourdain die Bewegungsfolge einer adeligen »révérence« beizubringen.

Tanzpraktiken, die von allen Angehörigen eines bestimmten kulturellen Gefüges ausgeübt werden konnten, summiert man häufig unter dem Begriff »Gesellschaftstanz«. Typische Anlässe waren Hochzeiten, Bälle oder andere

Veranstaltungen. Davon unterschieden wird der Bühnentanz, der von professionellen Tänzerinnen und Tänzern etwa im Zusammenhang mit Opern- oder Ballettaufführungen dargeboten wurde. Die Abgrenzungen sind hierbei nicht immer ganz eindeutig. Im französischen Ballet de cour etwa tanzten Mitglieder des Hofstaates gemeinsam mit professionellen Tänzerinnen und Tänzern. Die Choreographien erlangten dabei einen durchaus hohen Komplexitäts- und Schwierigkeitsgrad.

Bereits im 16. Jahrhundert war der Tanz ein zentrales Element musiktheatraler Darbietungen. Die erwähnten Intermedien zu *La pellegrina* 1589 am Hof von Florenz mündeten etwa in einen *Ballo del Gran Duca*; und in Werken wie Monteverdis *Combattimento di Tancredi e Clorinda* von 1624 wurde Tanz mit Gesang und Instrumentalmusik kombiniert.[35] Für die gesamte Geschichte der Barockoper ist die Verknüpfung von Bühnentanz und musikalischem Drama maßgeblich – sei es, indem der Tanz in den dramatischen Handlungsablauf integriert wird wie vor allem in der französischen Oper, sei es, indem er als Ballo jeweils am Aktende bzw. zwischen den Akten dargeboten wird wie in der italienischen. Für die dazu gespielte Musik werden im Bereich des Bühnentanzes grundsätzlich zwei Arten unterschieden: Zum einen kann sich die Musik am jeweiligen Affektgehalt der Szene bzw. an den zu charakterisierenden Figuren orientieren. So sind beispielsweise »Sechzentelauftakte, schnelle Läufe, Tonrepetitionen und abrupte melodische wie harmonische Wendungen«[36] Kennzeichen von Furien oder bösen Träumen. Zum anderen findet die Musik der bekannten Gesellschaftstänze auch im Bereich des Bühnentanzes Verwendung.

Dabei ist ganz generell zu konstatieren, dass Tänze und Tanzpraktiken in der Barockzeit einem gewissen Wandel unterlagen. Immer wieder wurden neue Tänze etabliert und alte gerieten aus der Mode. So wurde das Menuett in den 1660er-Jahren am französischen Hof eingeführt und erfreute sich dann bis weit ins 18. Jahrhundert großer Beliebtheit. Pavane oder Gagliarde, die bereits in der Renaissance gepflegt wurden, verloren im 17. Jahrhundert an Bedeutung, während Courante oder Gavotte sich deutlich länger behaupten konnten. Die Tänze konnten aber auch ihren Charakter verändern. War die Sarabande in der ersten Hälfte des 17. Jahrhunderts noch ein rascher Tanz im Dreiertakt, so kann sie gegen Ende des Jahrhunderts als ein gravitätischer Tanz gelten, da sie sich im Laufe der Zeit immer mehr verlangsamte.

Viele der vor allem im aristokratischen Kontext gepflegten Tänze waren Paartänze, die bei Bällen etwa am französischen Hof in einer bestimmten zeremoniellen Rangordnung getanzt wurden: zunächst der König mit der Königin, die anschließend mit dem ranghöchsten Prinzen tanzte, der in der Folge die ranghöchste Prinzessin aufforderte, usw.[37] Anders verhält sich dies bei den nach 1700 in ganz Europa beliebten Kontratänzen. Der ursprünglich englische »country dance« wurde ab den 1680er-Jahren an den französischen Hof durch den wechselseitigen Besuch von Tanzmeistern importiert und später durch den Druck von Choreographien auch andernorts populär. Taubert stellt 1717 fest, dass bei Hof sowie in städtischen Kontexten überhaupt nur noch das Menuett und »englische Tänze« (also Kontratänze) praktiziert würden.[38] Bei den Kontratänzen stellten sich die Paare meist nebeneinander in zwei Reihen gegenüber auf, bildeten also eine Gasse. Ein Paar tanzte jeweils mit dem gegenüberstehenden Paar einen Durchgang des Tanzes und rückte dann weiter, sodass sich bei jedem Durchgang eine neue Viererkonstellation ergab. Die Kontratänze hatten damit einen geselligeren Charakter, weil sie einen ungezwungenen Kontakt mit zahlreichen Tanzpartnern und -partnerinnen ermöglichten und kein Vortanzen vor anderen darstellten.[39]

Insgesamt ist in der Barockzeit eine gewisse Normierung von Tanzpraktiken zu beobachten, die vor allem von Frankreich ausging, wo 1661 die Académie royale de danse gegründet wurde. Die Schrittfolgen von Tänzen wurden zunehmend in Traktaten oder Tanzsammlungen schriftlich festgehalten. Insbesondere die Publikation von Raoul-Auger Feuillets *Chorégraphie ou L'art de décrire la danse* im Jahr 1700 führte zu einer Standardisierung in der Notation von Tanzchoreographien, indem sich andere an seinem Notationssystem orientierten, das auf den Tanzmeister von Louis XIV. Pierre Beauchamps zurückging. In den von 1702 bis 1709 jährlich erscheinenden *Recueils de dances* notierte Feuillet die neuesten Choreographien des Ballettmeisters der Académie royale de musique Guillaume-Louis Pécour. Diese Tänze tauchen auch in verschiedenen anderen Traktaten oder Sammlungen auf, woran sich die weite Verbreitung der Tänze und die französische Vorherrschaft in den Belangen des Tanzes in Europa erkennen lässt.

In den *Recueils de dances* ist die Schrittfolge unterhalb des musikalischen Notats der Melodie wiedergegeben. Die Tanzschrittabfolgen gehen dabei mit den musikalischen Abschnitten einher. In der Courante aus der Tanzfolge *La Bourgogne*, die 1700 im *Recueil de dances* erschien, ist dies gut ersichtlich (Abb. 22).[40] Die Zeichnung zeigt die Bodenwege der Tanzenden, das heißt, sie bildet die Wege der beiden Personen so ab, als würde man von oben auf sie schauen. Die Tanzenden starten in der linken Abbildung nebeneinander, tanzen zunächst geradeaus und formen dann einen gegengleich verlaufenden Halbkreis, bevor sie wieder zusammenkommen. Kleine Querstriche markieren die Takte, und die verschiedenen Symbole innerhalb der Takte zeigen, wie die Personen sich bewegen sollen (Schrittfolgen, Armpositionen, Beugen und Strecken, Drehungen etc.). Die in der linken Abbildung notierte Choreographie ist demnach innerhalb der ersten sechs Takte auszuführen. Wie in der rechten Abbildung zu sehen ist, wird auf die gleiche Melodie dann eine andere Choreographie getanzt, in der die Tanzenden einen Kreis abschreiten. Die Organisation der Musik hängt also mit der Abfolge der Bewegungen im Tanz ganz ursächlich zusammen. Es verwundert daher nicht, dass viele Tanzmeister selbst die Musik zu ihren Tanzchoreographien verfassten.

Barocke Tanzmusik, insbesondere die des Gesellschaftstanzes, weist also bestimmte Eigenschaften auf, die auf ihre Funktion als getanzte Musik zurückzuführen sind. Eine davon, die Periodizität, wurde bereits in Kapitel 4 erwähnt. Die Musik zeichnet sich strukturell durch eine gewisse Regelmäßigkeit aus, damit die Tanzenden ihre Choreographien umsetzen konnten. Einzelne Abschnitte werden häufig auch wiederholt, wie sich an der Courante gezeigt hat. Eine Zweiteiligkeit von Choreographien und Musikstücken konventionalisiert sich für viele Barocktänze. Darüber hinaus ist Tanzmusik dadurch geprägt, dass sie den Charakter eines bestimmten Tanzes entsprechend umsetzt, was vornehmlich durch Tempo, Taktart und gewisse rhythmische Eigenschaften realisiert wird. Die Courante aus *La Bourgogne* etwa weist den für eine Courante typischen Dreihalbetakt auf und ein rhythmisches Modell mit charakteristischen Punktierungen: ♩. ♪♩ ♫♩. ♪.[41] Überlieferte Tanzsätze der Barockzeit sind häufig sehr kurz (oft 16 oder 24 Takte) und wurden beim Gesellschaftstanz in zahlreichen Wiederholungen gespielt. Dabei ist davon auszugehen, dass ein vorgegebener Tanzsatz musikalisch mit immer neuen Variationen bereichert wurde, etwa indem man Diminutionen oder Verzierungen anbrachte. Abwechslung wurde auch dadurch erzielt, dass man Tänze, die in ihrem Charakter miteinander kontrastierten, aufeinanderfolgen ließ.

Die Tanzmusik ist damit einerseits auf ihre Tanzbarkeit, also ihre Verwendung zu bestimmten Choreographien, ausgerichtet. Andererseits umfasste Tanzmusik damals deutlich mehr. Es war keineswegs immer vorgesehen, zu Musik, die Charakteristika eines bestimmten Tanzes aufwies, auch tatsächlich zu tanzen. Tänze wie die Courante, die Sarabande, die Passacaglia, die Gavotte oder das Menuett wurden auch als Instrumentalmusik gepflegt, die unabhängig von der Tanzpraxis existierte – und zwar in zunehmendem Maße. Dadurch konnten sich wiederum musikalische Charakteristika der Tänze ändern, da sie eben nicht mehr im praktischen Sinne choreographische Erfordernisse erfüllen mussten. Dies führte bisweilen zu einer völligen Verselbstständigung der instrumentalen Formen, wie sich dies etwa in Kapitel 4 an der Passacaglia c-Moll für Orgel (BWV 582) von Bach gezeigt hat. Ist es in diesem Fall eindeutig, dass dies kein Musikstück für den Tanzgebrauch war, so können zu vielen anderen überlieferten, auf Tanzformeln basierenden Instrumentalstücken keine ganz ein-

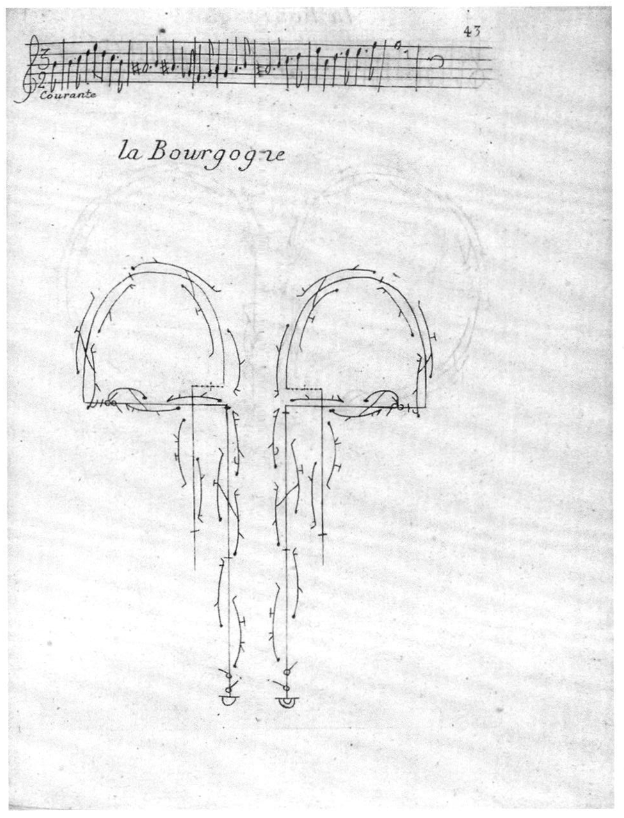

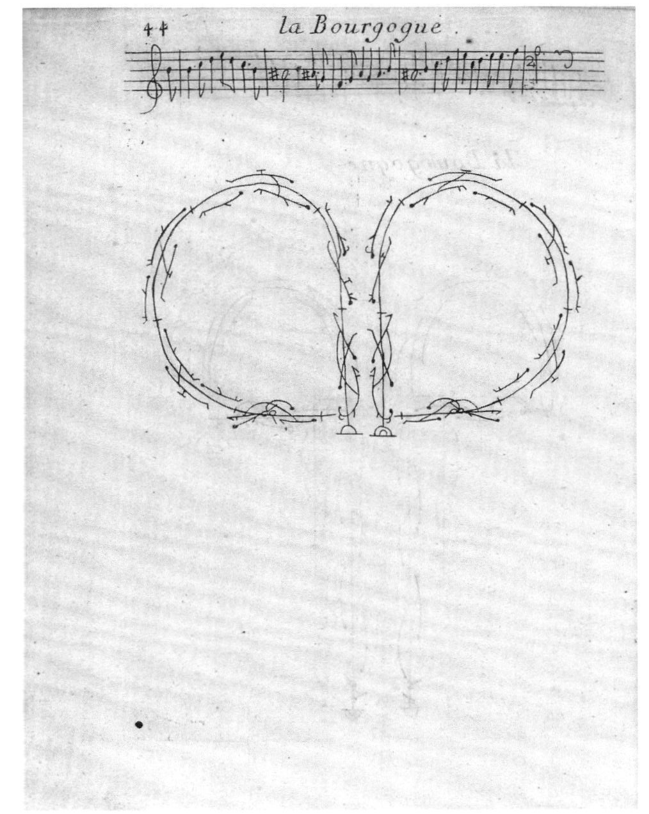

Abb. 22: Courante aus *La Bourgogne* in der Sammlung *Recueil de dance* (1700)

deutigen Aussagen zu ihrer Verwendung gemacht werden. Wenn etwa Sébastien de Brossard 1703 in seinem *Dictionnaire de musique* schreibt, dass eine Sonata da camera mehrere kleine Stücke enthalte, die dazu geeignet seien, dazu zu tanzen (»propres à faire danser«),[42] so lässt dies weder den Schluss zu, dass dazu tatsächlich getanzt wurde, noch dass dies niemals der Fall gewesen wäre. Langsame Schreittänze wurden auch häufig zu zeremoniellen Anlässen verwendet. In manchen Fällen gibt es konkrete Hinweise zur Funktion der Musik in Publikationen, wie etwa in Isaac Poschs *Musicalische Ehrenfreudt, das ist Allerley neuer Balleten, Gagliarden, Couranten und Täntzen teutscher Art* von 1618. Die in der Sammlung publizierten Ballette sollen – so erläutert Posch im Vorwort – »über die Tafel gemusicirt werden«, die anderen Tanzsätze hingegen können »beydes zur Tafel gebraucht / oder darnach Getantzt werden.«[43] Bei genauerer Betrachtung der allesamt vierstimmigen Sätze fällt auf, dass die als »Ballette« gekennzeichneten Sätze deutlich mehr von imitatorischen Praktiken und melodischer Fortspinnung geprägt sind, was zu einer unregelmäßigen Phrasenlänge führt. Die nachfolgenden Gagliarden, Couranten und anderen Sätze hingegen weisen die für die Praxis des Gesellschaftstanzes übliche periodische Struktur auf. In Poschs nachfolgender Sammlung *Musicalische Tafelfreudt* von 1621 finden sich zahlreiche paarig geordnete Tanzsätze in der Kombination »Paduana – Gagliarda« und »Intrada – Couranta«. Allerdings legt nicht nur der Titel, sondern auch die Satzstruktur nahe, dass diese nicht zum Tanz bestimmt waren, sondern als Tafelmusik verwendet werden sollten. Nicht nur dieses Beispiel zeigt, dass sich die Tanzmusik der Barockzeit in einem Kontinuum bewegte zwischen Musikstücken, die im Einklang mit einer Choreographie stehen mussten, und solchen, für die das nicht unbedingt erforderlich war, weil sie in anderen Aufführungs- und Funktionskontexten dargeboten wurden. Festzuhalten ist, dass sich ein großer Teil der Instrumentalmusik – mal mehr und mal weniger offensichtlich – an tanzmusikalischen Idiomen orientierte.

Als eine für die Barockzeit besonders typische Gattung der Instrumentalmusik, die sich vornehmlich aus Tanzsätzen zusammensetzte, kann die Suite gelten. Der Begriff bezeichnet eine bestimmte Reihenfolge an meist kontrastierenden Tanzsätzen, die in derselben Tonart stehen und darüber hinaus melodisch-harmonische Zusammenhänge aufweisen können. In verschiedenen Ausprägungen der Gattung sind die Tanzsätze auch mit anderen Sätzen kombiniert, die nicht tanzartig sind. Wie so häufig in der Musikgeschichte, hat sich der Begriff erst relativ spät als Gattungsbegriff etabliert, und das, was heute als Suite bezeichnet wird, wurde damals großteils mit völlig anderen Titeln belegt wie Pièces, Partie, Partita, Sonate, Concert oder Ouverture. Suiten liegen sowohl für Soloinstrumente (zunächst häufig für Laute und später in großem Ausmaß für Klavierinstrumente) als auch für verschiedene kammermusikalische Ensembles (ein oder zwei Instrumente mit Begleitung des Basso continuo) und für Orchester vor.

Einen Ausgangspunkt der Suite stellt die bereits im 16. Jahrhundert etablierte Praxis dar, Tanzsätze in bestimmten Abfolgen von zwei Tänzen zu kombinieren. Erwähnt wurde bereits die Kombination »Paduana – Gagliarda«. In Veröffentlichungen für die Laute – einem der wichtigsten Instrumente für die Tanzmusik – waren bereits im 16. Jahrhundert auch Dreierkombinationen wie »Passamezzo – Saltarello – Paduana« üblich. Im frühen 17. Jahrhundert konventionalisierten sich vielerorts sowohl in der Solomusik als auch in der Kammermusik Abfolgen wie »Allemande – Courante – Sarabande«, später oft ergänzt durch eine Gigue. Gerade für das 17. Jahrhundert muss allerdings die Frage häufig offenbleiben, ob es sich bei diesen Abfolgen um Konventionen einer Publikationspraxis handelt oder ob die Tanzsätze sich aus musikalischen Gründen intentional zu einer Suite fügten. So wurden die Klaviersuiten des Wiener Hoforganisten Johann Jacob Froberger in der normativen Abfolge »Allemande – Courante – Sarabande – Gigue« in den 1690er-Jahren veröffentlicht (bei Estienne Roger und Pierre Mortier in Amsterdam), während in den bereits um 1650 gefertigten Handschriften Frobergers die Gigue häufig an zweiter Stelle auftaucht.[44]

Es war eine gängige Praxis, Einzeltänze, die in derselben Tonart standen, einfach in Tanzabfolgen zusammenzufassen und zu veröffentlichen. Mitunter ist also die Tonart hier das einzige Merkmal einer Zusammengehörigkeit. Das genaue Gegenteil stellt die Variationensuite dar, in der die Tänze auf demselben musikalischen Material basieren, also gleichsam Variationen einer zugrunde liegenden melodischen und/oder harmonischen Idee sind. In wieder anderen Fällen lässt sich feststellen, dass die Tanzsätze durchaus komplexe motivische oder harmonische Bezüge untereinander aufweisen, sodass ebenfalls von einer intendierten zyklischen Anlage der Tanzfolge ausgegangen werden kann. Ein Beispiel hierfür sind die erwähnten Klaviersuiten Frobergers. In der dritten Suite des *Libro IV* von 1656 etwa taucht die melodische Abwärtsfigur im ersten Takt der Allemande auch in der nachfolgenden Gigue am Beginn auf.[45] Eine in der Allemande häufig verwendete melodische Bewegung vom Grundton zur Oberquarte findet sich in der Courante wieder, und die Sarabande verarbeitet die Schlusstakte der Allemande.

In der zweiten Hälfte des 17. Jahrhunderts konventionalisierten sich im deutschsprachigen Raum die Tänze Allemande, Courante, Sarabande und Gigue als Standardtänze vor allem der Klaviersuite, wobei die Allemande immer an erster Stelle steht und einen einleitenden Charakter besitzt. In Frankreich hingegen wurden zwar auch diese Tänze in Suiten verwendet, jedoch mit einem einleitenden Prélude versehen und um weitere Tänze ergänzt. Dies zeigt sich in zahlreichen, unter dem Titel »Pièces de clavecin« (Stücke für das Cembalo) veröffentlichten Werken, die Suiten darstellen. Sie beginnen mit einem Prélude non mesuré. Dabei handelt es sich um ein einleitendes Stück, das ohne Taktstriche und lediglich in ganzen Noten notiert ist. Einzelne Tongruppen, die den Eindruck von arpeggierten Akkorden erwecken, sind dabei mit Bindebögen versehen (Abb. 23). Den Ausführenden am Klavier gibt das die Möglichkeit, rhythmisch sehr frei zu präludieren. Das Prélude non mesuré war bereits in der Lautenmusik der ersten Hälfte des 17. Jahrhunderts gängig und tauchte ab 1650 auch in der publizierten Clavecinmusik (etwa bei Louis Couperin) auf. Als typisches Merkmal der französischen Klaviersuite weist es auf den Versuch hin, gängige improvisatorische Praktiken in einem Notationssystem darzustellen. Das Prélude kann auch einen rascheren, rhythmisch notierten Mittelteil enthalten, bevor es wieder mit einigen freien Akkordfolgen endet. Daran schließen sich in der Regel die vier standardisierten Tanzsätze an, wobei diese auch zwei-

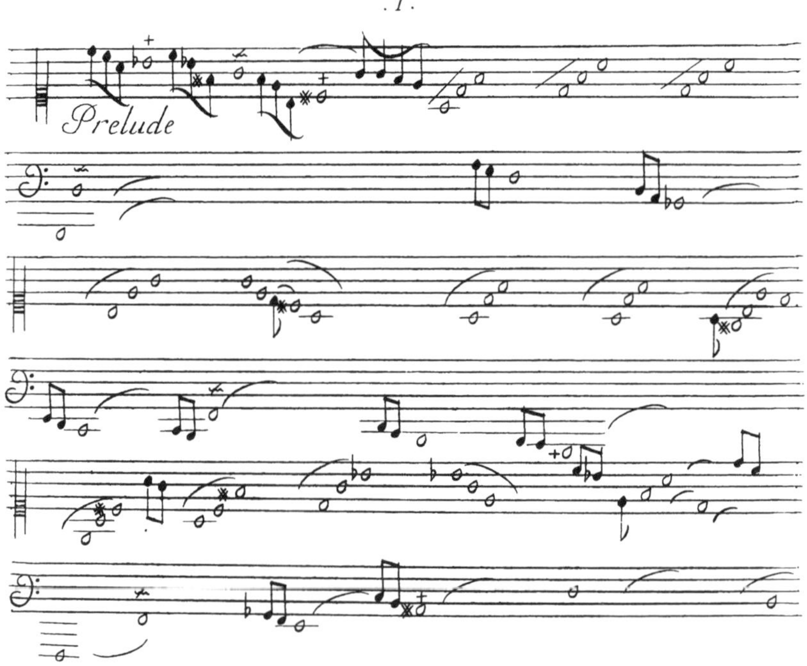

Abb. 23: Élisabeth Jacquet de La Guerre, *Pièces de claveßin*, Beginn des ersten Prélude non mesuré

mal hintereinander vorkommen können und die Reihenfolge variieren kann. Danach folgen noch weitere Sätze, etwa Menuett, Chaconne oder Gavotte, sodass die Suite insgesamt acht bis zehn Sätze beinhaltet. Drei Beispiele illustrieren typische Anordnungen:

Lebègue	**Jacquet de La Guerre**	**Rameau**
Prélude	Prélude / Mouvement	Prélude
Allemande	Allemande	Erste Allemande
Erste Courante	Erste Courante	Zweite Allemande
Zweite Courante	Zweite Courante	Courante
Chaconne	Sarabande	Gigue
Bourrée	Gigue	Erste Sarabande
Gigue	Cannaris	Zweite Sarabande
Gavotte	Chaconne: L'incostante	Ventienne
Menuett	Menuet	Gavotte
		Menuett

Die Suite in C-Dur in Nicolas-Antoine Lebègues *Pièces de clavessin* von 1677 sowie die Suite in d-Moll in Élisabeth Jacquet de La Guerres 1687 publizierten *Pièces de claveßin* bringen jeweils zwei Couranten, während Jean-Philippe Rameaus *Premier Livre de pièces de clavecin* von 1706 zwei Allemanden enthält. Erkennbar ist auch, dass die Reihenfolge nach den Sätzen Prélude, Allemande und Courante variiert. Dass das Menuett an letzter Stelle erscheint, ist in vielen Suiten in Frankreich anzutreffen.

Bei Zusammenstellungen von Tanzsätzen in Suiten fällt ferner auf, dass Kontraste und Abwechslungsreichtum eine wesentliche Rolle spielen. Dies ist bereits bei den Standardsätzen der Fall: Der eher ruhigen und kleingliedrigen Allemande im Vierviertelktakt folgt die raschere und forsche Courante im Dreihalbe- oder Sechsvierteltakt. Der langsame, erhabene Dreivierteltakt der Sarabande kontrastiert mit der zügig gespielten Gigue im Dreiviertel- oder Sechsvierteltakt, die durch imitatorische Elemente geprägt ist. Eine geradtaktige Gavotte, die insbesondere durch den Zweiviertel-Auftakt erkennbar ist, hat wiederum einen völlig anderen Charakter als das graziöse, durch ganztaktige rhythmische Formeln den Dreivierteltakt besonders betonende Menuett. Tänze, denen ostinate Tonfolgen eigen sind, wie die Chaconne oder die Passacaille, sind von variativer Steigerung geprägt und bringen so wiederum ein völlig anderes Element ein.

Eine Musik, die nicht mehr zwingend für die Tanzpraxis gedacht ist, kann zwar relativ flexibel mit typischen Merkmalen der jeweiligen Tänze umgehen und diese auch verschleiern. Die kontrastreiche Abfolge von Einzelsätzen, die sich am jeweiligen Charakter eines Tanzes orientieren, bleibt jedoch zunächst ein wesentliches Merkmal der Suite. Sukzessive halten aber auch sogenannte Charakterstücke Einzug in die Suite, die teils nur noch sehr entfernt oder gar nichts mehr mit Tänzen zu tun haben. Deutlich zeigt sich diese Entwicklung an den *Pièces de clavecin* des am französischen Hof tätigen François Couperin, die er in vier Büchern zwischen 1713 und 1730 veröffentlichte. Bereits im ersten Buch sind zahlreiche Stücke nicht mehr oder nicht nur mit den üblichen Namen der Tänze bezeichnet, sondern tragen zusätzliche oder andere Titel. So bekommt in der ersten Suite, die aus 18 Stücken besteht, die Allemande den Zusatzvermerk »l'Auguste«, die erste Sarabande »la Majestueuse«, die zweite Sarabande »Les Sentimens« und die Gigue »La Milordine«. Stücktitel wie »Les Silvains«, »La Manon« oder »La Fleurie ou la tendre Nanette« geben keine Hinweise mehr auf entsprechende Tänze, sondern auf bestimmte Charaktere, Figuren oder Personennamen. Couperin dürfte bei diesen Porträts von Jean de La Bruyères sehr populärer Publikation *Caractères* von 1688 beeinflusst worden sein.[46] Im Vorwort schreibt Couperin, dass die Titel den Ideen entsprächen, die er bei der Komposition im Sinn gehabt hatte, und dass einige Titel eine Art Porträt darstellen würden.[47] Derlei Charakterstücke nehmen in seinen weiteren Veröffentlichungen noch deutlich zu, sodass im dritten und vierten Band kaum noch Stücke mit traditionellen Tanzsatzbezeichnungen auftreten.

François Couperin, »Troisième livre des pièces de clavecin«

Nach 1713 und 1717 veröffentlichte Couperin 1722 in Paris sein drittes Buch mit Stücken für das Cembalo. Es besteht aus sieben Suiten, die Couperin jeweils – wie bereits in den anderen Büchern – als »Ordre« bezeichnet. Die Suiten haben zwischen fünf und acht Sätze. Mit Ausnahme einer Courante im 17. Ordre tragen alle Stücke keine Tanzbezeichnungen mehr, sondern sind mit anderen Titeln versehen. Teils sind diese Titel deskriptiv, und die jeweilige Musik ist durchaus lautmalerisch. So führt der 14. Ordre in eine Welt der Vögel und der Naturidylle. »Le Rossignol en-amour« (Die verliebte Nachtigall) nennt sich das erste Stück, das im langsamen Sechsachteltakt mit zahlreichen Trillern und Wechselnoten den lieblichen Gesang der Nachtigall nachahmt. Nach einem Double (also einer Variation) auf den ersten Satz folgen mit »La Linote-éfarouchée« und »Les Fauvétes Plaintives« Sätze über einen verscheuchten Hänfling und über klagende Grasmücken, ehe die siegreiche Nachtigall (»Le Rossignol-vainqueur«) zurückkehrt. Auch hier ist das Lautmalerische offensichtlich: Während der Hänfling in ständig repetierten Dreitonfolgen meckert, klagen die Grasmücken in hoher Lage. Die linke Hand ist hier im Violinschlüssel notiert und bewegt sich zwischen c^1 und a^2. Die Nachtigall freut sich in einem beschwingten Zwölfachteltakt. Nach einem als »La Julliet« (Der Juli) bezeichneten Satz folgt »Le Carillon de Cithére«, in dem die titelgebenden Glockenspielklänge der Insel Kythera unter anderem durch die Sechzehntel-Wechselnoten der rechten Hand vermittelt werden. Ein als Rondeau gestaltetes »Le Petit-Rien« (Die Kleinigkeit) schließt die Suite durch das kurze, pointierte, sich wiederholende Viertonmotiv durchaus ironisch ab. Mit einem solchen Ordre knüpft Couperin an Natur- und Situationsschilderungen an, wie sie in der Barockmusik gängig waren. Bezüge zu konkreten Tanzsätzen sind kaum noch vorhanden.

In anderen Suiten hingegen betreffen die Titel eher Charakterisierungen mehr oder weniger konkret identifizierbarer Personen im Umfeld des Hofes, Referenzen zur Kultur-, Theater- und Musikszene oder Darstellungen verschiedener Eigenschaften, Zustände oder Gegenstände.[48] So beginnt der 15. Ordre mit »La Régente ou la Minerve« (Die Regentin oder Minerva), was sich auf den damaligen Regenten Philippe II. d'Orléans bezieht und ihn mit der Göttin der Weisheit gleichsetzt. (Der weibliche Artikel »Die Regentin« bezieht sich auf den in der französischen Sprache weiblichen Artikel eines Stückes – »la pièce« – und nicht auf eine dargestellte weibliche Figur.) In diesem Satz, der mit »noblement« überschrieben ist, sind die Merkmale einer Allemande deutlich erkennbar, was der titelgebenden Figur einen seriösen Charakter verleiht. Der zweite Satz »Le Dodo ou L'amour au Berceau« (Das Wiegenlied oder Amor in der Wiege) ist ein Schlaflied und basiert auf einer Melodie, die in den Glockentürmen von Beaugency gespielt wurde, einer Stadt, deren Lehen Louis XIV. der Familie Orléans übertragen hatte. Hier nutzt Couperin die Form des Rondeaus gerade nicht, um durch wechselnde Strophen Variabilität zu erreichen, sondern um durch immer wiederkehrende absteigende Melodielinien in halben Noten und die gleichbleibende Begleitung eine Art einschläfernde Monotonie zu erzeugen. Zwei Sätze mit den stimmungsvollen Titeln »L'evaporée« (das Verflüchtigte) und »La Douce, et Piquante« (das Angenehme und Pikante), die sich möglicherweise auf Eigenschaften des Regenten oder auf Zustände am Hof beziehen, umrahmen zwei Musétes: die Muséte de Choisi und die Muséte de Taverni. Erstere nimmt Bezug auf einen Landsitz der Familie Conti, zweitere auf ein Anwesen des Regenten in Taverny. Mit den Bourdon-Bässen haben diese Sätze wieder expliziten Tanzcharakter. Die »Vergers fleüris« des vorletzten Satzes beziehen sich auf die Lauten- und Oboenspieler der Familie Verger. Im ersten Teil wird der Lautenstil und im zweiten Teil »dans le goût de Cornemuse« der Dudelsack mit Bourdon-Bässen nachgeahmt. Die Suite endet mit dem Menuett »La Princesse de Chabeüil ou La Muse de Monaco«, das die Prinzessin von Monaco Marie-Pelline porträtiert, die eine sehr gute Cembalospielerin war.

Im 15. Ordre ist damit in vielen Sätzen – und ganz im Unterschied zum lautmalerischen 14. Ordre – der Tanzgestus sehr gut erkennbar. Die Personen in Couperins Umfeld sind gleichsam durch die tänzerischen und musikalischen Praktiken, die im höfischen Kontext üblich waren, charakterisiert. Noch eindeutiger sind solche Bezüge dort, wo es direkt um Tanzereignisse geht, wie etwa im vierten Satz des 13. Ordre »Les Folies françoises, ou les Dominos«. Hier werden in zwölf Variationen im Stil einer Folia (eines bereits in der Renaissance gängigen Tanzes) die auf einem Ball in unterschiedlichen Farben auftretenden Dominos mit ihren jeweiligen Charaktereigenschaften musikalisiert. Dies reicht von der »Jungfräulichkeit« im Domino von unsichtbarer Farbe über die »Hoffnung« in Grün oder die »Treue« in Blau bis hin zur »Besessenheit« in Schwarz. Die kurzen Variationsstrophen (Couplets) der Folia werden genutzt, um die jeweiligen Eigenschaften bei gleichbleibendem Schema unterschiedlich herauszuarbeiten. So kontrastiert die »Mattigkeit« im siebten Couplet, die sich durch melodisch-rhythmische Gleichmäßigkeit auszeichnet, mit der nachfolgenden »Koketterie«, in der mit ständigem Takt- und Rhythmuswechsel eine enorme Unruhe herrscht. Der situative Rahmen eines Balls, in dem mehrere Dominos auftreten, gibt damit den verschiedenen Variationstechniken des Tanzes einen konkreten außermusikalischen Sinn. In Couperins Suiten werden die Tanzsätze also nicht lediglich um Charakterstücke erweitert, sondern die Tänze werden auch als Charakterstücke umgesetzt, wo die inhaltlichen Bezüge es nahelegen. Die Titel lassen teils großen Interpretationsspielraum zu, und zahlreiche Anspielungen auf historische Personen oder Sachverhalte sind heute nur noch schwer zu entschlüsseln. An den Schluss des *Troisième livre* hat Couperin vier *Concerts royaux* für Clavecin und weitere Instrumente gesetzt, die aus gängigen Tanzsatzfolgen bestehen und keine weiteren illustrierenden Titel besitzen.

Derlei Veränderungen der Suite durch die Zusammenführung mit dem Charakterstück zeigen sich im 18. Jahrhundert vor allem, aber nicht nur in der Musik für Tasteninstrumente. Eine wieder etwas andere Anlage der Suite findet sich meist unter dem Titel »Ouverture« zeitgleich in der Ensemble- und Orchestermusik. Ausgangspunkt war hier die französische Bühnen- und Ballettmusik von Jean-Baptiste Lully. Seit 1682 wurden Ausschnitte seiner Opern oder Ballette vorwiegend in Amsterdam in Bearbeitungen gedruckt und so vor allem in Mittel- und Nordeuropa verbreitet. Die Zusammenstellungen bestanden üblicherweise aus einer Ouverture mit anschließenden Tanzsätzen und Airs.

Obwohl diese Anlage vor allem verlegerische Interessen widerspiegelte, konventionalisierte sie sich insbesondere in Deutschland, und Komponisten wie Johann Sigismund Kusser, Georg Muffat oder Georg Philipp Telemann legten eigene Kompositionen dieser Art vor.[49] Darin spiegelt sich auch eine Orientierung der deutschen Höfe an Modellen französischer Orchester- und Tanzmusik ab den 1680er-Jahren. So ist in den *Musicalischen Discursen* des Weißenfelser Konzertmeisters Johann Beer über die Musik der Franzosen zu lesen: »Ihre *Suiten* klingen brav bey der Taffel / und darff sich derjenige / der sie streicht / den Ofen zum schrepffen nicht heitzen lassen. So kommen auch ihre gedämpfte Schallmeyen / samt dem neuerfundenen Fagott nicht übel / und wer ein Liebhaber davon ist / kann jetzt auf vielen teutschen Höfen grosse *satisfaction* von dergleichen *compositionen* und *instrumenten* geniessen.«[50]

Terminologisch verwirrend ist, dass mit Ouvertüre häufig die gesamte Satzfolge, also die Suite, oder auch lediglich der erste Satz bezeichnet wird. So beinhaltet Johann Sigismund Kussers 1682 in Stuttgart publizierte Sammlung *Composition de musique* sechs »Ouverturen«, wobei jede dieser Ouvertüren-Suiten wiederum mit einer ausgedehnten Ouvertüre beginnt, gefolgt von bis zu zwölf Tanzsätzen. Die Satzfolge der ersten Suite lautet beispielsweise:

Ouverture
Premier Air: Rondeau
Second Air
Troisiême Air: à 2. dessûs
Quatriême Air: Ballet
Cinquiême Air
Sixiême Air: Bourée
Septiême Air: Gigue à l'Angloise
Huictiême Air: Menuet
Neufiême Air: Menuet

Die terminologische Gewichtung zeigt sich auch im Untertitel von Kussers Sammlung, in dem es heißt: »Six Ouvertures de Théatre accompagnées de plusieurs Airs« – die Tanzsätze »begleiten« also die Ouvertüre. Diese orientiert sich mit ihrer häufig zweiteiligen Anlage (ein langsamer majestätischer Teil und ein rascher fugierter Teil) an der französischen Ouvertüre von Lully. Die nachfolgenden Sätze können in einer Ouvertüren-Suite relativ variabel sein in Art und Anzahl. Bei Telemann etwa finden sich häufig auch Charakterstücke, programmatische Stücke und Naturschilderungen.[51] Hinsichtlich ihrer Ausdehnung kann der erste Satz im Vergleich zu den anderen Sätzen ein großes Übergewicht erlangen, wie das etwa in den Suiten von Johann Sebastian Bach der Fall ist. Dies ist aber nicht die Regel. Viele der Ouvertüren-Suiten wurden von Hofkapellmeistern für die Tafelmusik und zur Unterhaltung an den Höfen komponiert. An kleineren Höfen musizierte dabei im Alltag oft lediglich ein kleines, einfach besetztes Streicherensemble. Je nach Anlass konnte diese Art von Suite jedoch auch große Dimensionen und repräsentativen Charakter annehmen. So komponierte Georg Friedrich Händel für eine Bootsfahrt von König George I. am 19. Juli 1717 auf der Themse (von Whitehall nach Chelsea) die sogenannte *Water Music*. Von den insgesamt 22 Sätzen haben insbesondere die ersten neun den Charakter einer geschlossenen Ouvertüren-Suite. Laut einem zeitgenössischen Bericht im *Daily Courant* wurde die *Water Music* von 50 Musikern dargeboten, die sich auf einem eigenen Boot befanden. Mit Oboen, Travers- und Blockflöten, Fagotten, Hörnern, Trompeten und Streichern ist sie als Freiluftmusik dem Anlass angemessen stark besetzt.

Nicht nur Händels *Water Music* zeigt, dass Musik, die sich an Tanzidiomen orientierte, völlig unterschiedliche Funktionen erfüllen konnte. Die Veröffentlichung oder Darbietung von Tanzsatzfolgen blieb dabei eine genuin barocke Angelegenheit. Gattungen wie die Suite wurden nach 1730 nur noch selten bedient, und andere Instrumentalgattungen wie Sonate, Konzert oder Sinfonia erlangten mehr Präsenz. Aber auch in diesen Gattungen gab es immer wieder Sätze mit Tanzcharakter, sodass barocke Tanzmodelle weiterhin präsent blieben.

»Suonare« zwischen Kirche und Kammer

In Italien wurden zunächst kaum Zyklen von Tanzsätzen in der Art der Suite zusammengestellt. 1667 legte aber beispielsweise der in Venedig tätige Johann Rosenmüller *Sonate da camera* vor – und diese wie auch andere als Kammersonaten bezeichnete Stücke beinhalteten nichts anderes als eine Folge von Tanzsätzen. Interessant erscheint der Zusatz »da camera«, der einen bestimmten Aufführungskontext nahelegt: Die Kammersonate wäre demnach in der Kammer, also in einem eher kleinen Rahmen bei Hof, vielleicht auch in Akademien oder in der häuslichen Musikpflege von Adel und Bürgertum musiziert worden. In anderen Publikationen wiederum taucht gelegentlich der Begriff »Sonata da chiesa« (Kirchensonate) für klein besetzte mehrsätzige Werke auf. Für diese Sonate wäre wiederum anzunehmen, dass sie in der Kirche ihren Platz hatte und an bestimmten Positionen in der Messe oder in der Vesper zur Aufführung kam. Können wir von solchen Titelzusätzen aber tatsächlich auf einen Aufführungsort und eine bestimmte Funktion schließen? Unterscheiden sich Kammer- und Kirchensonaten in ihrer Anlage oder ihrem Stil voneinander? Wo sind die vielen Sonaten aufgeführt worden, die keinen Titelzusatz enthalten, und was kann in der Barockzeit überhaupt eine Sonate sein? Die Beschäftigung mit diesen Fragen wirft nochmals ein anderes Licht auf die Herausbildung einer eigenständigen Instrumentalmusik im 17. und 18. Jahrhundert.

Der Begriff »suonare« (klingen) wurde bereits vor 1600 als Gegenbegriff zu »cantare« (singen) verstanden.[52] Die »Sonada« oder »Sonata« taucht etwa als Stückbezeichnung in spanischen und italienischen Lautentabulaturen des 15. Jahrhunderts auf. Michael Praetorius denkt hingegen an groß besetzte Werke, wenn er 1619 schreibt, dass die Sonate ebenso wie die Canzone auf Instrumenten zu musizieren sei. Er ergänzt: »Es ist aber meines erachtens dieses der vnterschied; Daß die Sonaten gar gravitetisch und prächtig uff Motetten Art gesetzt seynd; Die Canzonen aber mit vielen schwartzen Noten frisch / frölich vnnd geschwinde hindurch passiren.«[53] Praetorius' Anmerkung verdeutlicht, dass die Sonate – im Übrigen ebenso wie die ihr satztechnisch durchaus ähnliche Canzone – von vokalen Vorbildern aus gedacht wurde. Derlei Sonaten und Canzonen wurden zu dieser Zeit vor allem in Venedig veröffentlicht und orientierten sich an den dortigen Traditionen der Mehrchörigkeit. So beinhalteten Giovanni Gabrielis *Sacrae symphoniae* von 1597 mehrere doppel- und mehrchörige instrumentale Kanzonen und Sonaten mit bis zu 15 Stimmen, die *Canzoni e sonate* von 1615 sogar Sonaten mit bis zu 22 Stimmen. Solch vielstimmige Instrumentalwerke wurden auch andernorts – wo dies personell und finanziell möglich war – noch bis in die zweite Hälfte des 17. Jahrhunderts produziert. Am Wiener Hof etwa war der Geiger Johann Heinrich Schmelzer für die Instrumentalmusik verantwortlich und veröffentlichte 1662 unter dem Titel *Sacro-profanus concentus musicus* eine Sammlung von Sonaten mit bis zu acht Stimmen. In der Widmungsrede Schmelzers wird deutlich, dass die Aufführungskontexte dieser Instrumentalmusik durchaus vielfältig waren, dass sie »tam excercendae in Ecclesia pietati, quàm extra eam humano animo recreandò« (ebenso Übung der Frömmigkeit in der Kirche als Erholung des menschlichen Geistes außerhalb ihrer) sein konnte.[54] Mit den Sammlungen *Duodena selectarum sonatarum* (1659) und *Sonatae unarum fidium* (1664) gingen jedoch auch kleiner besetzte Sonaten Schmelzers in Druck. Erstere Sammlung umfasst Sonaten für zwei, gelegentlich auch drei Streichinstrumente (Violinen und Viola da Gamba) und Generalbass, zweitere solche für eine Violine und Generalbass.

Es waren diese bereits in der ersten Hälfte des 17. Jahrhunderts durchaus gängigen kleineren Besetzungen, für die sich der Begriff »Sonate« stärker konventionalisierte als für groß besetzte Werke. In den einsätzigen, häufig aus mehreren Abschnitten bestehenden Sonaten sind unterschiedliche Einflusssphären bemerkbar: Einerseits war auch hier der Motetten- und Kanzonenstil prägend, andererseits sind Merkmale des Sologesangs oder des Tanzes festzustellen. Auch instrumentale Virtuosität spielt durch die Anwendung von Passaggien oder Variationstechniken eine Rolle. Eine Einordnung in einen spezifischen funktionalen Kontext ist meist nicht möglich. So ist im Untertitel von Tarquinio Merulas 1637 in Venedig erschienenen zwei- bis dreistimmigen *Canzoni* vermerkt: »Sonate concertate per chiesa, e camera«. Dies lässt eine Aufführung in der Kirche ebenso denkbar erscheinen wie in kammermusikalischen Kontexten. Die Vermerke »da chiesa« und »da camera« für einzelne Stücke scheinen jedoch durchaus darauf hinzuweisen, wofür die Musik geeignet oder nicht geeignet war. Dies ging wiederum mit formalen Anlagen und stilistischen Eigenschaften einher. An Giovanni Legrenzis Sammlung *Suonate da chiesa, e da camera, Correnti, Balletti, Allemande, e Sarabande* für zwei Violinen, Violone und Basso continuo von 1656 lässt sich dies gut illustrieren. Die ersten sechs Sonaten haben keinerlei spezifische Bezeichnung. Sie bestehen aus schnellen und langsamen Sätzen und verwenden teils imitative und kontrapunktische Techniken. Diese Sonaten konnten im Wesentlichen überall aufgeführt werden. Die sechs folgenden Sonaten sind jeweils mit »Sonata da camera« überschrieben. Diese einsätzigen Sonaten orientierten sich mit ihrer zweiteiligen Anlage zwar an Tanzmodellen, weiten diese allerdings aus und waren zum Tanz daher nicht praktikabel. Erst im Anschluss an diese Sonaten finden sich in der Sammlung Tänze wie Sarabanda, Corrente, Balletto und Allemanda, die auch tatsächlich für den Tanz geeignet waren.

Die Verwendung der Begriffe »camera« und »chiesa« für eine bestimmte Anlage oder einen spezifischen Stil ist jedoch nicht immer eindeutig. Giovanni Maria Bononcinis Sammlung *Varii fiori del giardino musicale* von 1669 etwa beinhaltet als »Sonata da camera« gekennzeichnete Stücke, die eine imitative Textur nach Art des Kirchenstils in den Vordergrund stellen und keineswegs tanzartig sind.[55] Dies zeigt einmal mehr, wie variabel bestimmte Begriffe im 17. Jahrhundert verwendet wurden. Gelegentlich mögen sich bei Titelzusätzen in Druckpublikationen auch bestimmte verlegerische Strategien widerspiegeln.[56] Auszuschließen ist lediglich, dass eine deutlich als Tanz erkennbare Musik im 17. Jahrhundert für die Verwendung in der Kirche vorgesehen war. Umgekehrt jedoch konnten Sonaten, die eher einem Kirchenstil zugehörig erscheinen, durchaus auch in der »camera« aufgeführt werden. Insgesamt ist in der Sonatenproduktion dieser Zeit eine enorme Bandbreite an formalen Anlagen und Stilen festzustellen.

Die heute gängigen Termini »da camera« und »da chiesa« sind demnach nicht am Aufführungsort oder an der historisch vielfältigen Verwendung der Begriffe orientiert. Sie markieren vielmehr eine Unterscheidung in zwei unterschiedliche Typen von Sonaten, für die vor allem die Rezeption der Veröffentlichungen von Arcangelo Corelli verantwortlich war. Der in Rom weithin als Geiger und als »musico da camera« von Christina von Schweden sowie später für die Kardinäle Benedetto Pamphili und Pietro Ottoboni tätige Corelli publizierte als op. 1 (1681) und op. 3 (1689) je zwölf *Sonate a tre* für zwei Violinen, Violone oder Arciliuto und Orgel sowie als op. 2 (1685) und op. 4 (1694) je zwölf *Sonate da camera* für zwei Violinen und Violone oder Cembalo. Die Sammlungen verbreiteten sich rasch europaweit und fanden anhaltendes Interesse. Bis zum Ende des 18. Jahrhunderts sind für jedes Opus etwa 40 Nachdrucke nachweisbar.[57] Es ist kein Zufall, dass op. 1 und op. 3 keine Titelzusätze tragen, während für op. 2 und op. 4 »da camera« auf dem Titelblatt vermerkt ist. Diese Sammlungen enthalten überwiegend und explizit Tanzsätze und waren daher für eine Aufführung in der Kirche ungeeignet. Die Stücke in op. 1 und op. 3 legen mit der Verwendung der Orgel zwar einen kirchlichen Kontext nahe, allerdings waren Orgelpositive auch in der Kammermusik im 17. Jahrhundert gängig. Es ist also durchaus anzunehmen, dass Corelli beispielsweise für sein op. 1 Sonaten zusammenstellte, die zuvor in den Akademien der Christina von Schweden zur Aufführung gekommen waren.[58] Ihr ist die Sammlung auch gewidmet.

Arcangelo Corelli, »Sonate a tre« (op. 1)

In Corellis Sonaten op. 1 manifestieren sich Merkmale, die im historischen Verständnis einem Kirchenstil zugeordnet werden können, auch wenn die Sonaten nicht innerhalb eines liturgischen Kontextes aufgeführt werden mussten. Die meisten Sonaten sind viersätzig und auf eine kontrastive Satzfolge hin angelegt. Neun der zwölf Sonaten beginnen mit einem als Grave bezeichneten langsamen Satz. Der seriöse, feierliche Ton ist bereits in der ersten Sonate sehr gut erkennbar. In den ersten beiden Takten wird ein einleitendes Motto platziert, das mit einer Kadenz wieder in den Grundton *f* mündet (Abb. 24). In dem homophonen Satz schreiten die Stimmen meist gemächlich in kleinen Intervallen voran. Hier wie auch in anderen dieser langsamen Einleitungssätze arbeitet Corelli häufig mit Vorhaltsbildungen, die er sequenzartig aneinanderreiht (Takt 3–4). Die entstehenden Dissonanzen erzeugen einen spannungsgeladenen Satz. Auffällig ist außerdem, dass die am Beginn des Stückes stehende absteigende Dreitonfolge in den Violinen die motivische Substanz bildet, mit der in dem kurzen, nur 14 Takte langen Satz durchgehend gearbeitet wird. Bereits der zweite Takt bildet eine Variante davon, ebenso wie die anschließenden Vorhaltssequenzen oder die absteigende Linie der Violine I ab Takt 6. Der Satz erhält dadurch einen sehr einheitlichen Charakter.

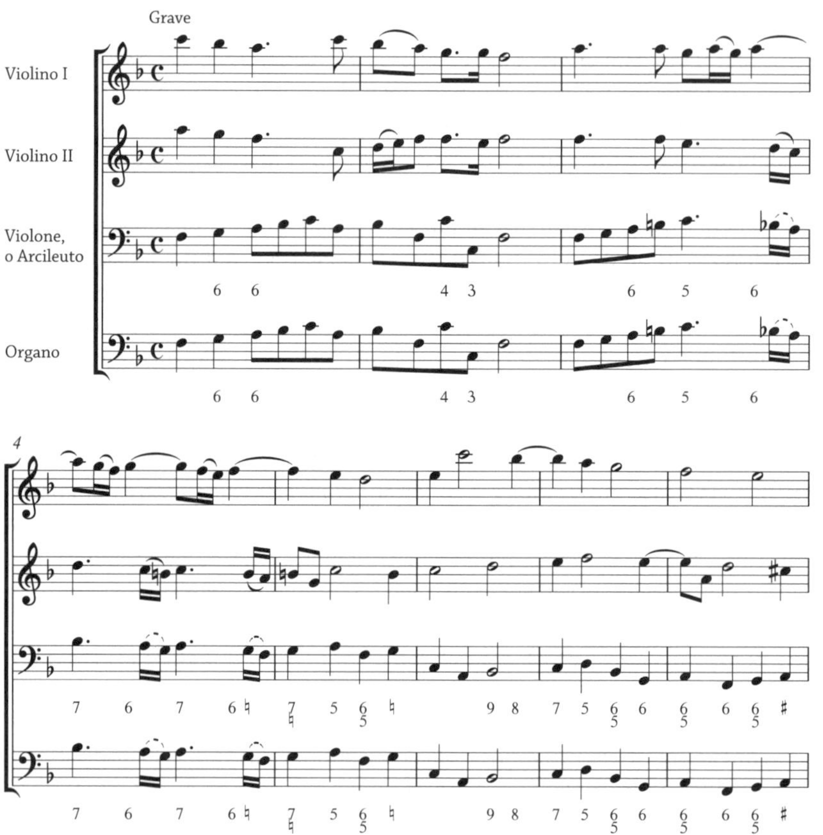

Abb. 24: Arcangelo Corelli, *Sonate a tre* (op. 1), Sonate Nr. 1, Takt 1–8

Dem gravitätischen ersten Satz folgt in den meisten Fällen ein Allegro, das als Fuge konzipiert ist. Auch dies lässt sich bereits in der ersten Sonate beobachten. Das Thema wird in halben Noten in der ersten Violine in Takt 1 bis 5 exponiert. Die zweite Violine setzt bereits in Takt 2 mit einer Gegenstimme in Sechzehntelnoten ein. In Takt 5 wird das Thema in der Bassstimme in der Unterquart gebracht, während die erste Violine die Gegenstimme übernimmt und die zweite Violine meist im Terzabstand mit ihr mitgeht. Ab Takt 9 schließlich erscheint das Thema eine Oktave höher als am Beginn in der zweiten Violine, der Bass übernimmt die Gegenstimme, und die erste Violine arbeitet mit Abspaltungen der Gegenstimme. Im weiteren Verlauf des Stückes wird vor allem mit der Umkehrung des Themas sowie mit Abspaltungen und Engführungen von Thema und Gegenstimme gearbeitet. In diesen als Fugen gestalteten Sätzen werden auch gelegentlich Merkmale der zeitgenössischen Orgelmusik übernommen. So geht das chromatische Thema des Allegros in Sonate Nr. 11 auf entsprechende Modelle des Orgel-Ricercars zurück.[59] Auf den raschen zweiten Satz folgt in der Regel wieder ein langsamer Satz, sehr häufig als Adagio bezeichnet und nun – im Unterschied zum meist geradtaktigen ersten Satz – im Dreiertakt. Dieser dritte Satz ist üblicherweise homophon gesetzt, darin dem ersten Satz ähnlich. In der ersten Sonate zeigt sich jedoch die Variabilität von Corellis Satztechniken. Hier schreitet der Bass in gleichmäßigen Viertelnoten voran, während die Violinstimmen meist in längeren, oft von Überbindungen und Synkopen geprägten Notenwerten aufeinander reagieren. In den langsamen Sätzen kommen generell auch immer wieder kontrapunktische Techniken vielfältiger Art zum Einsatz. Der Schlusssatz ist in Corellis Sonaten op. 1 ausnahmslos ein schneller Satz, häufig mit Allegro, seltener mit Vivace oder Presto überschrieben und überwiegend in einem Dreiertakt. Hier arbeitet Corelli mit kleingliedrigen, lebhaften Motiven, die in vielfältigen Imitationen oder abermals als Fuge verarbeitet werden. Die Stimmen konzertieren immer wieder in verschiedenen Kombinationen miteinander, und auch tänzerische Charakteristika sind anzutreffen. In der ersten Sonate weist das viertaktige Anfangsthema des vierten Satzes, das durch die Achtelfigur am Beginn einen leichten, tänzerischen Charakter erhält, in sich Verarbeitungstechniken auf: Im zweiten Takt wird die Figur sequenziert und im vierten Takt in Umkehrung gebracht. Violine I, II und Bassstimme setzen nacheinander mit dem Thema ein. Während der Bass noch das Thema spielt, bedienen die Violinen einen für die Courante typischen Rhythmus. Im Verlauf des Satzes werden die Stimmeinsätze enggeführt, die Anfangsfigur wird jedoch auch für einen dialogisierenden Wechsel der Stimmen gebraucht. Gegen Ende schiebt Corelli noch einen Adagio-Abschnitt ein, der durch absteigende Sequenzen in harmonisch fernliegende Regionen führt, ehe das tänzerische Element durch die Wiederkehr des Courante-Rhythmus die Sonate beschließt. In Corellis op. 1 bilden diese schnellen Sätze somit einen schwungvollen Abschluss der jeweiligen Sonate.

Elemente des Stile antico sind in Corellis Sonaten durchgängig vorhanden. Freilich wird dabei ein durchaus moderner Kirchenstil bedient, der auch konzertierende und tänzerische Elemente beinhaltet. Eine viersätzige Anlage mit der Satzfolge »langsam – schnell – langsam – schnell«, die in op. 3 noch häufiger anzutreffen ist als in op. 1, wurde durch die Sonaten Corellis rasch modellbildend. In den Sonaten op. 1 ist jedoch deutlich erkennbar, dass es nicht um die Erfüllung eines Schemas ging, sondern dass Variabilität und Abwechslungsreichtum wichtige Kriterien der Gestaltung der Sonaten waren. Dies betrifft nicht nur die kontrastive Abfolge, sondern auch die Charakteristik der einzelnen Sätze.

Es werden immer wieder andere Schwerpunkte in der Anlage oder der Satztechnik gesetzt. So finden sich beispielsweise auch die von der Tanzmusik herrührenden zwei- oder dreiteiligen Formen gelegentlich wieder. Alle Sonaten Corellis haben mit circa 100 bis 150 Takten eine überschaubare Länge. Manche Sätze schließen auch harmonisch offen, sodass der Folgesatz direkt daran anknüpft. Die dramaturgisch ausgeklügelte, auf Abwechslungsreichtum abzielende Anlage der Sätze sowie die Einheit der Tonart innerhalb einer Sonate legen nahe, dass Corelli eine Sonate durchaus als eine zusammengehörende Einheit, das heißt als Zyklus aufgefasst hat. Ob im 17. Jahrhundert die Sonate in der Regel als Ganzes vorgetragen wurde oder ob beispielsweise bei einem Einsatz in der Kirche einzelne Sätze an unterschiedlichen Stellen der Liturgie gespielt wurden, ist heute nicht mehr eruierbar.

Welchen Einfluss Corellis Sonaten op. 1 und 3 im Da-chiesa-Typus hatten, zeigt sich daran, dass zahlreiche Komponisten forthin Ensemblesonaten in gleicher Besetzung und mit ähnlicher Anlage vorlegten. Es etablierte sich sogar eine Konvention, solche Sonaten als op. 1 in Druck zu geben, wie dies Antonio Caldara (1693), Tommaso Albinoni (1694) oder Antonio Vivaldi (1705) taten. Corellis op. 2 und 4, die Kammersonaten, waren hingegen insofern weniger normbildend, als die Publikation einer Abfolge von Tanzsätzen mit einem einleitenden langsamen Stück bereits eine vielfältige Tradition aufwies. Corellis Kammersonaten ähneln in ihrer Anlage den andernorts anzutreffenden Tanzsuiten und haben folgenden Ablauf: Nach dem Preludio erscheint in op. 2 die Allemanda, in op. 4 auch mehrmals die Corrente. Die weiteren ein oder zwei Sätze bringen am häufigsten die Giga, die meistens den Abschluss der Sonate darstellt. Neben Sarabande und Gavotta kommen als Mittelsätze vor allem in op. 4 auch Stücke vor, die keinen Tanzcharakter haben und den langsamen Sätzen des Da-chiesa-Typus ähneln. Ebenso wie in der Kirchensonate ging es auch in der Kammersonate – dabei dem Prinzip der Tanzsuite folgend – um eine abwechslungsreiche Abfolge an Sätzen. Von der Kirchensonate unterscheidet sich die Kammersonate Corellis freilich durch den Tanzcharakter der Sätze und die damit einhergehenden anderen Strukturen und Kompositionsweisen. Dies zeigt sich auch in der Besetzung. In der Kirchensonate ist neben den beiden Violinen eine obligate Bassstimme notiert, die innerhalb des kontrapunktischen Geschehens eigenständig geführt werden kann. Die Orgel wird lediglich als Continuo-Instrument eingesetzt und nicht mitgezählt (Sonate a tre). In der Kammersonate hingegen ist neben den Violinen ein Violone oder ein Cembalo vorgeschrieben, und die einzige notierte Bassstimme hat zwar auch melodisches Material, muss aber jedenfalls die Continuo-Funktion erfüllen. Insofern ist es etwas irreführend, dass beide Typen heute als Triosonaten bezeichnet werden. Die Frage, ob bei der Anzahl der Stimmen der Basso continuo mitgezählt wird oder nicht, wurde jedoch bereits in der Barockzeit nicht immer einheitlich beantwortet.

Auch wenn Corellis Da-chiesa-Typus eine normierende und richtungsweisende Wirkung entfaltete, nimmt die Sonate im 18. Jahrhundert eine Entwicklung, bei der die typischen Kirchenstil-Elemente sukzessive verschwinden. Die Kirchensonate wird zur Sonate an sich, indem sie auch Elemente der Kammersonate miteinbezieht. Der gravitätische erste Satz fehlt immer öfter, die Sätze haben häufiger die aus der Tanzmusik stammende binäre Form, die Phrasengestaltung wird regelmäßiger, die kontrapunktischen Elemente weniger.[60] Dies hat freilich auch mit sich verändernden Satztechniken zu tun. Die Sonate wird gerade durch ihre vielfältigen und freien Gestaltungsmöglichkeiten im 18. Jahrhundert zur beliebtesten Gattung für verschiedene Ensembleformationen.

Nicht unerwähnt bleiben soll, dass für die barocke Ensemblesonate auch andere Melodieinstrumente als die Violinen gängig waren, etwa Zink, Flöte oder Oboe. Im 17. Jahrhundert waren zunächst meist gar keine spezifischen Instrumente, sondern nur die Stimmenanzahl vorgegeben. Später dominierten in Italien die Violinen, außerhalb Italiens waren jedoch auch Kombinationen von Oboe und Violine oder Flöte und Violine gängig. 1747 etwa veröffentlichte Johann Sebastian Bach die *Sonata sopr'il soggetto reale a traversa, violino e continuo* als Teil des *Musikalisches Opfers* (BWV 1079). Im Titel der Sonate rekurriert er auf ein musikalisches Thema, das der flötenspielende König Friedrich II. ihm zur Improvisation vorgelegt hatte und das er in der Sonate verarbeitete. Die Besetzung der Sonate mit Traversflöte ist als Reverenz an den König zu verstehen.

In Veröffentlichungen, mit denen die Verleger ein breites Publikum erreichen wollten, sind im 18. Jahrhundert in Ensemblesonaten noch Alternativbesetzungen vermerkt. So findet man in Drucken des Verlages Walsh in London häufig den Hinweis, dass die Sonaten mit Violinen oder Flöten oder anderen Instrumenten ausgeführt werden können. Generell ist jedoch festzustellen, dass die Tendenz, spezifisch für die spieltechnischen Möglichkeiten eines Instruments zu schreiben, im Laufe der Zeit zunimmt. Dies ist insbesondere in jenen Sonaten bemerkbar, in denen ein einzelnes Instrument im Mittelpunkt steht, was am häufigsten bei der Violine der Fall ist. Ein Beispiel dafür wurde mit den »Mysterien«-Sonaten von Heinrich Ignaz Franz Biber in Kapitel 4 erwähnt. In den Sonaten werden die spezifischen Möglichkeiten der Violine optimal für bestimmte virtuose Effekte genutzt (Skalenspiel, Akkordzerlegungen,

Doppelgriffe, Tremolo, Skordatur). Die als Basso continuo auszuführende Bassstimme bietet eine harmonische Grundierung und begleitet die Violine. Es waren vor allem die herausragenden Geiger, die derlei Sonaten oft auch für den Eigengebrauch komponierten. Jean-Marie Leclair etwa, der als Violinvirtuose in Paris regelmäßig in den Concerts spirituels auftrat, veröffentlichte zwischen 1723 und 1738 mehrere Sammlungen von Sonaten für Violine und Basso continuo mit erheblichen spieltechnischen Anforderungen. Dem Geiger Giuseppe Tartini, der 1727 in Padua eine eigene Violinschule gegründet hatte, soll der Legende nach der Teufel selbst die kaum zu spielenden Triller seiner sogenannten »Teufelstrillersonate« eingeflüstert haben.[61]

Während diese Stücke als virtuose Solosonaten mit Begleitung wahrgenommen werden, erscheint in anderen Sonaten dieser Besetzung das Verhältnis der beteiligten Instrumente anders gewichtet.[62] In Corellis Sonaten op. 5 etwa soll neben der Violinstimme eine für das Continuo-Spiel bezifferte Bassstimme laut Titel von einem Violone oder einem Cembalo ausgeführt werden (ähnlich wie in den Kammersonaten). Diese Bassstimme greift deutlich in das melodische Geschehen ein und ist vor allem in den raschen Sätzen von Imitationen geprägt. Sie zielt also nicht ausschließlich auf eine Begleitfunktion ab. Die Stimme der Violine ist zwar keineswegs anspruchslos, setzt aber nicht auf spieltechnisch herausragende Effekte. Die beiden Stimmen erscheinen damit deutlich gleichberechtigter.

Sonaten für ein Soloinstrument ohne jegliche Begleitung waren in der Barockzeit eher unüblich. Das Repertoire für Lauten- oder Klavierinstrumente, die im kammermusikalischen Bereich zahlreich eingesetzt wurden, bestand überwiegend aus Tänzen oder aus Stücken, die auf einschlägigen Improvisations- und Variationstechniken basierten. Dennoch sind Modelle der Ensemblesonate auch im Solorepertoire für unterschiedliche Instrumente anzutreffen. Ein Beispiel hierfür sind die *Sei Solo á Violino senza Basso accompagnato* von Johann Sebastian Bach (BWV 1001–1006). Drei der Soli entsprechen dem Da-chiesa-Sonatentypus, die anderen drei enthalten Tanzsätze, die sich teils am italienischen Da-camera-Typus, teils an französischen Tanzsuiten orientieren. Bachs expliziter Hinweis im Titel, die Soli seien ohne Basso continuo auszuführen, verdeutlicht, dass unter einem Solo für Violine üblicherweise ein Stück *mit* Begleitung verstanden wurde.

Für Tasteninstrumente wurde es ab den 1730er-Jahren vor allem in Italien üblich, eine Folge von zwei bis drei Sätzen als Sonate zu bezeichnen. In Sonaten von Baldassare Galuppi, Giovanni Battista Sammartini, Giuseppe Antonio Paganelli oder Johann Adolf Hasse taucht das Menuett als einziger Tanzsatz immer wieder auf, überwiegend sind die Sätze der Sonaten jedoch in einem freien, galanten Stil gestaltet. Typisch sind etwa Akkordbrechungen in der linken Hand (auch in Form der sogenannten Alberti-Bässe[63]) bei eingängiger Melodik in der rechten Hand. Die Phrasen sind oft kurz und regelmäßig, die Harmonik bewegt sich im Spannungsfeld zwischen I. und V. Stufe. Derlei Kompositionstechniken bleiben auch in der zweiten Hälfe des 18. Jahrhunderts noch typisch für die Klaviersonate.

Ebenso wie für andere Soloinstrumente ist auch für Tasteninstrumente festzustellen, dass spezifische, auf das jeweilige Instrument zugeschnittene Spieltechniken und virtuose Elemente eine zentrale Rolle spielen. Besonders gut ersichtlich ist dies in der enorm umfangreichen Sonatenproduktion von Domenico Scarlatti. Er unterrichtete am portugiesischen, dann am spanischen Hof unter anderem Maria Bárbara de Bragança, die spätere Königin von Spanien, im Cembalospiel. Seine über 500 überwiegend in Handschriften überlieferten Sonaten sind großteils im Umfeld dieser höfischen Tätigkeiten entstanden. Viele der meist einsätzigen Sonaten entwickeln ihr melodisches Material aus bestimmten pianistischen Spielfiguren wie Läufen, arpeggierten Akkorden oder Figuren mit großen Sprüngen.[64] Das Kreuzen der Hände wird in manchen Sonaten besonders prominent eingebracht, andere wiederum loten die verschiedenen Lagen und Register des Klavierinstruments aus. Eine Besonderheit in Scarlattis Sonatenschaffen ist der Einfluss andalusischer Volksmusik.

Die Klaviersonate war generell in dieser Zeit sehr vielgestaltig, und auch ihre Funktionen wurden sukzessive erweitert. Da sich das Tasteninstrument (zunächst noch das Cembalo und immer mehr auch das neue Hammerklavier) zum beliebtesten Instrument der häuslichen Musikpflege in breiteren bürgerlichen Kontexten entwickelte, wuchs die Sonatenliteratur, die für den Unterricht oder für weniger versierte Spielerinnen und Spieler verwendet werden konnte. Eine Tendenz zur Vereinfachung zeigt sich etwa bei Giovanni Marco Rutini, der ab 1748 zahlreiche Sammlungen mit Klaviersonaten veröffentlichte, die vor allem ab op. 7 (1770) schlichter wurden.[65] Hinweise darauf, dass Sonaten für bestimmte Schülerinnen oder Schüler geschrieben wurden, ergeben sich häufig aus Widmungen. So sind Rutinis *Sei sonate per cembalo* op. 3 (1756) seiner Cembalo-Schülerin Maria Ludovica von Nostitz-Rieneck gewidmet. Auch Lehrwerke nahmen im 18. Jahrhundert zu, und Anleitungen wie Carl Philipp Emanuel Bachs *Versuch über die wahre Art das Clavier zu spielen* (1753/62) setzten neue pädagogische Maßstäbe.

Wenn bislang von Sonaten für ein Tasteninstrument gesprochen wurde, so war implizit das besaitete Tasteninstrument (Cembalo, Hammerklavier etc.) gemeint, das vorwiegend in der kammermusikalischen oder häuslichen Musikpflege zum Einsatz kam. Im Bereich der solistischen Instrumentalmusik spielte jedoch ein anderes Tasteninstrument eine überaus wichtige Rolle, das bislang noch nicht erwähnt wurde: die Orgel. Für sie liegt ein vielfältiges Repertoire vor, das großteils in engem Zusammenhang mit ihrer kirchenmusikalischen Funktion steht. Der Begriff »Sonate« spielt hier nur eine untergeordnete Rolle, auch wenn er gelegentlich vorkommt, wie etwa in Adriano Banchieris *Organo suonarino* (1605) für Stücke, denen kein Cantus firmus zugrunde liegt. Es lohnt, den Blick nochmals auf das »suonare«, und damit auf die solistische Orgelmusik im Allgemeinen zu weiten.

Die Orgel ist in der Barockzeit vorwiegend ein Instrument des Kirchenraums, auch wenn sie in anderen Kontexten ebenfalls zum Einsatz kommen konnte. In der katholischen und der evangelisch-lutherischen Kirche spielten selbst in mittleren oder kleineren Kirchen eigens angestellte Organisten bei Gottesdiensten, Vespern oder anderen kirchlichen Veranstaltungen. Die versierten Organisten improvisierten vielfach spontan. Das schriftlich überlieferte Repertoire gibt dennoch einen Einblick in die unterschiedlichen Praktiken der Orgelmusik.[66] Zum einen waren verschiedene Formen der Alternatim-Praxis üblich. Hierbei wurden die Abschnitte eines liturgischen Textes oder die Verse eines Chorals jeweils abwechselnd von der Orgel und vokal vorgetragen. Die Orgel-Versetten (also die von der Orgel gespielten Verse) boten dem Organisten die Möglichkeit, die Melodie des Chorals vielfältig zu bearbeiten, konnten jedoch auch choralfrei gestaltet sein. Eine andere Praxis bestand darin, ein vokales Stück durch ein Vorspiel einzuleiten. Das Choralvorspiel sollte auf die anschließende vokale Darbietung eines Chorals vorbereiten, indem es entweder die ersten Melodiezeilen des Chorals verarbeitete oder den Choral vollständig in einer der Stimmen brachte. Es diente beim Gemeindegesangs, wie er in der evangelisch-lutherischen Kirche gepflegt wurde, auch dazu, die Melodie des Kirchenliedes in Erinnerung zu rufen, bevor es gesungen wurde.

Vokal dargebotene liturgische Musik konnte jedoch auch durch ein Orgelvorspiel eingeleitet werden, das mit dem nachfolgenden Vokalstück melodisch gar nicht zusammenhing. Solche Stücke wurden in Italien häufig als Toccata, im Norden Europas hingegen als Präludium bezeichnet. Es war außerdem möglich, dass sie innerhalb der Liturgie einen Vokalsatz vollständig ersetzten, etwa im Messproprium der katholischen Liturgie bei Offertorium oder Communio. Von Girolamo Frescobaldi oder Johann Jacob Froberger liegen Orgeltoccaten für die Verwendung bei der Elevatione vor. Insgesamt wurden choralfreie Orgelstücke sehr flexibel eingesetzt und nahmen je nach Verwendung teils auch größere Dimensionen an. Aber auch choralgebundene Orgelstücke konnten zu umfangreichen und virtuosen Bearbeitungen eines Chorals heranwachsen, die beispielsweise in der Vesper oder im Gottesdienst bei der Communio erklangen. In der Forschung wurden sie später als Choralfantasien bezeichnet. Ein- und Auszug in Gottesdienst und Vesper boten zusätzliche vielfältige musikalische Gestaltungsmöglichkeiten. Die Kirche war ferner auch ein Ort für außerliturgische Orgelkonzerte. Besondere Popularität erlangten etwa diejenigen von Jan Pieterszoon Sweelinck an der Oude Kerk in Amsterdam, die bereits vor 1600 etabliert wurden. Die solistische Orgelmusik der Barockzeit bewegte sich damit in einem Spektrum, das von der konkreten Aufgabe im Gottesdienst bis hin zur freieren konzertmäßigen Aufführung reichte. Dazu kamen Studienkompositionen, bei denen vorwiegend ältere Gattungen wie das Ricercar oder die Kanzone zur Unterweisung im Kontrapunkt dienten.

Dieses breite Spektrum zeigt sich beispielsweise bei Dieterich Buxtehude, der ab 1668 als Organist an der Lübecker Marienkirche tätig war.[67] Von seinen über 110 überlieferten Kompositionen für Tasteninstrumente ist ein Großteil für die Ausführung auf der Orgel gedacht. Quantitativ überwiegen Choralbearbeitungen und hierbei wiederum solche, die im Gottesdienst als Vorspiele zum Gemeindegesang genutzt wurden. Diese Choralvorspiele bringen die gesamte Melodie eines Chorals meist als verzierten Cantus firmus in der Oberstimme. Der Bass im Pedal und die zwei Mittelstimmen bilden das harmonische Grundgerüst. Sie gliedern die einzelnen Phrasen des Chorals aber auch dadurch, dass sie zwischen ihnen kleine Zwischenspiele gestalten. Die Melodie des Chorals ist immer klar erkennbar, wodurch die Kirchengemeinde auf den zu singenden Choral vorbereitet werden konnte. Harmonik und Ornamentierung sind zudem sinnausdeutend auf den Text des Chorals bezogen, wie dies zum Beispiel in der diatonischen Harmonik und den überschwänglichen Verzierungen des Reformationschorals »Ein feste Burg ist unser Gott« (BuxWV 184) zum Ausdruck kommt.[68] In anderen Choralbearbeitungen Buxtehudes kommt die Versettenpraxis zum Vorschein, wie etwa in den für den Vespergottesdienst vorgesehenen Magnificat-Bearbeitungen. Im *Magnificat primi toni* (BuxWV 203) werden verschiedene Teile der Magnificat-Melodie in acht separaten Abschnitten variativ verarbeitet. Von der Alternatim-Praxis unabhängiger erscheinen jene Choralbearbeitungen, die als Choralfantasien jede Zeile eines Chorals kunstvoll verarbeiten. Sie sind deutlich umfangreicher als die Choralvorspiele, und die Choralmelodie wird sehr vielfältig verwendet und muss nicht immer erkennbar sein. »Nun freut euch, lieben Christen gmein« (BuxWV 210) zählt mit 256 Takten zu den umfangreichsten dieser Choralfantasien Buxtehudes. In manchen der insgesamt zehn Abschnitte erklingt die Melodiezeile des Chorals in großen Notenwerten in einer Stimme, in anderen Abschnitten wird sie mit Verzierungen versehen, in wieder anderen in Teile zerlegt, die zu neuen Motiven werden. Die Gewichtung und unterschiedliche

Gestaltung der Melodiezeilen des Chorals ermöglichte zudem die Sinnausdeutung des zugrunde liegenden Textes.[69]

Bei den nicht choralgebundenen Orgelwerken Buxtehudes überwiegen die Präludien. Sie sind charakterisiert durch einen Wechsel von freien und fugenartigen Abschnitten, gelegentlich liegt den Abschnitten auch ein Ostinato zugrunde. Die Vielfalt an virtuosen, expressiven oder kontrapunktischen Elementen, mit denen sich der Organist besonders exponieren konnte, ist beachtlich. Gegensätzlich dazu verhalten sich wiederum die kontrapunktisch ausgearbeiteten, eher schematischen Kanzonen Buxtehudes, die vermutlich für Lehrzwecke verwendet wurden.

Nicht nur bei Buxtehude, sondern auch bei anderen Organisten des norddeutschen Raums fällt der satztechnisch vielfältige Gebrauch des Pedals auf, der auf die dortige Orgelbauweise zurückzuführen ist. Da die kompositorischen Möglichkeiten von den in den Kirchen eingebauten Orgeln abhingen, spielten lokale Gegebenheiten und regionale Traditionen für die Orgel insgesamt eine große Rolle. So entwickelte sich in Frankreich ein Orgeltypus, der mit zusätzlichen Soloregistern und vier bis fünf Manualen auf mannigfaltige Möglichkeiten der Klangkontrastierung in den Oberstimmen abzielte. In Spanien hingegen wurde die Teilung der Klaviatur zwischen c^1 und cis^1 gängig, wodurch die untere Hälfte der Klaviatur in einem anderen Register gespielt werden konnte als die obere Hälfte. Im »Tiento de medio registro«, wie es beim Organisten Francisco Correa de Arauxo (*Libro de tientos*, 1626) anzutreffen ist, führte diese Trennung zu besonders virtuosen Solopassagen in der Oberstimme. Entwicklungen im Orgelbau und in der Orgelmusik stehen in der Barockzeit immer in einem Wechselverhältnis zueinander. Dies gilt freilich auch für alle anderen Instrumente im solistischen oder ensemblemäßigen »suonare« dieser Zeit.

Im Konzert musizieren

Bezogen sich die Termini »suonare« und »Sonate« auf das instrumentale Musizieren ohne Beteiligung von Singstimmen, so zielte das Begriffspaar »concertare« / »Konzert« in der Barockzeit zunächst auf das Zusammenklingen (oder auch Wettstreiten im Sinne des Konzertierens) von Vokal- und Instrumentalstimmen wie beispielsweise in den geistlichen Konzerten von Schütz ab. Der Begriff »Konzert« findet dann jedoch auch Eingang in die Instrumentalmusik, wo er für größer besetzte und auf das Prinzip des Konzertierens ausgerichtete Werke benutzt wird. Denn das Musikleben des Barock bot mit Kirchen und Höfen, die beträchtliche Summen in musikalische Aktivitäten investierten, zahlreiche Gelegenheiten zur Aufführung groß besetzter instrumentaler Werke. Im letzten Kapitel wurden bereits die Sonaten von Giovanni Gabrieli oder Johann Heinrich Schmelzer erwähnt. Gerade in Instrumentalstücken für acht oder mehr Stimmen kommt über das gesamte 17. Jahrhundert hinweg dieses aus der Mehrchörigkeit entlehnte Verfahren häufig zum Einsatz: Einzelne Instrumentengruppen werden einander gegenübergestellt, dialogisieren und konzertieren miteinander. Ersichtlich ist dies etwa in Giovanni Bononcinis *Sinfonie a 5. 6. 7. e 8. istromenti* op. 3 von 1685, wenn sich in der zehnten Sinfonia zwei Trompeten und zwei Geigen einen durchaus virtuosen Schlagabtausch liefern. Solche Stücke entstanden vor allem dort, wo größere Ensembles und größere Räume (häufig Kirchenräume) verfügbar waren. Im Falle von Bononcini war dies das Umfeld der Cappella di San Petronio in Bologna, die ein umfangreiches Instrumentalensemble unterhielt. 1666 wurde in Bologna außerdem die Accademia dei Filarmonici gegründet, deren musikalische Aktivitäten überregionale Bedeutung erlangten.

Dass sich aus konzertierenden Kompositionstechniken eine eigene Gattung mit bestimmten Merkmalen entwickelte – das barocke Instrumentalkonzert –, ist im Zusammenhang mit der Entstehung von Orchesterensembles und der präziseren Festlegung von Besetzungen zu sehen. Das wesentliche Merkmal nämlich, das die Gattung in der Folge prägen sollte, war die klangliche Kontrastierung einer größeren Gruppe mit häufig mehrfach besetzten Streichinstrumenten (also einer Orchesterformation) und einer kleineren Gruppe oder einem Soloinstrument.[70] Solche Anordnungen tauchen zunächst insbesondere in Rom und Bologna auf, wo in kirchlichen und aristokratischen Kontexten entsprechende Kapellen existierten und für festliche Anlässe oft noch zusätzliche Instrumentalmusiker engagiert wurden. Alessandro Stradella, der unter anderem für Christina von Schweden in Rom tätig war, stellte sowohl in Vokal- als auch in Instrumentalwerken ab den 1670er-Jahren ein Concertino einem Concerto grosso gegenüber. Seine in dieser Zeit entstandene *Sonata di viole* trägt den Untertitel »Concerto grosso di viole e concertino di 2 violini e leuto«. Das große Ensemble (Concerto grosso) stellt dabei einen vierstimmigen Streichersatz dar und kontrastiert mit dem kleinen Ensemble (Concertino), das mit zwei Violinen und einer Laute besetzt ist. Die Musik ist so strukturiert, dass meist die eine Gruppe eine kürzere oder längere Phrase vorgibt, die dann von der anderen Gruppe wiederholt oder abgewandelt weitergeführt wird. Eine solche Besetzung (vierstimmiger Streichersatz versus Trio-Concertino) prägte sich besonders in Rom aus. Die Aktivitäten von Arcangelo Corelli, der in den 1670er-Jahren bereits bei Aufführungen von Stradellas Werken als Geiger mitgespielt hatte und das musikalische Leben in Rom ab den 1680er-Jahren auch als Orchesterleiter sehr stark beeinflusste, strahlten auch international aus. Bereits 1682 veröffentlichte der beim Salzburger Fürsterzbischof als Organist tätige Georg Muffat nach einer Rom-Reise sechs von Corellis Konzertpraxis inspirierte Sonaten unter dem Titel *Armonico tributo*. Interessant ist hier die Variabilität der Besetzung, die Muffat im Vorwort detailliert erläutert.[71] Man könne die Sonaten, so Muffat, in einer Triobesetzung mit zwei Violinen und Violoncino oder Gambe spielen und auch zu viert oder fünft mit zusätzlichen Violen. Um mehr Abwechslung zu erzielen, könne man jedoch auch ein einfach besetztes Concertino aus zwei Violinen, einem Violoncino oder einer Gambe bilden und die Streicher immer dann verdoppeln und zu einem Concerto grosso machen, wenn in den Noten der Buchstabe T (Tutti) auftaucht; beim Buchstaben S (Solo) müssten sie hingegen pausieren. Der Einsatz kontrastierender Klanggruppen war also nur eine unter mehreren Möglichkeiten, die Sonaten aufzuführen. Letztlich hing die Besetzung vom Anlass der Aufführung und vom verfügbaren Personal ab.

Muffats Sonaten sind im Untertitel als »Sonate di camera« bezeichnet und orientieren sich in ihrer Anlage an entsprechenden Modellen. Konzerte dieser Art nahmen somit die Triosonate als Ausgangspunkt und reicherten sie mit klanglichen Kontrastierungen an. Erst um 1700 werden solche Werke dann zunehmend als Concerto bezeichnet. Die Musikforschung subsummiert sie häufig unter dem Begriff »Concerto grosso«. Erneut sind die Begrifflichkeiten etwas verwirrend, da Concerto grosso das einzelne Werk und die Gattung insgesamt bezeichnet, jedoch damit auch nur die Besetzung der Tutti-Abschnitte mit großem Ensemble gemeint sein kann. Ausschlaggebend für diese Doppelbedeutung war gewiss, dass die Publikation der Konzerte Arcangelo Corellis, die postum 1714 in Amsterdam erschienen, ebenso verfuhr. Der Titel des Erstdrucks lautet: »Concerti grossi con duoi Violini, e Violoncello di Concertino obligati, e duoi altri Violini, Viola e Basso di Concerto Grosso ad arbitrio, che si potranno radoppiare«. Diese Bezeichnung legt zudem nahe, dass – ähnlich wie bei Muffat – die Concerti auch nur in einer Triosonatenbesetzung aufgeführt werden konnten. Corelli hatte in Rom jedoch je nach Aufführungsanlass Orchester in unterschiedlicher Größe zur Verfügung. Bei ihm herrscht zwischen Tutti-Abschnitten und Concertino-Abschnitten nicht nur ein klanglicher Kontrast, wie das zuvor bei Stradella erkennbar war. Das Concertino, insbesondere die erste Violine, ist durch den Einsatz spezifischer Spielfiguren auch immer wieder deutlich virtuoser geführt.

Das Concerto grosso als Gattung wurde durch die intensive Corelli-Rezeption im 18. Jahrhundert vor allem außerhalb Italiens aufgegriffen. 1715 hatte in London der Verleger John Walsh die Konzerte Corellis nachgedruckt, die dort noch in der zweiten Hälfte des 18. Jahrhunderts regelmäßig aufgeführt wurden.[72] Das Interesse an der Gattung führte dazu, dass in England tätige Musiker wie Francesco Geminiani, Georg Friedrich Händel oder Charles Avison noch Concerti grossi komponierten, als dies andernorts kaum noch der Fall war. Geminiani arbeitete auch Violin- und Triosonaten Corellis zu Concerti grossi um. Avisons letzte Concerti grossi (op. 10) wurden 1769 publiziert und zeugen von der Langlebigkeit dieser Tradition.

In Italien trat nach 1700 ein anderer Konzerttypus in den Vordergrund, der weit über die Barockzeit hinaus praktiziert werden sollte: das Solokonzert. Hier kontrastierte eine Ensemble- oder Orchesterformation mit einem Soloinstrument. Diese instrumentale Anordnung wurde bereits im 17. Jahrhundert besonders an der Basilika von San Petronio in Bologna gepflegt. Mit 132 Metern Länge, 60 Metern Breite und 45 Metern Höhe zählt sie noch heute zu den größten Kirchen der Welt und bot mit gegenüberliegenden Emporen eine besonders gute Möglichkeit, verschiedene Klanggruppen einander gegenüberzustellen. Maurizio Cazzati, der seit 1657 Kapellmeister an der Basilika von San Petronio war, sowie andere Komponisten in diesem Umfeld wie Domenico Gabrielli, Giuseppe Maria Jacchini und Giuseppe Torelli komponierten zahlreiche als Sonaten oder Sinfonien bezeichnete Werke, in denen eine Solotrompete einem Streichensemble gegenübergestellt wird. Solche Stücke konnten beispielsweise am Beginn einer Messe zum Einsatz kommen. Sie wurden von virtuosen Solotrompetern der Cappella von San Petronio wie etwa Giovanni Pellegrino Brandi gespielt. Torelli wandte sich in den 1690er-Jahren vermehrt der Violine als Soloinstrument zu. In seinen zwölf *Concerti musicali* op. 6, die 1698 veröffentlicht wurden, lässt sich insgesamt eine große Variabilität der konzertierenden Praktiken beobachten, beispielsweise die Kontrastierung von hohen und tiefen Streichinstrumenten oder Echoeffekte. In den Konzerten 6, 10 und 12 schreibt Torelli explizit vor, dass die mit »solo« gekennzeichneten Passagen von einer Solovioline zu spielen seien, während er die Violinen sonst drei- oder vierfach besetzt sehen will.[73] Charakteristika eines Solokonzerts offenbaren insbesondere die Konzerte 6 und 12. Die schnellen Sätze weisen eine Ritornellanlage auf, in der wiederkehrende Orchestertutti mit Soloabschnitten abwechseln. In den Soloabschnitten wird das Material des Orchesters jeweils solistisch virtuos von der ersten Violine weitergesponnen. Durch die auch in anderen Konzerten anzutreffende Ritornellanlage oder die häufige Dreisätzigkeit in der Abfolge »schnell – langsam – schnell« ist in Torellis op. 6 eine gewisse Standardisierung von Abläufen und Merkmalen des Konzerts zu erkennen. Das Konzertieren zwischen einem Soloinstrument und einer Ensemble- oder Orchesterformation ist damit nicht mehr nur ein Stilmerkmal, das eingesetzt werden kann, um klangliche Kontraste zu gestalten. Das Solokonzert wird sukzessive zu einer eigenständigen Gattung.

Diese Entwicklungen sind nicht nur in Bologna, sondern auch in anderen Städten Norditaliens an der Schwelle zum 18. Jahrhundert zu beobachten. In Venedig zeigt sich dabei eine stärkere Orientierung am musikdramatischen Gestus. Nicht nur verfügte Venedig über eine besonders reiche Opernkultur, Komponisten wie Tommaso Albinoni und Antonio Vivaldi schrieben sowohl Opern als auch Instrumentalmusik. In Albinonis fünf veröffentlichten Sammlungen, die Konzerte mit einem oder mehreren Soloinstrumenten enthalten, lassen sich auch Charakteristika der Opernsinfonia (etwa der leichte, oft im Dreiachteltakt stehende Schlusssatz) oder der Opernarie (beispielsweise ein thematisches Motto am Beginn) erkennen.[74]

Eine enorme Breitenwirkung sowie eine weitere modellhafte Standardisierung erfuhr das Konzert als Gattung vor allem durch Vivaldi. Er war seit 1703 als Maestro di violino am Ospedale della Pietà tätig. Das Ospedale betrieb unter anderem eine Erziehungs- und Bildungsstätte für (Waisen-)Mädchen und bot den Schülerinnen eine ausgezeichnete musikalische Ausbildung. Vivaldi war nicht nur für den Geigenunterricht zuständig, sondern schrieb auch zahlreiche Instrumentalkonzerte für die regelmäßig (an Samstagen, Sonn- und Feiertagen) stattfindenden Konzertveranstaltungen der Schülerinnen. Diese Konzerte stellten für Venedig-Reisende eine besondere Attraktion dar. In vielen zeitgenössischen Reiseberichten wird insbesondere die hohe Kompetenz der Schülerinnen im Spiel verschiedener Instrumente hervorgehoben.[75] Vivaldis Instrumentalkonzerte wurden in zahlreichen Abschriften verbreitet. Darüber hinaus ließ er einen Teil (84) seiner über 500 erhaltenen Konzerte zwischen 1711 und 1729 in Amsterdam drucken, wodurch ein breiter Markt bedient werden konnte. Der Einfluss von Vivaldis Konzerten zeigt sich zudem in der Bearbeitungspraxis. Unter anderem hat Bach zehn Konzerte Vivaldis teils für Cembalo, teils für Orgel bearbeitet.

Antonio Vivaldi, »L'estro armonico« (op. 3)

Vivaldis erste, 1711 in Amsterdam gedruckte und dem Erbprinzen der Toskana Ferdinando de' Medici gewidmete Sammlung von zwölf Konzerten bietet eine große Vielfalt an solistischen Formationen. Da davon auszugehen ist, dass Vivaldi die Sammlung aus Konzerten zusammengestellt hat, die zuvor am Ospedale aufgeführt worden waren, zeigt sich darin der Anspruch, Schülerinnen in unterschiedlichen Formationen solistisch hervortreten zu lassen. Zugleich verdeutlicht dies abermals die Variabilität konzertierender Praktiken in dieser Zeit. Die Konzerte 1, 4, 7 und 10 sind für vier Soloviolinen geschrieben, die Konzerte 2, 5, 8 und 11 für zwei und die Konzerte 3, 6, 9 und 12 für eine Solovioline. Bei den Konzerten für zwei und vier Soloviolinen kommt teils auch noch ein solistisch eingesetztes Violoncello hinzu. Das Orchester ist insgesamt achtstimmig: vier Violinstimmen, zwei Violastimmen, eine Violoncellostimme und Basso continuo und umfasste insgesamt vermutlich 15 bis 20 Instrumentalistinnen.[76] Auch wenn in manchen Konzerten für zwei und vier Soloviolinen Einflüsse der römischen Concerto-grosso-Praxis wiederzuerkennen sind (etwa in der Satzfolge oder im Einsatz des Concertino), knüpfen die Konzerte formal überwiegend an die in Norditalien etablierten Konventionen an und bauen diese weiter aus.[77] Die Satzfolge »schnell – langsam – schnell« ist mit Ausnahme der Konzerte 2, 4 und 7, die sich eher an der Corelli'schen Kirchensonate orientieren, überall anzutreffen. In den schnellen Sätzen ist eine Ritornellanlage erkennbar, während die langsamen Sätze eine lyrische Kantabilität aufweisen, die den Gestus zeitgenössischer Opernarien aufgreift.

Wie variabel Vivaldi die Soloinstrumente einsetzt und dennoch eine große Kohärenz herstellt, lässt sich exemplarisch am Concerto VIII für zwei Soloviolinen erläutern. Der erste Satz (Allegro) eröffnet mit einem 16-taktigen Orchesterritornell (Abb. 25), das aus mehreren Motiven besteht, die wiederum selbst sequenzartig oder sich wiederholend angelegt sind. Die starke Anfangsgeste mit den Viertelnoten auf der harmonischen Stufenfolge I-V-I und dem absteigenden Sechzehntellauf in den Violinen wird in Takt 2 und 3 von einer sich wiederholenden Aufwärtsbewegung der Violinen aufgefangen. Sie verhält sich gegenläufig zu den absteigenden tiefen Streichern an dieser Stelle. Das Motiv in Takt 4 und 5 ist nicht viel mehr als eine rhythmisch gestaltete Wechselnote in mehrfacher Wiederholung. Dieser Gestus wird im nächsten Motiv (Takt 6) aufgegriffen und mit einem in Viertelnoten absteigenden Septakkord auf *g* kombiniert und zweimal sequenzartig wiederholt. Im nächsten Motiv (Takt 9) wird erneut ein Septakkord nun in gebundenen Figuren in den Violinen umspielt, ehe eine abschließende Figur in einer Kadenz wieder nach a-Moll zurückführt (Takt 12–13). Die letztgenannten Motive werden in den Takten 14–16 harmonisch spannungsgeladen variiert. Insgesamt sind die Motive des Ritornells nicht übermäßig komplex, gleichzeitig aber so variantenreich und charakteristisch gestaltet, dass sie einen hohen Wiedererkennungswert haben. Die erste Solopassage ab Takt 16 bildet wiederum ihr eigenes motivisches Material aus, das mit Trillern und Sechzehntelfiguren filigraner wirkt als die Tutti-Passagen. Erste und zweite Violine bringen das motivische Material abwechselnd, ab Takt 30 hat die erste Violine jedoch eine ausgedehnte Solopassage,

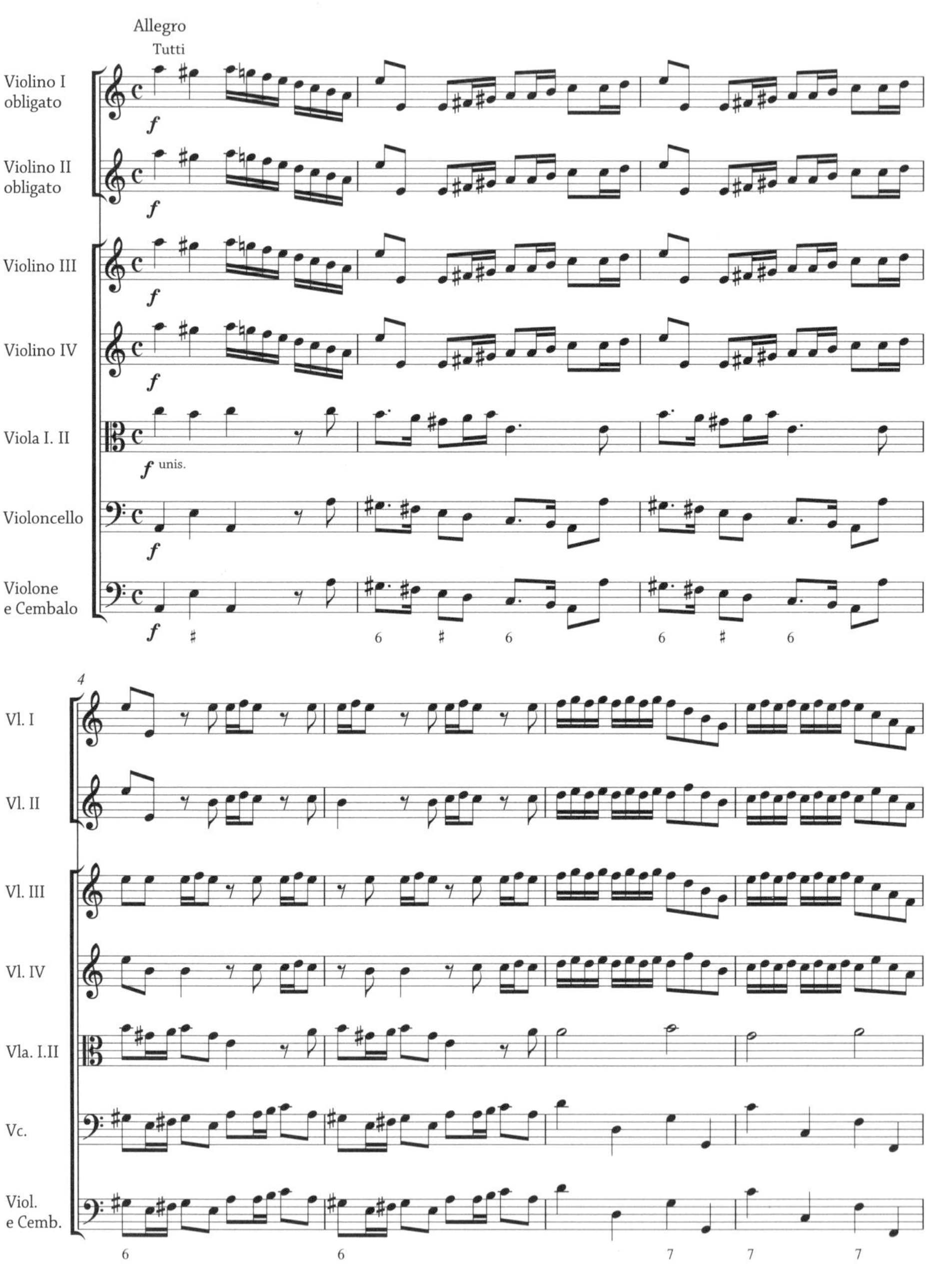
Allegro
Tutti
Violino I obligato
Violino II obligato
Violino III
Violino IV
Viola I. II
unis.
Violoncello
Violone e Cembalo
Vl. I
Vl. II
Vl. III
Vl. IV
Vla. I.II
Vc.
Viol. e Cemb.

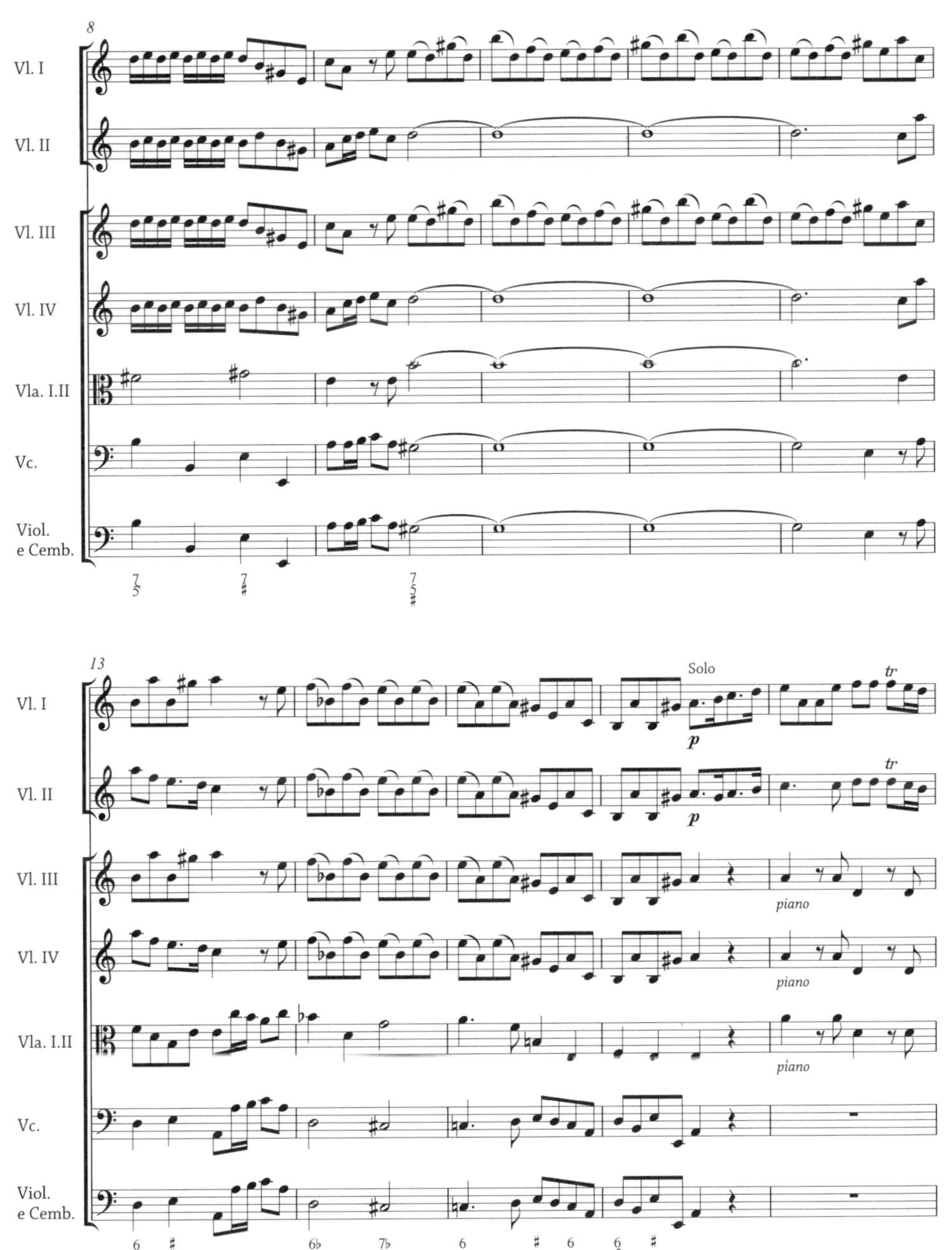

Abb. 25: Antonio Vivaldi, *L'estro armonico* (op. 3), Concerto VIII, 1. Satz, Takt 1–17

während die zweite pausiert. In den folgenden Tutti-Abschnitten werden lediglich einzelne Motive des Anfangsritornells herausgegriffen, Vivaldi arbeitet hier jedoch auch mit zusätzlichen klanglichen Kontrasten, wenn etwa in Takt 39–41 sich Soli und Tutti beim Motiv aus Takt 6 abwechseln. Die Motive werden auch neu kombiniert, etwa in Takt 42 die Motive aus Takt 1 und Takt 6. Die Soloabschnitte sind häufig so gestaltet, dass eine Violine durch Arpeggien und gleichbleibende Figurationen eine Grundierung bildet, während die andere motivisches Material sequenziert – besonders oft wird hier das kurze Motiv aus Takt 4 aufgegriffen. Insgesamt wird die Ritornellanlage zwar von den harmonischen Abläufen her bedient (von a-Moll über C-Dur und d-Moll zurück nach a-Moll), Tutti- und Soli-Passagen werden jedoch flexibel eingesetzt und wechseln auch in kürzeren Abständen.

Der langsame Mittelsatz (Larghetto e spiritoso) wird am Beginn und Ende durch eine viertaktige Phrase gerahmt, in der alle Instrumente unisono spielen. Taktweise sequenzartig absteigend trägt sie den Charakter eines Ostinatos. Denn die Soloviolinen ergehen sich ab Takt 5 in kantablen Phrasen, während die anderen Violinen und die Violen im Unisono das Schema zweimal wiederholen. Violoncello und Basso continuo pausieren mit Ausnahme der vier Anfangs- und Schlusstakte. Das Tutti des Orchesters wird damit zur Begleitung der Soloviolinen umfunktioniert und bleibt im gesamten Satz, wenn auch harmonisch adaptiert, erhalten. Die Kantilenen der Soloviolinen wirken durch langgezogene Vorhaltstöne spannungsgeladen. Die Soloinstrumente konzertieren hier auch miteinander, indem sie melodische Phrasen wechselseitig aufgreifen.

Der dritte Satz (Allegro) erregt zunächst dadurch Aufmerksamkeit, dass die Instrumente in vier Gruppen im Abstand von zwei Takten in Imitationen einsetzen, ehe sie in ein Unisono zusammengeführt werden. Die Soloviolinen greifen das imitative Prinzip auf, bevor Vivaldi ab Takt 25 den anfänglichen Klangeffekt der orchestralen Steigerung wiederholt. In diesem Satz arbeitet Vivaldi bei den Soloinstrumenten häufig mit sehr flächigen Figurationen. Ab Takt 37 spielt die erste Violine arpeggierte Akkorde, während die zweite Violine die Bariolage-Technik verwendet, indem sie gleichbleibende Achtelnoten bringt, unter denen der je fünfte Ton als Hochton heraussticht. In einem weiteren Abschnitt ab Takt 75 bewegen sich die Violinen parallel in gleichbleibenden Sechzehntelfiguren. So ist es dann ein besonderer Überraschungseffekt, wenn ab Takt 86 in einem langen Abschnitt die zweite Violine eine lyrische Kantilene spielt, während die erste Violine eine Sechzehntelfiguration repetiert. An diesen und anderen Techniken zeigt sich, wie in *L'estro armonico* die Soloinstrumente immer wieder effektvoll eingesetzt werden. Der Grad an Virtuosität ist nicht exorbitant hoch, doch das Können der Schülerinnen am Ospedale konnte optimal einer Öffentlichkeit präsentiert werden. Die Solopassagen traten dabei in vielfältige Beziehung und Kontraststellung zu den oft wuchtigen und eingängigen Tutti-Passagen, die wiederum die Gesamtheit des Orchesters am Ospedale in Szene setzten.

Insgesamt dominiert in Vivaldis Konzertproduktion das Solokonzert für Violine. Die 1725 erstmals publizierten zwölf Konzerte op. 8, die unter anderem die populären programmatischen Konzerte zu den vier Jahreszeiten beinhalten (Nr. 1: *La primavera*, Nr. 2: *L'estate*, Nr. 3: *L'autunno*, Nr. 4: *L'inverno*), zeigen gegenüber op. 3 gesteigerte virtuose Ansprüche. Sie äußern sich in der vermehrten Verwendung von höheren Lagen, Doppelgriffen, ausgedehnten Arpeggien- und Bariolage-Passagen, in der ausgefeilten Bogentechnik und der erheblichen Länge der einzelnen Soloabschnitte. Diese Konzerte waren dem Grafen Wenzel von Morzin gewidmet, dessen Prager Musikkapelle Vivaldi bereits seit mehreren Jahren mit Instrumentalkonzerten versorgt hatte.

Für die Musik am Ospedale della Pietà, dem Vivaldi verbunden blieb, berichten Zeitgenossen in den 1720er Jahren immer wieder von der Virtuosität des Geigenspiels der Anna Maria (della Pietà), die in Konzerten als Solistin auftrat und der Vivaldi auch mehrere seiner Konzerte gewidmet hat.[78] Vivaldi agierte jedoch auch selbst bei verschiedenen Gelegenheiten als Solist in seinen eigenen Konzerten. Ganz generell schrieben viele Musiker Konzerte für Anlässe, bei denen sie auch selbst als Solisten hervortraten. Georg Friedrich Händel etwa führte seine Orgelkonzerte in London als Zwischenaktmusiken zu seinen Oratorien auf und spielte dabei selbst den Solopart. Für alle Solokonzerte der Barockzeit gilt, dass von Abweichungen zwischen notiertem Notentext und tatsächlicher Ausführung der solistischen Passagen auszugehen ist, die uns heute nur durch gelegentlich überlieferte Notate dieser Praktiken nachvollziehbar sind. Insbesondere für die schnellen Sätze bildete sich die Konvention aus, in einer ausgedehnten improvisierten Schlusskadenz dem Soloinstrument Raum zu geben.

Instrumentalkonzerte fanden nicht nur in kirchlich oder höfisch geprägten Kontexten ihre Aufführungsorte, sie waren auch ein wichtiger Bestandteil der Konzertveranstaltungen der neuen Collegia musica im 18. Jahrhundert. Musikalische Leiter dieser Vereinigungen wie Georg Philipp Telemann oder Johann Sebastian Bach komponierten Konzerte für die entsprechenden Zusammenkünfte. Die verwendeten Soloinstrumente diversifizierten sich im weiteren Verlauf des Jahrhunderts, bildeten regionale Schwerpunkte aus und waren letztlich stark vom Aufführungsanlass abhängig. In Italien blieb die Violine das bevorzugte Instrument, und Violinvirtuosen wie Pietro Locatelli, Giuseppe Tartini oder später dessen Schüler Pietro Nardini verfassten entsprechende Solokonzerte. Vivaldi schrieb für die Musikerinnen am Ospedale jedoch auch Konzerte für zahlreiche andere Instrumente wie Flöte, Oboe, Fagott, Klarinette, Chalumeau, Mandoline, Viola d'amore oder Violoncello. Konzerte mit einem solistischen Tasteninstrument wurden in der Familie Bach (von Johann Sebastian sowie seinen Söhnen Carl Philip Emanuel und Johann Christian) intensiv gepflegt und auch von anderen Musikern an den Höfen in Berlin oder Wien etwa von Carl Heinrich Graun oder Georg Christoph Wagenseil aufgegriffen.

Während das Solokonzert im gesamten 18. Jahrhundert und darüber hinaus eine zentrale Gattung darstellte, blieb eine weitere Form des Instrumentalkonzerts – ebenso wie das Concerto grosso – weitgehend auf die Zeit des Barock beschränkt: das sogenannte Ripieno-Konzert. Im Unterschied zum Concerto grosso und zum Solokonzert, die mit Klangkontrasten durch unterschiedliche Gruppengrößen arbeiten, ist bei diesem Konzert das gesamte Ensemble durchgehend beteiligt. Ein konzertierendes Prinzip ist deutlich weniger auszumachen, und ein als Konzert bezeichnetes Werk dieser Art ähnelt vielfach einer Sinfonia, wie sie als Einleitung zu einer Oper gespielt wurde. Auch für die Opernsinfonia standardisierte sich in Italien um 1700 eine dreisätzige Form (schnell – langsam – schnell), sodass die Begriffe »Sinfonia« und »Concerto« tendenziell austauschbar waren. In den folgenden Jahrzehnten wird die Sinfonia mancherorts in ihrer Anlage modifiziert, selbstständig gespielt und von ihrer Funktion als Einleitung zu einer Oper gelöst.[79] Als Orchestersinfonie, wie sie sich ab 1750 in Mannheim oder Wien ausprägte, wird sie zu einer der wichtigsten Gattungen der Instrumentalmusik der »Klassik«.

Oper und kein Ende

War das Solokonzert in der Zeit nach 1700 ein bevorzugtes Format, um instrumentale Virtuosität zur Schau zu stellen, so erfüllte diese Funktion im Bereich der Vokalmusik vielerorts die italienische Oper. Welche Ausmaße der virtuose Koloraturgesang hier annehmen konnte, ironisierte Antonio Maria Zanetti in einer Karikatur (Abb. 26): Der Kastratensänger Antonio Bernacchi sang in der Titelrolle der Oper *Mitridate, re di Ponto* von Giovanni Maria Capelli 1723 in Venedig offenbar Koloraturen, die (verbildlicht) den gesamten Campanile am Markusplatz umspannen konnten. Die neue Ritornellanlage, wie sie in Kapitel 4 beschrieben wurde, begünstigte ab dem frühen 18. Jahrhundert sowohl

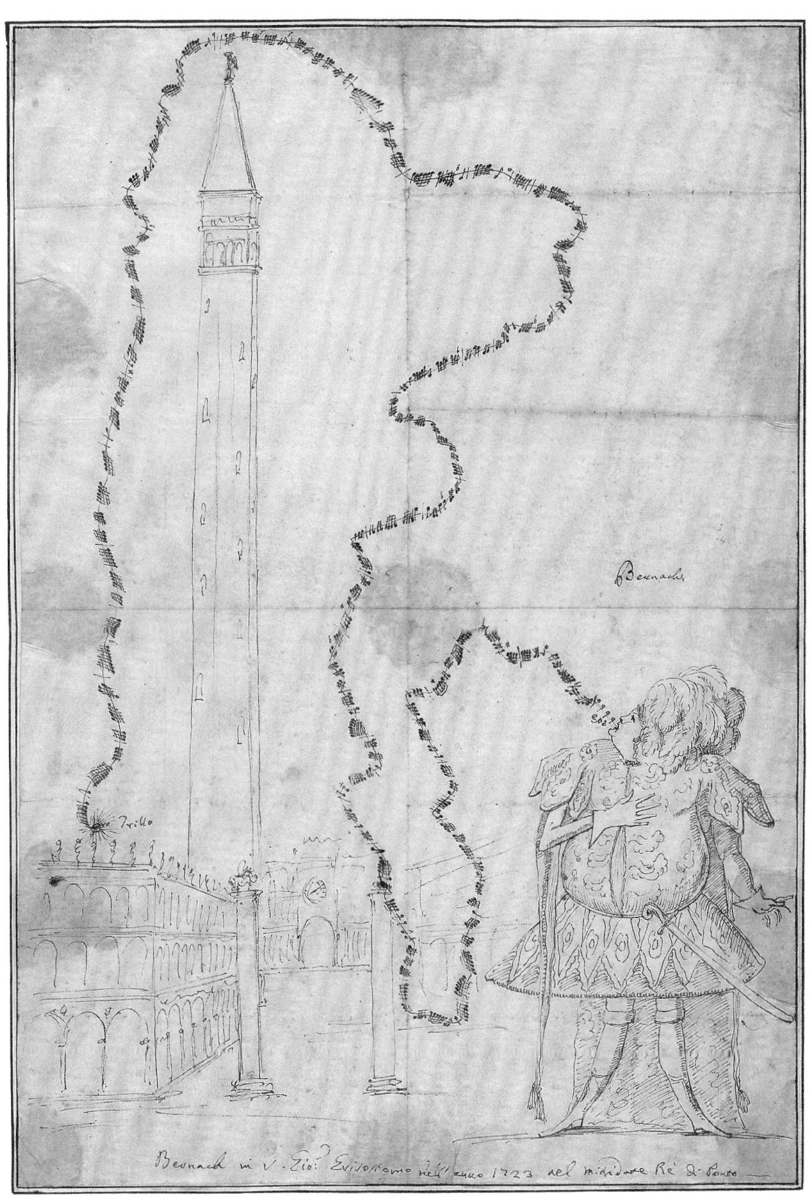

Abb. 26: Karikatur des Sängers Antonio Bernacchi von Antonio Maria Zanetti

im Instrumentalkonzert als auch in der Opernarie solche Artistik. Jedoch etablierte sich Virtuosität in der Oper nicht erst, als man begann, die Da-capo-Anlage mit ihren Möglichkeiten für ausgedehnte Koloraturen zu bevorzugen. Bereits Orfeos Bittgesang in Monteverdis Oper von 1607 war besonders anspruchsvoll. Allerdings bestand diese Oper aus verschiedensten musikalischen Elementen, von denen der kunstfertige Sologesang lediglich eines war. Eine zunehmende Fokussierung auf die virtuose Arie war zwar insgesamt eine graduelle Entwicklung der italienischen Oper der Barockzeit, bekam jedoch einen Schub durch die von den Mitgliedern der Accademia degli Arcadi (den Arkadiern) ausgelöste librettistische Reformbewegung um 1700.

Klarheit, Einfachheit und Orientierung an der aristotelischen Regelpoetik (insbesondere an der Einheit von Zeit, Ort und Handlung) waren arkadische Anforderungen an ein Opernlibretto, denen die Textbücher des gängigen venezianischen Typus mit ihrer Vielfalt an Figuren, Sprachstilen und Handlungssträngen nicht mehr entsprachen. Es sind bei einflussreichen arkadischen Dichtern wie Silvio Stampiglia oder Apostolo Zeno daher sukzessive Abweichungen von diesem Typus in ihren Operntexten zu beobachten. So wurden die Szenen mit komischen (Diener-)Figuren zunächst am Aktende platziert und fielen dann ganz weg. Die Opernhandlung spielte sich nur noch unter sechs oder sieben höhergestellten Personen einer historisch entfernten Epoche ab, wodurch eine größere Einheitlichkeit und eine Reduktion der Handlungsstränge erzielt werden konnte. Die Dreiaktigkeit wurde zur Norm, und die Szenenabfolge wurde stärker standardisiert in der Trennung von handlungstragendem Rezitativ, mit dem die Szene beginnt, und affektdarstellender oder reflektierender Arie, die am Szenenende steht. Die Anzahl der Arien reduzierte sich dadurch von etwa 60 in Opern der 1680er-Jahre auf etwa 25 bis 30.[80] Die Arien wurden länger und ermöglichten den Sängerinnen und Sängern vor allem im Da capo, ihre vokale Virtuosität auszuspielen. Auf den Arien lag insgesamt das musikalische Hauptaugenmerk, denn darüber hinaus gab es neben den Rezitativen nur wenige andere musikalische Elemente (ein oder zwei Duette, gelegentlich Ensemble- oder Instrumentalstücke). Die so standardisierte Dramaturgie fokussierte auf die Fähigkeiten der einzelnen Sängerinnen und Sänger, die in einer bestimmten Hierarchie zueinander standen. Als im Zentrum der Handlung stehendes Paar sangen »primo uomo« und »prima donna« je fünf bis sieben Arien und mindestens ein Duett, dem »secondo uomo« und der »seconda donna« sowie dem »primo tenore« wurden meist je vier bis fünf Arien zuteil, und der »parte ultimo« und weitere Figuren bekamen lediglich zwei oder drei Arien. Auch wo die jeweils zu singende Arie im Stück platziert war, machte einen hierarchischen Unterschied. Die besten Sängerinnen und Sänger beanspruchten oft effektvolle Arien am Ende eines Aktes. Hohe Stimmlagen (im Sopran- und Altschlüssel notiert) dominierten auch für die männlichen Figuren, die häufig von Kastratensängern, aber auch von Sängerinnen interpretiert wurden.[81]

Pietro Metastasio war der für das 18. Jahrhundert prägendste Librettist, der sich an den Idealen der Accademia degli Arcadi orientierte. In Rom im Umfeld der Arkadier aufgewachsen schrieb er ab 1724 Libretti für die großen italienischen Opernhäuser (Neapel, Rom, Venedig) und wurde 1730 zum kaiserlichen Hofpoeten in Wien ernannt. Seine Textbücher wurden zum Inbegriff der höfisch-repräsentativen Oper des 18. Jahrhunderts und in ganz Europa jahrzehntelang als Textgrundlage für Neukompositionen herangezogen.

Pietro Metastasio, »Alessandro nell'Indie«

Alessandro nell'Indie zählt zu den am häufigsten vertonten Textbüchern Metastasios. Er schrieb das Libretto für das Teatro delle Dame in Rom, wo es am 2. Januar 1730 in der musikalischen Realisierung von Leonardo Vinci erstmals auf der Bühne dargeboten wurde. Im darauffolgenden Jahr setzten Nicola Porpora (Turin), Luca Antonio Predieri (Mailand), Georg Friedrich Händel (London) und Johann Adolf Hasse (Dresden) das Libretto in Musik. Bis zum Ende des Jahrhunderts war die Anzahl der Vertonungen auf über 60 angewachsen. Noch in Giovanni Pacinis Oper *Alessandro nell'Indie* von 1824 (Textbuch: Giovanni Federico Schmidt) ist ein Arientext Metastasios wiederzufinden.

Alessandro nell'Indie behandelt den Indienfeldzug von Alexander dem Großen. Aus den antiken überlieferten Quellen bei Arrian, Plutarch und Quintus Curtius Rufus werden zwei Episoden miteinander kombiniert, die beide die Mildtätigkeit Alexanders herausstellen. In der einen sieht er in dem indischen König Poros einen ebenbürtigen Gegner und schenkt ihm – nachdem er ihn besiegt hat – großzügig ein Königreich. In der anderen gibt er der besiegten Kleophis, Herrscherin über Beira, die Würde ihres königlichen Ranges wieder zurück. Die Episoden sind in dem Libretto in der Art kombiniert, dass Kleophis (Cleofide) und Poros (Poro) ein Liebespaar sind. Sie stehen in einem Spannungsverhältnis zu Alessandro, das wesentlich durch Poros Eifersucht geprägt ist.

Dieser Stoff war im 18. Jahrhundert in mehrerlei Hinsicht besonders anschlussfähig an das, was man auf einer Opernbühne zeigen und sehen wollte. Zum einen bediente Alessandro als Figur die imperialistischen Wunschphantasien vieler europäischer Herrscher. Sein kriegerisches Heldentum wurde vor allem in Kombination mit seiner Großzügigkeit als besonders tugendhaft angesehen. Diese Eigenschaft des Mazedoniers kontrastiert im Libretto zudem mit der negativ gezeichneten Ungezügeltheit des Inders Poro, wodurch eine moralische Überlegenheit gegenüber dem »Fremden« inszeniert wurde. *Alessandro nell'Indie* war somit als Hofoper besonders gut geeignet, da Alessandro als repräsentative Identifikationsfigur dienen konnte. Zum anderen boten das Eifersuchtsmotiv und die durch die Figur des Timagene ausgelöste Intrigenhandlung dramatische Spannungen und Konflikte. Die Oper fiel außerdem mit der geographischen Verortung außerhalb Europas in jene beliebte Kategorie der exotisierten Schauplätze, die durch Bühnenbild und Kostüm einen zeittypischen Orientalismus bedienten.

Metastasios Libretto ist in Dramaturgie und Sprache an den Idealen der Arkadier orientiert. Von den sechs Handlungsfiguren bilden Cleofide und Poro, die jeweils über einen Teil Indiens herrschen, das erste Paar (fünf bzw. sieben Arien), Poros Schwester Erissena (sechs Arien) und sein General Gandarte (vier Arien) das zweite Paar. Auf der Seite der Mazedonier agieren Alessandro als Eroberer (fünf Arien) und dessen Vertrauter, aber heimlicher Feind Timagene (drei Arien). Der Grundkonflikt dreht sich um die Strategien im Umgang mit Alessandros Vormarsch in Indien. Poro sinnt auf Gegenangriff, Cleofide hingegen möchte diplomatisch agieren, was Poros Eifersucht auslöst, da er denkt, Cleofide wäre in Alessandro verliebt. Dies ist allerdings nur Erissena, die zunächst den sie liebenden Gandarte verschmäht. Am Ende kommen jedoch die beiden Paare (Cleofide / Poro, Erissena / Gandarte) zusammen, und Alessandro überlässt ihnen jeweils in einem Teil Indiens die Herrschaft. Die Handlung wird durch mehrere Täuschungen zwar verkompliziert (Poro gibt sich als Asbite und Gandarte als Poro aus; Timagene täuscht vor, dass Poro sich getötet hat, usw.), sie kreist jedoch um wenige Themen, die für die Figuren immer wieder variativ aufgegriffen werden: Poros Ehre und Eifersucht, Cleofides Treue, Erissenas Liebe, Gandartes Loyalität, Alessandros Großmut und Timagenes Rache. Alle Figuren verwenden eine gehobene, klare Sprache. Gelegentlich äußern sie sich in den Arien auch in Gleichnissen. So bedient Poro in der vierten Szene des zweiten Aktes das häufig auch in anderen Opern anzutreffende Bild des Steuermanns auf See. Er gebraucht es hier als Bild für seine Wachsamkeit gegenüber Alessandro, dessen Güte er nicht vertraut:

Senza procelle ancora Si perde quel nocchiero, Che lento in su la prora Passa dormendo il dì.	Noch ohne Stürme verliert sich jener Steuermann, der bedächtig auf dem Vorderschiff den Tag schlafend verbringt.
Sognava il suo pensiero Forse le amiche sponde; Ma si trovò fra l'onde, Allor che i lumi aprì.	Sein Geist erträumte vielleicht die freundlichen Ufer; aber er fand sich zwischen Wellen, als er dann die Augen öffnete.

In Leonardo Vincis Vertonung von Metastasios Libretto ist besonders die Partie des Poro, die von dem international erfolgreichen Kastratensänger Giovanni Carestini dargeboten wurde, sehr ambitioniert. Die Arien verfügen über ein großes Ausdrucksspektrum (vom kantablen Adagio bis zum furiosen Allegro) und stellen Carestinis vokale Agilität in den Vordergrund. Sie wird durch die oft kleingliedrige Melodik, große Tonsprünge und ausgedehnte Koloraturpassagen hervorgehoben, von denen diejenige in der Arie »Destrier che all'armi usato« im zweiten Akt mit 15 Takten die längste darstellt (Abb. 27). Hier kontrastieren die kleinen Notenwerte und Triller am Beginn mit den späteren halbe Noten, die fast zwei Oktaven umfassen. So konnte der Sänger die Vielfalt seiner vokalen Möglichkeiten und die Beweglichkeit seiner Stimme bereits auf kleinem Raum unter Beweis stellen.

Die Cleofide sang Giacinto Fontana (genannt Farfallino), der zwischen 1712 und 1735 zahlreiche Frauenfiguren in Rom darstellte. Da bis 1798 Sängerinnen das Auftreten auf öffentlichen Bühnen in Rom untersagt war, wurden bis zum Ende des Jahrhunderts alle weiblichen Rollen von Kastratensängern interpretiert. Fontanas Arien sind weniger durch Vokalakrobatik als vielmehr durch eine kantable Schlichtheit geprägt. Seine langjährige Bühnenpräsenz in weiblichen Hauptrollen in Rom legt nahe, dass diese lyrische Qualität vom Publikum durchaus geschätzt wurde. Dennoch zeigt sich eine klare Hierarchie zwischen den beiden Hauptpartien, die bereits im Libretto durch die unterschiedliche Arienanzahl angelegt ist.

Für die weiteren Vertonungen von Metastasios Libretto wurde der Text nicht einfach übernommen, sondern er wurde von Textdichtern vor Ort jeweils umgearbeitet. Bereits jene zwei Kompositionen von 1731, zu denen heute noch Notenmaterial vollständig überliefert ist (Händel und Hasse), zeigen deutlich, dass Veränderungen einerseits auf das jeweilige Gesangspersonal, andererseits auf den spezifischen Aufführungskontext zurückzuführen waren. Der Titel von Händels Oper lautet bezeichnenderweise nicht *Alessandro nell'Indie*, sondern *Poro, re dell'Indie*. In dem kommerziell orientierten Aufführungskontext in London war es weniger zentral, die Größe Alessandros herauszustreichen, als vielmehr den Leidenschaften der Hauptfiguren Poro und Cleofide nachzugehen.[82] Dies äußert sich in dem vermutlich von Giacomo Rossi bearbeiteten Textbuch unter anderem darin, dass im Schlusschor nicht Alessandro besungen wird, sondern die beständige Liebe. Mit Francesco Bernardi (genannt Senesino) und Anna Maria Strada del Pò waren die Hauptrollen herausragend besetzt. Die Partien wirken in der Gewichtung ebenbürtiger als bei Vinci, da eine Arie Poros gestrichen wurde. Die anderen Figuren mit Ausnahme von Cleofide erhielten ebenfalls je eine Arie weniger; Timagene wurden sogar alle drei Arien

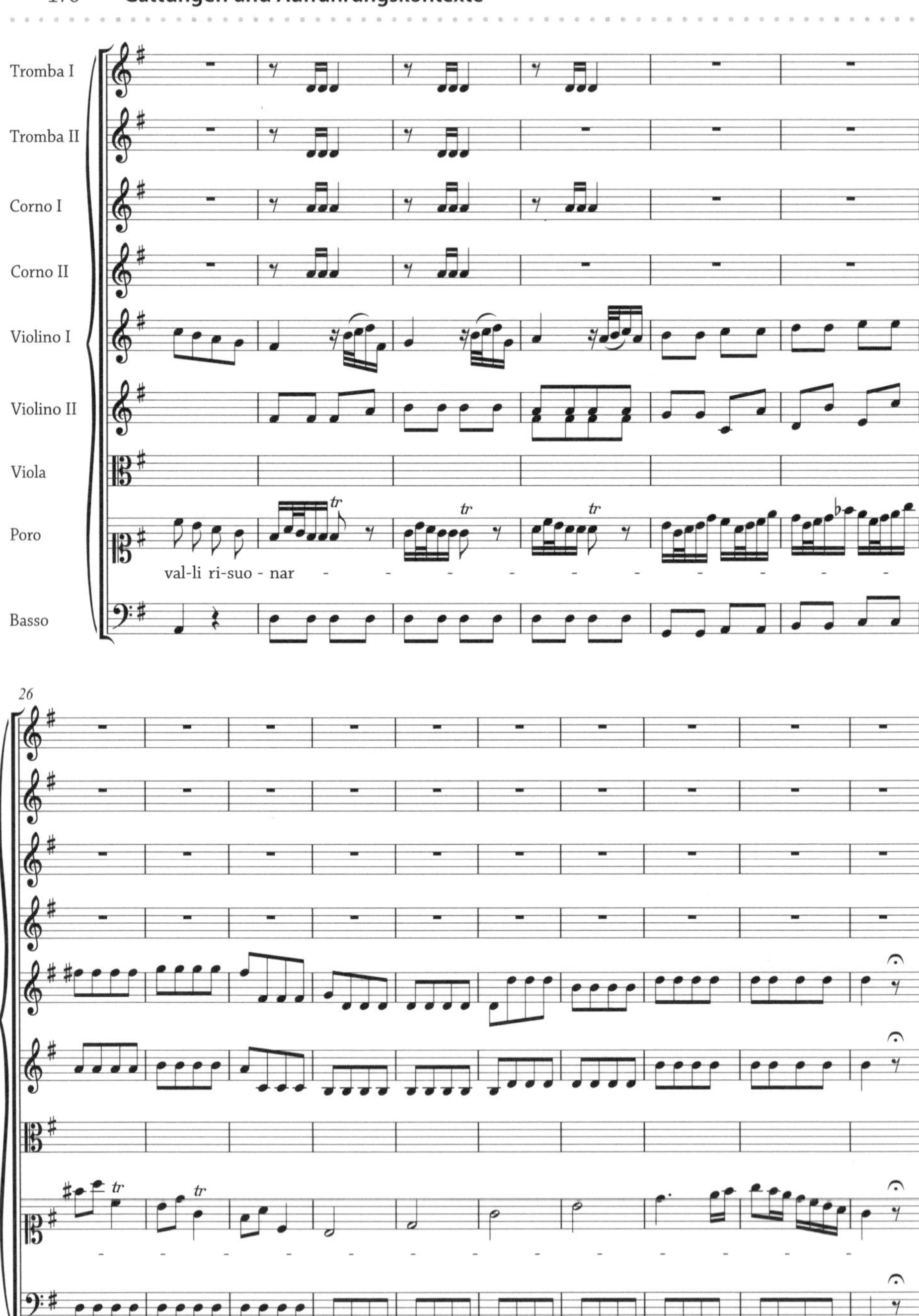

Abb. 27: Leonardo Vinci, »Destrier che all'armi usato« aus *Alessandro nell'Indie*, Takt 20–35

gestrichen, weil mit dem Bass Giovanni Giuseppe Commano wohl kein passender Sänger für die Rolle engagiert worden war. Die Intrigendramaturgie geriet dadurch arg ins Wanken, und für spätere Aufführungen, in denen ein anderer Sänger eingesetzt wurde, erweiterte Händel die Partie des Timagene wieder. Dem Rotstift zum Opfer fielen in London auch Teile der metastasianischen Rezitative. Da man nicht voraussetzen konnte, dass das Publikum den italienischen Dialogen gut folgen konnte, wurden sie auf ein dramaturgisch notwendiges Maß reduziert.

Ein völlig anderer Aufführungskontext war 1731 in Dresden gegeben.[83] Bereits seit mehreren Jahren war man am sächsischen Hof bestrebt, ein hochkarätiges Ensemble für die Oper aus Italien zu rekrutieren. Diese Bemühungen gipfelten im Juni 1731 in der Ankunft des neuen Kapellmeisters Johann Adolf Hasse und seiner Ehefrau, der berühmten Sängerin Faustina Hasse-Bordoni. Am 13. September 1731 wurde Hasses *Cleofide* mit Hasse-Bordoni in der weiblichen Hauptrolle in aufwendiger Ausstattung erstmals aufgeführt. Das Datum war bewusst symbolisch gewählt: Am 13. September 1719 war im Zuge der Hochzeitsfeierlichkeiten zwischen dem sächsischen Kurprinzen Friedrich August II. und der Habsburger Erzherzogin Maria Josepha die Festoper *Teofane* aufgeführt worden. Zwölf Jahre später sollte *Cleofide* an diese besonders glanzvolle Zeit italienischer Opernaufführungen am Dresdner Hof anschließen und diese sogar übertreffen. Ein zeitgenössischer Bericht hebt die »unvergleichliche Stimme und Action der in gantz Welschland und Engelland berühmtesten und grössesten Sängerin itziger Zeit, Madame Faustinen«[84] hervor. Es ist kein Zufall, dass in der Dresdner Fassung von Metastasios Libretto *Alessandro nell'Indie* Cleofide zur Titelfigur wird. Es galt, die Sängerin Faustina Hasse-Bordoni optimal in Szene zu setzen. Dies zeigt sich unter anderem an der neuen Anordnung und Ausweitung ihrer Szenen. Die Oper beginnt nicht wie ursprünglich mit einer Szene zwischen Poro und Gandarte, sondern mit einer zwischen Poro und Cleofide, in der sie bereits eine erste Arie singt. Ferner erhält Cleofide eine neue Soloszene am Ende des zweiten Aktes und eine Arie vor der Schlussszene im dritten Akt – beides Schlüsselpositionen der Dramaturgie der Oper. Die Bearbeitung des metastasianischen Librettos für Dresden durch Michelangelo Boccardi ist umfassend. Mehr als die Hälfte der Arientexte wurde ausgetauscht, wobei zahlreiche Arien aus früheren Opern von Hasse stammten. Der neue Kapellmeister wollte offenbar mit Stücken, mit denen er bereits in Italien erfolgreich gewesen war, in Dresden reüssieren. Insgesamt illustriert die Dresdner Bearbeitung von *Alessandro nell'Indie*, wie die Profilierung der neuen Primadonna und des neuen Kapellmeisters mit den kulturpolitischen Agenden des Hofes einherging. Die jeweilige Besetzung vor

Ort optimal in Szene setzen zu wollen, lässt sich nicht nur in London oder Dresden, sondern vielerorts als Auslöser für Libretto-Bearbeitungen erkennen. Auch Metastasio selbst hatte diesen Anspruch, was sich nicht nur in seinen Originallibretti zeigt, sondern auch daran, dass er mehrere seiner Libretti selbst für spätere Aufführungen umarbeitete.

Opern wie *Alessandro nell'Indie*, die keine komischen Szenen mehr beinhalteten, wurden – wie bereits viele andere Opern zuvor – in Textbüchern als »Dramma per musica« bezeichnet. Erst später etablierte sich der heute gängige Gattungsbegriff »Opera seria« (ernste Oper). Die komischen Szenen verschwanden jedoch mit der arkadischen Librettoreform um 1700 nicht völlig aus dem Opernleben. Sie wurden in der Folge als sogenannte Intermezzi häufig zwischen den Akten gespielt und bildeten eine eigene Gattungstradition aus.[85] Ebenso wie in der Opera seria war die passende Besetzung für die Intermezzi besonders wichtig. Gefordert war jedoch nicht stimmliche Virtuosität, sondern komödiantische Darstellungskunst. Viele Intermezzi waren Zwei-Personen-Stücke, und die Sängerinnen und Sänger traten häufig und über längere Zeiträume in den immer gleichen Konstellationen auf. So prägten Giovanni Battista Cavana und Santa Marchesini die Frühzeit der Intermezzi in Neapel und Venedig. Dann trat Marchesini häufig mit Gioacchino Corrado auf, der wiederum die Intermezzi-Darbietungen in Neapel bis in die 1730er-Jahre hinein mit seiner späteren Bühnenpartnerin Laura Monti dominierte. Die Paare waren durch die langjährige gemeinsame Bühnenpraxis im Zusammenspiel gut aufeinander abgestimmt. Dies war besonders für komische Effekte von Bedeutung, die – ähnlich wie in der Commedia dell'arte – oft als improvisierte Gags in das Stück eingebunden waren. Darüber ist heute freilich weniger bekannt als über die textliche und musikalische Gestaltung, die sich in überlieferten Libretti und Partituren zeigt.

Giovanni Battista Pergolesi, »La serva padrona«

Giovanni Battista Pergolesi, der bei Leonardo Vinci am neapolitanischen Konservatorium studiert hatte, etablierte sich in den 1730er-Jahren als Komponist von Opern sowohl des ernsten als auch des heiteren Genres. Das zweiteilige Intermezzo *La serva padrona* wurde am 28. August 1733 zwischen den drei Akten der Opera seria *Il prigionier superbo* im Teatro San Bartolomeo in Neapel anlässlich der Geburtstagsfeierlichkeiten der Gattin von Kaiser Karl VI., Elisabeth

Christine, erstmals aufgeführt. Pergolesi hatte die Musik zu beiden Werken geliefert. Das Duo Gioacchino Corrado und Laura Monti trat in *La serva padrona* als die Hauptfiguren Uberto (Bass) und Serpina (Sopran) auf. Ergänzt wurde diese Zwei-Personen-Besetzung durch eine stumme Rolle, den Diener Vespone.

Der Textdichter Gennaro Antonio Federico bediente in *La serva padrona* eine aus der Commedia dell'arte bekannte Personenkonstellation, die sich auch in zahlreichen anderen Intermezzi der Zeit wiederfindet: der kauzige Herr und seine schlaue Dienerin, die ihn an der Nase herumführt. Die Musik Pergolesis trägt einerseits zur Charakterisierung der Figuren bei und entfaltet andererseits situationsgebundene komische Wirkungen. Dies ist bereits in der Anfangsszene zu beobachten. In seiner vierzeiligen Auftrittsarie singt Uberto:

Aspettare e non venire,	Warten und niemand kommt,
Stare a letto e non dormire,	Im Bett sein und nicht schlafen,
Ben servire e non gradire,	Gut dienen und nicht belohnt werden,
Son tre cose da morire.	Sind drei Dinge zum Sterben.

Pergolesi vermittelt die schlechte Laune und Ungeduld Ubertos in immer neuen musikalischen Konstellationen. In den ersten drei Verszeilen kontrastieren jeweils langgezogene Töne in der ersten Hälfte auf immer höheren Notenwerten (»Aspettare« auf *b*, »Stare a letto« auf c^1«, »Ben servire« auf d^1) mit den kurzen Achtelnoten der jeweils zweiten Hälfte der Verszeile (Abb. 28). Dies wirkt besonders komödiantisch, weil die musikalisch in die Breite gezogene Erwartung Ubertos in den kurzen Phrasen geradezu lapidar enttäuscht wird. Mit der letzten Verszeile mündet ein langsamer Abgesang (»son tre cose«) in eine chromatische Wendung bei »morire«. Der gesamte Arientext wird insgesamt drei Mal gesungen, und jedes Mal wird die Stimmung Ubertos anders akzentuiert. Bei der ersten Wiederholung fällt besonders die beinahe schon herausgebrüllte letzte Verszeile auf dem gleichbleibenden hohen Ton es^1 auf. In der zweiten Wiederholung formuliert Uberto seine Klage mit zunehmender Ungeduld in schnelleren Notenwerten, steigert sich dann sequenzierend bei »tre cose« bis zum f^1, um bei »morire« wieder resignierend in die chromatische Wendung zu münden.

Erst das darauffolgende Rezitativ lässt den konkreten Grund für Ubertos Unmut erkennen: Seit drei Stunden wartet er darauf, dass seine Dienerin Serpina ihm die Frühstücksschokolade bringt. Den Diener Vespone löchert er in seiner Ungeduld mit Fragen, ohne Antworten abzuwarten; ein Prinzip, das über das gesamte Stück beibehalten wird, denn Vespone kommt – als stumme Rolle – kein einziges Mal zu Wort. Die Figur erzielt vor allem durch Mimik und Gestik komödiantische Effekte. Als Serpina endlich auftaucht, wird das titelgebende Movens der Handlung klar. Die Dienerin ist äußerst unwillig,

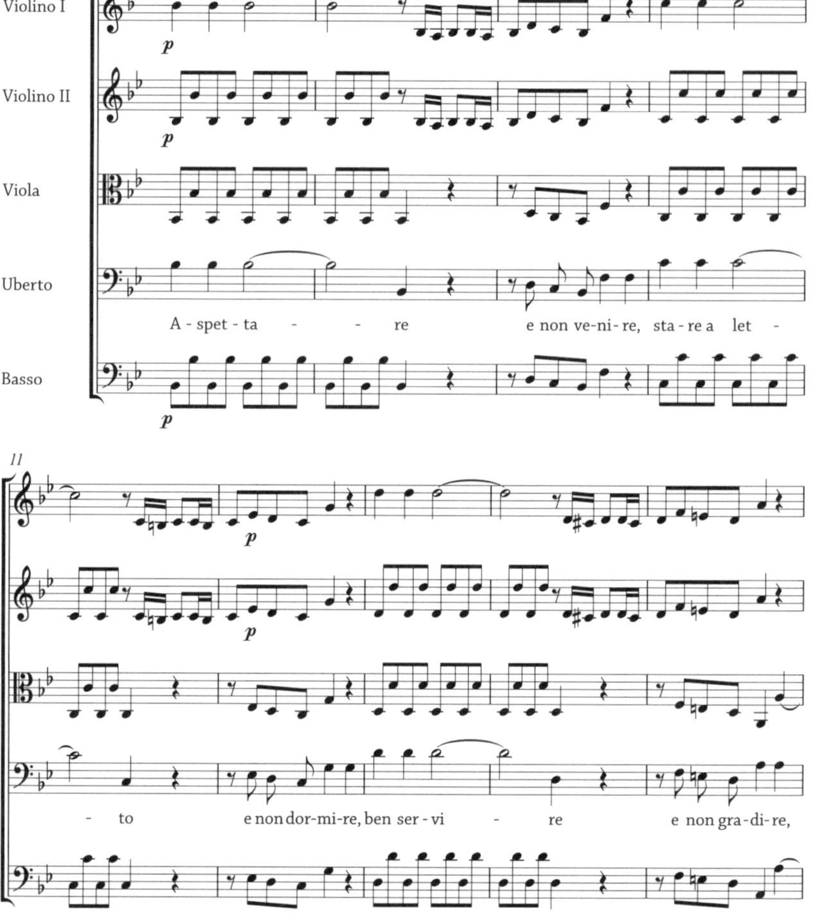

Abb. 28: Giovanni Battista Pergolesi, »Aspettare e non venire« aus *La serva padrona*, Takt 7–15

irgendeinen Befehl Ubertos auszuführen, und kommandiert ihn stattdessen herum. Dass sie die vorgegebenen sozialen Hierarchien nicht akzeptiert, formuliert sie klar im Rezitativ: »Voglio esser rispettata, voglio esser riverita come fossi padrona, arcipadrona, padronissima.« (Ich möchte respektiert werden, ich möchte verehrt werden, als wäre ich Herrin, Erz-Herrin, die Herrin aller Herrinnen.) Pergolesi kommentiert diesen Wunsch nach sozialem Aufstieg durchaus ironisch durch die chromatisch aufsteigende Basslinie an dieser Stelle. Uberto reicht es nun endgültig. In seiner folgenden Arie versucht er Serpina klarzumachen, dass dieses Verhalten aufhören muss. Die spezifischen musikalischen

Mittel, durch die dies geschieht, sind wiederum sehr prägnant. Uberto »hüpft« in Tonsprüngen durch die Arie, die meist auf Dreiklangszerlegungen basieren. Die kurzen Phrasen werden textlich und musikalisch in schnellem, syllabischem Gesang ständig wiederholt und auch im Orchester aufgegriffen, so als müsste Uberto sich selbst immer wieder seiner Autorität versichern. Mehrfach ruft er in langgezogenen Noten auf dem Hochton f^1 »basti« (es reicht) heraus. Serpina lässt sich freilich dadurch wenig beeindrucken und heißt ihn in ihrer nächsten Arie schweigen. Dies ist durch ein lautmalerisches »zit, zit« (still, still) umgesetzt. Uberto sieht nur noch einen Ausweg: Er muss heiraten, um diese impertinente Dienerin loszuwerden. Im Duett, das den ersten Teil des Intermezzos abschließt, preist sich Serpina selbst als mögliche Gattin an. Die typischen Elemente eines komödiantischen Tonfalls in der Musik setzen sich hier fort: schneller, syllabischer Gesang, lautmalerische Gesten (hier etwa eine Koloratur auf »volate«: »fliegen«) und ein pointiert kommentierender Instrumentalsatz. Im zweiten Teil des Intermezzos – bestehend aus Rezitativen, zwei Arien und einem Duett – setzt Serpina ihren Plan, Uberto zu heiraten, mithilfe einer Intrige durch. Vespone wird als hässlicher, brutaler Capitan Tempesta verkleidet, der Serpina heiraten will. In Serpinas darauffolgender Arie kommt eine Strategie zum Einsatz, die die Gattung der komischen Oper insgesamt prägt: das Vorspielen falscher Gefühle. Im ersten Larghetto-Teil mit fast an Schluchzen erinnernden Streicherfiguren stellt sich Serpina als arme Frau dar, die nun diesen fürchterlichen Capitan heiraten muss. Im zweiten Allegro-Teil hingegen offenbart sie – für Uberto unhörbar »a parte« (zur Seite) gesungen – ihre Intention, sein Mitleid zu erregen. Die Strategie zeigt Wirkung, und als Capitan Tempesta dann noch eine Mitgift von Uberto fordert, stellt Uberto klar, dass er selbst Serpina heiraten wird. Die Intrige wird aufgelöst und im abschließenden Duett das allgemeine Glück besungen.

Mit der Abfolge von Rezitativen, (Da-capo-)Arien und einem jeden Teil abschließenden Duett orientiert sich *La serva padrona* – ebenso wie andere Intermezzi dieser Zeit – in der Anlage durchaus an der ernsten Oper. Die Inhalte und der musikalische Tonfall sind freilich grundlegend anders. Der ironische Umgang mit bzw. die Überschreitung von Standesunterschieden, die Alltagssprache, die Lautmalerei, der weitgehend syllabische Gesang und der unmittelbare Gefühlsausdruck rücken Intermezzi wie *La serva padrona* näher an eine aufstrebende bürgerliche Musikkultur. *La serva padrona* wurde zu einem der erfolgreichsten Intermezzi des 18. Jahrhunderts und innerhalb wie außerhalb Italiens in vielen Städten bis in die 1790er-Jahre nachgespielt.

Etwa zeitgleich mit der Etablierung der komischen Intermezzi als Zwischenakte der Opera seria entstand in Neapel auch eine Tradition abendfüllender dreiaktiger komischer Opern. Sie wurden nicht im repräsentativen Teatro San Bartolomeo aufgeführt, sondern zunächst in privaten Zirkeln und ab 1709 im Teatro dei Fiorentini. Diese als »commedeja pe' mmuseca« (Komödie für Musik) bezeichneten Stücke unterscheiden sich inhaltlich ebenfalls deutlich von der ernsten Oper. Sie sind teilweise in neapolitanischem Dialekt geschrieben, und die Handlung spielt weder in aristokratischen Kreisen, noch findet sie in historischer oder mythologischer Ferne statt. Vielmehr steht im Hier und Jetzt das alltägliche Liebesglück der Charaktere im Zentrum, wobei einige Figuren an die Typen der Commedia dell'arte angelehnt sind (beispielsweise die Dienerinnen und Diener, die Alten, der Capitano). Falsche Identitäten, Liebeswirren und Verwechslungen treiben die Handlung voran und sorgen für allerlei komische Situationen. Hierin erweist sich die dreiaktige komische Oper gleichsam als Intermezzo in Großform, auch was musikalisch-stilistische Eigenschaften betrifft, wie sie für *La serva padrona* erläutert wurden. Allerdings sind in der abendfüllenden Oper ein oder zwei Liebespaare zentral positioniert, die durchaus seriösen Charakter haben und sich textlich und musikalisch an den Konventionen der Opera seria orientieren.

Dies zeigt sich etwa an der Oper *L'Orazio* von Antonio Palomba (Libretto) und Pietro Auletta (Musik), die 1737 erstmals in Neapel aufgeführt wurde.[86] Die Ausgangssituation des Librettos ist von falschen Identitäten geprägt: Ginevra, von ihrem Geliebten Orazio im Zuge eines Überfalls getrennt, findet unter dem Namen Giacomina beim Gesangslehrer Lamberto in Venedig Unterschlupf. Orazio wiederum gibt sich auf der Suche nach seiner Geliebten als Leandro aus. Ginevra und Orazio können im Laufe des Stückes verhindern, dass Lamberto Ginevra (alias Giacomina) als Primadonna an das Opernhaus in Neapel vermittelt; das Liebespaar ist am Ende wieder glücklich vereint. Trotz falscher Identitäten sind die beiden Figuren Ginevra und Orazio tugendhaft gezeichnet und verwenden einen ernsthaft virtuosen Gesangsstil. Das Textbuch bevölkern darüber hinaus zahlreiche Personen mit explizit komödiantischem Charakter, darunter der gewinnorientierte neapolitanische Impresario Colagianni, der sich sofort in die Möchtegern-Primadonna Lauretta verliebt. Das künstlerische Handlungsmilieu bot umfangreiche Möglichkeiten, sowohl textlich als auch musikalisch den damaligen Opernbetrieb zu parodieren.

L'Orazio war eine besonders erfolgreiche Oper und wurde – des neapolitanischen Dialekts entledigt – auch in Norditalien sowie außerhalb Italiens ab 1745 vielfach nachgespielt. In Venedig griffen prominente Librettisten das Genre der dreiaktigen komischen Oper ebenfalls auf. Carlo Goldoni begann ab 1749 für venezianische Opernhäuser entsprechende Textbücher in großer Zahl zu schreiben, die nun sozialkritischer orientiert waren. In *Il mondo della luna* von 1750 etwa wird dem gutgläubigen Buonafede von Ecclitico, der sich als Astrologe ausgibt, vorgegaukelt, er würde sich auf dem Mond befinden. Dort werden alle sozialen Rollen verkehrt, was Goldoni die Möglichkeit gibt, sich über aristokratische Verhaltensweisen lustig zu machen. Unter anderem werden die Dienerin Lisetta und der Diener Cecco am Ende des zweiten Aktes in einer pompösen Zeremonie zu Mondkaiserin und -kaiser gekürt.

In der zweiten Hälfte des 18. Jahrhunderts wurde die mehraktige komische Oper Goldoni'scher Prägung zum europaweiten Erfolgsmodell.[87] Die späterhin als Opera buffa bezeichnete Gattung verdrängte mehr und mehr die Opera seria aus den Spielplänen. Dies ist nicht zuletzt Ausdruck weitreichender gesellschaftlicher Veränderungen, die vielfach für ein Ende dessen stehen, was man gemeinhin mit der Barockzeit verbindet: eine primär von einer gehobenen Gesellschaft getragene, elitäre Musikkultur. Freilich sind es langfristige, über viele Jahrzehnte sich erstreckende Entwicklungen, die einer bürgerlich geprägten Musikkultur sukzessive mehr Raum geben. Es gibt jedoch auch historische Momente, an denen sich die Spannungsverhältnisse, in denen gesellschaftliche Veränderungsprozesse wirken, besonders deutlich manifestieren. Einer dieser neuralgischen Momente hat mit der Aufführung von *La serva padrona* und *L'Orazio* in Paris in den Jahren 1752 und 1753 zu tun. Dem italienischen Impresario Eustachio Bambini wurde erlaubt, mit seiner Operntruppe Intermezzi und Opere buffe an der Pariser Opéra zu spielen. Dies führte zu einer breiten Debatte über die Ästhetik der Oper, die sich in über 60 Pamphleten manifestierte und als Querelle des Bouffons in die Geschichte einging. Einige erachteten die italienische komische Oper für unwürdig, an einem Ort gespielt zu werden, der für die große Lully'sche Tradition der französischen Tragédie en musique stand. Andere argumentierten, dass die Zukunft in der italienischen Oper liege. Jean-Jacques Rousseau ging sogar so weit, in seiner *Lettre sur la musique françoise* im November 1753 die französische Sprache als für den musikalischen Ausdruck grundsätzlich ungeeignet zu erklären. Vor allem Rousseaus Pamphlet führte zu derart heftigen Auseinandersetzungen, dass der französische Hof intervenierte und die italienische Buffa-Truppe Paris im März 1754 verlassen musste. Hinter der musikästhetischen Debatte stand freilich eine politische.[88] In der Querelle des Bouffons hielten die einen an einem absolutistischen Ancien Régime fest, für das die französische Tragédie en musique stand. Die anderen verfolgten progressiv die Ziele der Aufklärung und formulierten im Lobpreis auf die italienische Oper letztlich eine Kritik an höfischen und kirchlichen Autoritäten.

Eine Konkurrenz erwuchs der französischen, höfisch geprägten Oper ferner durch die Opéra comique. Diese neue Operngattung, die sich durch gesprochene Dialoge und parodistische Musiknummern auszeichnete, hatte in den Jahrmarktstheatern seit dem Beginn des Jahrhunderts an Popularität gewonnen. Der französische Hof versuchte zwar zunächst, deren Erfolg durch Reglementierungen (etwa durch das Verbot von Dialogen im Jahr 1706) zu unterbinden, letztlich wurde die Opéra comique jedoch zu einer zentralen Operngattung und konnte 1762 sogar als Institution ein staatliches Privileg erlangen.

Die Auseinandersetzungen um ernste und komische, um italienische und französische Oper lassen bestimmte Musiktraditionen rückblickend »barocker« erscheinen als andere, die mit den neuen Idealen von Einfachheit, Natürlichkeit und Empfindsamkeit und mit einer bürgerlichen Musikkultur in Zusammenhang gebracht werden können. Hier schließt sich der Kreis zu der am Beginn des Buches diskutierten, im 18. Jahrhundert einsetzenden negativen Zuschreibung »barock« für eine Musik, die diesen neuen ästhetischen Idealen nicht mehr entsprach. Musikalische Entwicklungen sowie eine gelebte Musikpraxis sind jedoch nicht nur um die Mitte des 18. Jahrhunderts von vielerlei Gleichzeitigkeiten bestimmt. Die Diskussion um Altes und Neues kann als prägend für die gesamte Musikkultur der Barockzeit angesehen werden.

Kapitel 6
»Alte Musik« aufführen

Barockmusik firmiert in verschiedenen Kontexten gegenwärtig unter dem Begriff »Alte Musik«. Dies ist beispielsweise bei einschlägigen Musikveranstaltungen zu beobachten. Innsbrucker Festwochen der Alten Musik, Tage Alter Musik Herne, Tage Alter Musik Regensburg oder Festival Alte Musik Zürich lauten einige Titel von Festivals, die überwiegend Musik der Barockzeit im Programm haben. Ein Blick in die Vergangenheit zeigt allerdings, dass der Begriff »Alte Musik« zunächst durchaus variabel hinsichtlich seiner zeitlichen Abgrenzung war. Die in London gegründete Academy of Ancient Music verstand 1731 unter Alte Musik diejenige vor 1600. Im 20. Jahrhundert wurde es üblich, Musik so zu bezeichnen, die vor Mitte des 18. Jahrhunderts entstanden ist. Das Adjektiv »alt« markiert damit immer eine Distanz zur Musik der Gegenwart oder jüngeren Vergangenheit. Dass Musik aus der Zeit der Klassik oder Romantik dennoch auch im 21. Jahrhundert gemeinhin nicht als Alte Musik gilt, hängt mit Repertoirebildung und Kanonisierungsprozessen zusammen. Eine gewichtige Rolle spielen dabei auch aufführungspraktische Fragen und die Entwicklung dessen, was heute vielfach »historisch informierte Aufführungspraxis« genannt wird. Die gängige Abkürzung HIP bezieht sich auf das englische Pendant der »historically informed performance«.

Das Interesse an historischen Aufführungskonventionen stieg in Musikforschung, Musikpraxis und Instrumentenbau vor allem in den ersten Jahrzehnten des 20. Jahrhunderts.[1] Dabei stand Barockmusik klar im Zentrum. Das lag einerseits daran, dass im Vergleich zu früheren Jahrhunderten für die Musik dieses Zeitraums viele schriftliche Quellen (Traktate, Vorworte von Notenausgaben, Lehrbücher, Abbildungen etc.) überliefert waren, die Hinweise auf die damaligen Aufführungskonventionen gaben. Auch historische Instrumente waren noch in größerer Anzahl vorhanden, sodass sie gespielt oder nachgebaut werden konnten. Andererseits begründete sich eine zeitliche Abgrenzung zu späteren Epochen darin, dass eine Repertoirebildung für »Klassiker« wie Haydn oder Mozart bereits stattgefunden hatte. Deren Werke hatten eine durchgängige Aufführungstradition, und Gewohnheiten der musikalischen Interpretation hatten sich sukzessive mitentwickelt. An die Musik der Zeit davor konnte man jedoch mit dem Impetus eines Wiederentdeckens herangehen. Das war zwar historisch nicht ganz korrekt, denn die Musik von Bach oder Händel war im 19. Jahrhundert durchaus präsent gewesen. Doch war die Aufführung von bislang unbekanntem Repertoire ein ebenso starker Motor der Alte-Musik-Bewegung wie die historisch adäquate Umsetzung dieser Werke.

Der Anspruch war zunächst oftmals ein positivistischer: Man glaubte, durch historische Kenntnisse über ihrer Aufführungsweise und mit dem richtigen Instrumentarium Alte Musik so singen und spielen zu können, dass sie klingt wie zur Zeit ihrer Entstehung. Von solchen Rekonstruktionsansprüchen haben sich Forschung und Praxis mittlerweile weitgehend verabschiedet, was sich auch im Terminus »historisch informiert« widerspiegelt. Musiziert wird im Idealfall in möglichst umfassender Kenntnis der historischen Gegebenheiten, ohne dass sich daraus eine einzig mögliche, historisch korrekte Musizierweise ableiten ließe. Eher zeigen sich Tendenzen, dass die historisch informierte Aufführungspraxis in den mittlerweile über 100 Jahren ihrer Existenz wiederum eigene ästhetische Traditionen und Normierungen ausgebildet hat.[2]

Ein Beispiel dafür ist die Besetzung von hohen Stimmlagen. Zahlreiche Vokalpartien für hohe Stimmlagen wurden in der Barockzeit von Kastratensängern gesungen. Popularität erlangten sie europaweit vor allem in virtuosen Rollen der italienischen Oper. Die operative Entfernung der Hoden, die bei Knaben für den Erhalt einer hohen Stimme im Erwachsenenalter sorgte, war damals in Italien gängige Praxis. Eine historisch informierte Aufführungspraxis muss heute andere Lösungen finden. Neben der Besetzung dieser Opernpartien mit Sängerinnen, die auch in der Barockzeit bereits üblich war, hat es sich in der Alte-Musik-Bewegung seit den 1980er-Jahren allmählich durchgesetzt, sie von Countertenören singen zu lassen. Es handelt sich hierbei um Sänger, die ihr Falsettregister spezifisch trainiert haben und daher die hohen Kastratenpartien singen können. So sind in einer Rolle wie Giulio Cesare, die Georg Friedrich Händel in seiner gleichnamigen Oper 1724 für den Kastraten Senesino schrieb, sowohl Sängerinnen wie Sarah Connolly, Marijana Mijanović oder Marie-Nicole Lemieux als auch Countertenöre wie Andreas Scholl, Flavio Oliver oder Bejun Mehta auf (Bild-)Tonträgern jüngeren Datums zu hören. Die Ästhetik eines Countertenorklangs wird in historisch informierten Aufführungen heute ganz selbstverständlich akzeptiert, obwohl diese Partien in der Barockzeit nie von Sängern im Falsettregister gesungen wurden und sich Stimmphysiologie und Klangerzeugung bei Countertenören deutlich von Kastratensängern unterscheiden. In einigen Wiederaufführungen von römischen Opern, wie etwa *Alessandro nell'Indie* von Leonardo Vinci, wurden in den letzten Jahren sogar die Frauenrollen mit Countertenören besetzt mit der Begründung, Sängerinnen seien in Rom verboten gewesen und ein reiner Männer-Cast historisch verbürgt.[3] Besetzungsentscheidungen stehen somit immer zwischen historisch informierter Adäquatheit und aktueller ästhetischer Präferenz.

Ein weiteres Beispiel betrifft den Stimmton.[4] Die Festlegung eines Kammertons a^1 auf die Frequenz von 440 Hertz ist eine Konvention, die auf gewisse Vereinheitlichungen von Stimmtönen gegen Ende des 18. Jahrhunderts zurückgeht. Tatsächlich standardisiert wurde dieser Kammerton erst im 20. Jahrhundert, wobei heute in der Praxis meist um ein paar Hertz höher gestimmt wird. In der Barockzeit waren Stimmtöne regional und je nach aufgeführter Musik sehr verschieden. Orgeln in Italien waren häufig circa einen Halbton höher gestimmt als es die heutige Kammertonnorm vorgeben würde, Chöre sangen hingegen oft einen Halbton tiefer. Der Stimmton konnte also um einen Ganzton variieren, je nachdem ob Instrumentalmusik oder Vokalmusik erklang. Dazu kamen regionale Abweichungen: So lag der Stimmton der Orgeln in Norddeutschland oft noch circa einen Halbton über dem italienischen, in England sogar zunächst noch höher. In Rom hingegen bevorzugte man einen Orgel-Stimmton, der deutlich tiefer als im Rest Italiens oder außerhalb Italiens war. Er lag sogar unter dem anderswo üblichen Chorton, nämlich bei einem a^1 von circa 384 Hertz. Eine ähnliche Stimmung war auch in Frankreich bei Kirchenorgeln und im Orchester der Opéra verbreitet (a^1 bei circa 388–396 Hertz), für die Kammermusik ist allerdings ein etwas höherer Stimmton überliefert (a^1 bei circa 404 Hertz). Trotz dieser sehr verschiedenen historisch verbürgten Stimmtöne wird Barockmusik gegenwärtig häufig mit einem einheitlichen Kammerton a^1 von 415 Hertz (im Falle französischer Musik 392 Hertz) aufgeführt, was vor allem praktische Gründe hat. Es wäre kaum möglich, in einem Konzert regional und besetzungstechnisch unterschiedliches Repertoire zu spielen, wenn ständig der Stimmton verändert werden müsste oder man je andere Instrumente bräuchte. Dadurch, dass 415 Hertz einen Halbton und 392 Hertz einen Ganzton tiefer als das a^1 bei 440 Hertz liegen, können verschieden gestimmte Instrumente durch Transponierung der Musik dennoch miteinander spielen. Transponierung war auch bereits in der Barockzeit üblich, wenn etwa die Orgel einen Ganzton tiefer transponierte, um mit der Stimmung des Chortons zu korrelieren.

Auch bezüglich der Temperatur, also der Festlegung von Intervallproportionen innerhalb einer Oktave, wird heute eher pragmatisch verfahren. Die Frage der Temperatur ergab sich seit dem späten Mittelalter in Europa daraus, dass vor allem auf Tasteninstrumenten nicht alle Intervalle »rein« (das heißt schwebungsfrei) gespielt werden konnten. Im 15. Jahrhundert etablierte sich die sogenannte mitteltönige Temperatur, in der die am häufigsten gebrauchten großen Terzen (*c-e*, *d-fis*, *es-g*, *e-gis*, *f-a*, *g-h*, *a-cis*, *b-d*) schwebungsfrei gestimmt wurden. Dadurch waren die Tonarten, die mit bis zu drei Vorzeichen auskommen, gut zu spielen, die im Quintenzirkel weiter entfernten hingegen unbrauchbar. Bereits ab dem 16. Jahrhundert verzichtete man teils auf schwebungsfreie Terzen und stimmte diese Intervalle verschiedentlich größer, um mehr Tonarten gut spielen zu können. Die »wohltemperierte Stimmung«, ein Begriff, der auf den Organisten Andreas Werckmeister zurückgeht, beruht auf diesem Prinzip. Die heute übliche gleichstufige Temperatur, in der alle Halbtöne im gleichen Abstand gestimmt werden, mitunter also die Klangunterschiede zwischen den Tonarten völlig getilgt werden, setzte sich erst im Laufe des 18. Jahrhunderts allmählich durch. Dennoch wird Musik der Barockzeit heute oft in gleichstufiger Temperatur gespielt und die damalige ästhetische Präferenz für möglichst schwebungsfreie große Terzen eher selten praktisch umgesetzt.[5]

Die unterschiedlichen Stimmtöne und Temperaturen weisen auf ein generelles Phänomen der barocken Aufführungspraxis hin: In vielen Aspekten unterscheiden sich die damaligen Konventionen erheblich von einer »modernen« Aufführungspraxis. Zugleich gibt es aber nicht *die* barocke Aufführungspraxis, da sich die Konventionen einerseits zwischen 1600 und 1750 stark veränderten und andererseits von regionalen, anlassgebundenen Gegebenheiten oder von individuell unterschiedlichen ästhetischen Präferenzen abhingen. Für die Forschung und Musizierpraxis ist es außerdem nicht einfach, historische Dokumente oder Artefakte so zu deuten, dass sich daraus konkrete Sing- oder Spielweisen ableiten lassen.

Kontrovers diskutiert wurde beispielsweise die praktische Realisierung von punktierten Noten. 1915 erläuterte Arnold Dolmetsch in seinem Buch *The Interpretation of the Music of the XVIIth and XVIIIth Centuries*, einfache Punktierungen seien in der Barockzeit überpunktiert ausgeführt worden, wo dies stilistisch als passend wahrgenommen wurde. Er bringt Beispiele vor allem aus langsamen, gravitätischen Sätzen von Händel und Bach.[6] Eine solche Sichtweise verselbstständigte sich in der Folge vor allem für einen vermeintlich französischen barocken Stil, indem man die Überpunktierung unter anderem in französischen Ouverturen anwandte. Ab den 1960er-Jahren widersprach einer solchen Praxis insbesondere Frederick Neumann in zahlreichen Publikationen:[7] Einschlägige Quellen, in denen Überpunktierung erwähnt sei, würden sich vornehmlich auf solistisch ausgeführte Musik beziehen und seien nach 1750 entstanden. Für eine Überpunktierung, insbesondere in französischer Orchestermusik gebe es keine historischen Belege. Von verschiedener Seite wurden daraufhin weitere historische Quellen diskutiert, die sich mit der Ausführung von Punktierungen beschäftigten. Die Sachlage stellte sich auch deshalb als komplex dar, da in französischen Lehrwerken der Barockzeit vielfach erwähnt ist, dass in bestimmten Fällen zwei Noten von gleicher Länge ungleich als »notes inégales« auszuführen sind (die erste Note länger, die zweite kürzer). Dies wurde von einigen als Argument dafür verwendet, dass Überpunktierung doch gängig war. Andere wandten ein, dass es sich hierbei um eine nur geringfügige Verlängerung der ersten Note und nicht um eine Punktierung oder Überpunktierung handelt. Viele plädierten dafür, den spezifischen musikalischen Kontext zu berücksichtigen, der eine bestimmte Umsetzung wahrscheinlicher erscheinen lässt als eine andere.[8] So kann Überpunktierung in Zusammenhang mit den »notes inégales« entstehen: Wenn zum Beispiel Achtelnoten als »notes inégales« auszuführen sind, wäre in diesem Kontext auch eine punktierte Viertelnote entsprechend zu verlängern und die Achtelnote danach zu verkürzen. Die Diskussion hat sich über die Jahre stark ausdifferenziert, und summa summarum wird die These von einer Überpunktierung als französischem Stilmerkmal heute als überholt betrachtet.

Für die barocke Musik stellt sich nicht nur in diesem Fall die Frage, wie notierte Musik verstanden und umgesetzt werden soll. Es gab in der Praxis beispielsweise auch das Phänomen der Unterpunktierung, das heißt, die punktierte Note wurde um weniger als die Hälfte ihres Wertes verlängert. Dies ist etwa bei den Toccaten Frescobaldis der Fall, die in Kapitel 2 diskutiert wurden. Es gilt daher immer genau zu prüfen, welche Quellen für welches Musikstück in welchem historischen Kontext herangezogen werden können und welche unterschiedlichen Deutungsmöglichkeiten die dortigen Ausführungen zulassen.

Als ein zentrales Themenfeld der historisch informierten Aufführungspraxis hat sich bereits früh die Verwendung und Spielweise von Instrumenten der Barockzeit herauskristallisiert. Zunächst standen Instrumente im Mittelpunkt, deren Spiel keine Tradition mehr hatte, wie die Gambe, das Cembalo oder die Laute. Noch erhaltene Instrumente wurden gespielt oder neue Instrumente wurden nach historischen Modellen gebaut. Schwieriger als die Nutzung der Instrumente selbst war die Frage, wie sie zu spielen seien und welche der erhaltenen Instrumente durch spätere Umbauten oder andere Manipulationen gar keinen barocken Charakter mehr hatten. So spielte Christian Döbereiner, einer der Ersten, der sich am Beginn des 20. Jahrhunderts intensiv mit der Gambe auseinandersetzte, auf einem bundlosen Instrument und verwendete einen modernen Violoncellobogen mit der Spielhaltung im Obergriff.[9] Charakteristisch für die barocke Gambe war jedoch, dass sie Bünde aufwies und im Untergriff gespielt wurde. Historisch informierte Spielweisen etablierten sich für die verschiedenen Instrumente erst allmählich, und dieser Prozess ging auch mit der Gründung von Ausbildungsinstitutionen für Alte Musik einher, wie etwa der 1933 ins Leben gerufenen Schola Cantorum Basiliensis.

Für Instrumente und deren Spielweisen gilt, ebenso wie für andere Bereiche der Musikpraxis, dass eine historische Variabilität vorherrscht, die es nicht erlaubt, von *einem* barocken Instrumentarium und dessen standardisierter Spielweise zu sprechen. Zugleich ergibt sich eine historische Andersartigkeit immer aus dem komplexen Abgleich mit der Gegenwart. Dies lässt sich etwa bei der Geige beobachten. Die heute standardisierte Form eines Geigenkorpus' wurde von Geigenbauern der Barockzeit entwickelt. Die Geigen von Antonio Stradivari etwa, der ab den 1660er-Jahren bis zu seinem Tod 1737 als Geigenbauer in Cremona tätig war, zählen gegenwärtig zu den berühmtesten und teuersten Geigen. Die erhaltenen Instrumente haben jedoch lediglich einen Stradivari-Korpus, während Saitenhalter, Steg, Hals, Griffbrett und Wirbelkasten später verändert worden sind. Eine Stradivari-Geige wird aus heutiger Sicht nicht als »barock« wahrgenommen, weil sich die barocke Geige vornehmlich durch ihren dickeren und weniger stark geneigten Hals und das kürzere Griffbrett von einer modernen Geige unterscheidet – alles Eigenschaften, die erhaltene Stradivari-Geigen nicht mehr aufweisen.

Veränderte Klangeigenschaften haben zwar auch mit diesen baulichen Aspekten zu tun, wenn etwa die geringere Saitenspannung aufgrund des weniger geneigten Griffbrettes berücksichtigt wird. Noch wesentlicher für den Klang einer Barockgeige waren jedoch die aufgespannten Saiten, die verwendeten Geigenbögen und deren Behaarung. Die Saiten wurden aus Schafsdarm hergestellt, wobei die G-Saite häufig mit Kupfer- oder Silberdraht umsponnen war. In Kombination mit der geringeren Saitenspannung wird ihr Klang heute – im impliziten oder expliziten Abgleich mit den gängigen Stahlseiten – oft als weich und warm bezeichnet. Die Stange der Geigenbögen war nach außen gewölbt und am Frosch meist höher als an der schmal geformten Spitze. (Auf dem Umschlagbild dieses Buches ist diese Bogenform gut zu erkennen.) Ein Barockbogen ist deshalb an der Spitze deutlich leichter als am Frosch. Folglich unterscheiden sich die Klangeigenschaften von Abstrich (schwer) und Aufstrich (leicht) stärker voneinander als bei später gebauten Bögen mit ausgewogener Gewichtsverteilung. Durch das insgesamt geringere Gewicht und die kürzere Bogenlänge kann mit einem Barockbogen sehr agil gespielt werden. Bögen waren in der Barockzeit dünner behaart als heute üblich. In Kombination mit der geringeren Saitenspannung klingen Barockgeigen daher weniger laut.

Neben diesen übergreifenden Merkmalen, die eine barocke Geigenausstattung von einer modernen unterscheiden, sind Geigen, Bögen und Spielweisen zwischen 1600 und 1750 jedoch insgesamt als sehr inhomogen zu bezeichnen.[10]

Geigenbauer hatten üblicherweise Violinen in mehreren Größen im Angebot, die unterschiedlichen Verwendungszwecken dienten. So wurden kleine Modelle beispielsweise eher für die Kammermusik verwendet. Das Geigenbaugewerbe war meist in der Hand familiärer Dynastien. Sie entwickelten je eigene Modelle, die sich teilweise deutlich voneinander unterschieden. So fertigte die Cremoneser Familie Amati im 16. und 17. Jahrhundert wegweisende Geigen, die in der Mitte deutlich schmäler und stärker gewölbt waren als die späteren Stradivari-Geigen. Amati-Modelle wurde auch außerhalb Italiens von Geigenbauern aufgegriffen, beispielsweise in Paris von der Familie Médard und in Tirol von Jacob Stainer, dessen Geigen vor allem in Deutschland im gesamten 18. Jahrhundert stark verbreitet waren. Stainers Instrumente waren noch höher gewölbt als die Amati-Geigen, und ihr Klang wurde als silbern-hell und weich beschrieben. Auch die Geigenbögen existierten in unterschiedlichen Formen und Längen. Der jeweilige Verwendungszweck spielte dabei eine entscheidende Rolle. Für Tanzmusik wurden häufig kürzere Bögen verwendet als für solistisches Musizieren. In Italien erhöhte sich die Bogenlänge nach 1700 insbesondere mit der Entwicklung des Solokonzerts und einer virtuoseren Violintechnik. Überliefert sind auch unterschiedliche Haltungen der Geige (Brust- oder Schlüsselbeinhöhe) und Bogenhaltungen im Ober- und Untergriff.

Nicht nur für Geigen und deren Bögen lässt sich feststellen, dass es in der Barockzeit keine einheitlichen Bauweisen und Spieltechniken gab. Innerhalb aller Instrumentengruppen existierte eine größere Variabilität an Größen und Formen als in späteren Zeiten, und die Bandbreite an unterschiedlichen Instrumenten und Instrumentenarten war insgesamt sehr groß. Letztlich war der Instrumentenbau ein weites Experimentierfeld, um den jeweiligen klang- und spieltechnischen Ansprüchen und Herausforderungen zu begegnen. Die historisch informierte Aufführungspraxis steht daher nicht selten vor Rätseln, was die Bauart bestimmter Instrumente anbelangt. So dürfte es sich bei dem in Bachs Kantate »Schauet doch und sehet, ob irgendein Schmerz sei« erwähnten »Corno da tirarsi« (siehe Kapitel 5, S. 133) um eine Spezialanfertigung für den damaligen Stadtpfeifer Gottfried Reiche gehandelt haben.[11] Das Horn war vermutlich mit einem Zug versehen, der ermöglichte, dass chromatische Töne umfassender als bei Naturhörnern eingesetzt werden konnten, wovon Bach ausführlich Gebrauch machte. Nach Reiches Tod schrieb Bach keine »Corno da tirarsi«-Partien mehr bzw. schrieb frühere Stücke um. Nicht nur dieses Beispiel verdeutlicht den engen Zusammenhang zwischen der musikalischen Faktur eines Stückes und den klanglichen und spieltechnischen Möglichkeiten bestimmter Instrumente.

Ein weiteres Thema, das in der historisch informierten Aufführungspraxis überaus viel Aufmerksamkeit erfahren hat, ist das Anbringen von Verzierungen.

Verschiedentlich ist in diesem Buch bereits angeklungen, dass in der Barockzeit Melodien üblicherweise nicht so abgesungen oder abgespielt wurden, wie sie in einem Notentext festgehalten sind. Kenntnisse über die adäquate Ausgestaltung des Notierten waren für die Musizierenden unabdingbar. So zielte die Gesangsausbildung, wie sie etwa vom Kastratensänger Giovanni Andrea Bontempi 1695 beschrieben wurde, wesentlich darauf ab, dass die Sängerinnen und Sänger verschiedene gestalterische Elemente so verinnerlichten, dass sie jederzeit abgerufen und in verschiedenen Stücken eingesetzt werden konnten.[12] Die »italienischen Manieren« wurden für den Gesang in weiten Teilen Europas als verbindlich angesehen und in Notenausgaben, Gesangslehren oder Traktaten oft auf ähnliche Art und Weise beschrieben, auch wenn die Terminologien teils differierten.

Grundlegende Verzierungen inkludierten in heutiger Terminologie diverse Formen von Trillern, Mordenten, Vorschlägen und Vorhalten. Der Triller wurde am Beginn des 17. Jahrhunderts allerdings häufig als »gruppo« bezeichnet, während der »trillo« eine Tonrepetition bezeichnete, wie dies etwa in Michael Praetorius' *Syntagma musicum* erkennbar ist (Abb. 29). Neben diesen eher standardisierten Verzierungen zeigt sich bei Praetorius jedoch auch die Variabilität von Gestaltungsweisen, wenn er unter dem Begriff »accentus« zahlreiche Möglichkeiten auflistet, wie Einzeltöne oder Zweitonfolgen melodisch und rhythmisch gestaltet werden können. Allein für den Einzelton notiert er zehn verschiedene Varianten (Abb. 30). Diese Praktiken waren bereits in der Renaissance etabliert und konnten bis zu raschen Läufen und komplexen Zerlegungen (Passaggien) einer notierten Melodielinie reichen. Sie firmierten unter dem Überbegriff »Diminution«, der bereits in Kapitel 3 (S. 54) in Bezug auf den Sologesang um 1600 erläutert wurde.

Die Frage, was notiert wird und wie viel von den Ausführenden hinzugefügt werden soll, erscheint am Beginn der Barockzeit besonders dadurch relevant, dass man die zuvor weitgehend improvisierten Praktiken erstmals genauer notierte. Giulio Caccini kritisierte im Vorwort zu seiner Publikation *Le nuove musiche* 1602, dass seine Sologesänge in Versionen mit inadäquaten, überbordenden Verzierungen im Umlauf seien. Caccini legt deshalb gewisse Verzierungen bereits im Notentext fest und beschreibt im Vorwort anhand von Beispielen, wo er Verzierungen für sinnvoll hält. Er betont insbesondere, dass die Anbringung von Verzierungen im Einklang mit Affektdarstellung und Textausdruck stehen muss. Es lag somit nach wie vor im Ermessen der Ausführenden, wo und wie Verzierungen zum Einsatz kamen.

Caccini erläuterte ferner zwei gesangsästhetische Paradigmen, die für die gesamte Barockzeit eine Rolle spielten. Das eine betrifft das An- und Abschwel-

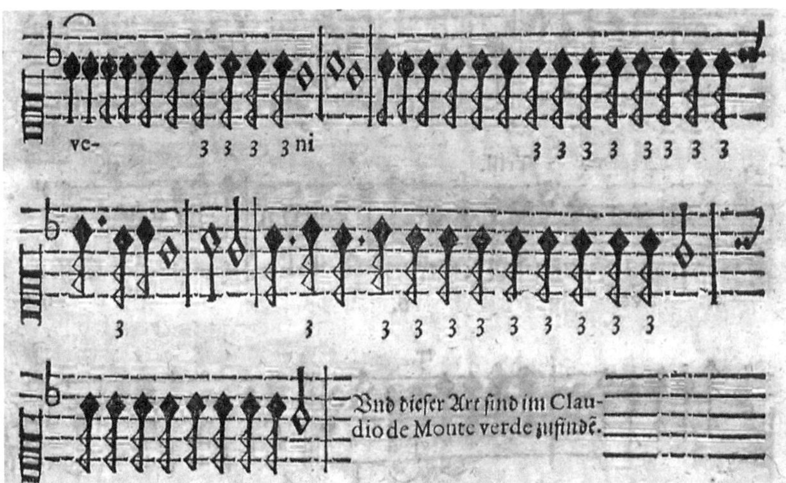

Abb. 29: Michael Praetorius, *Syntagma musicum*, Bd. 3, S. 237

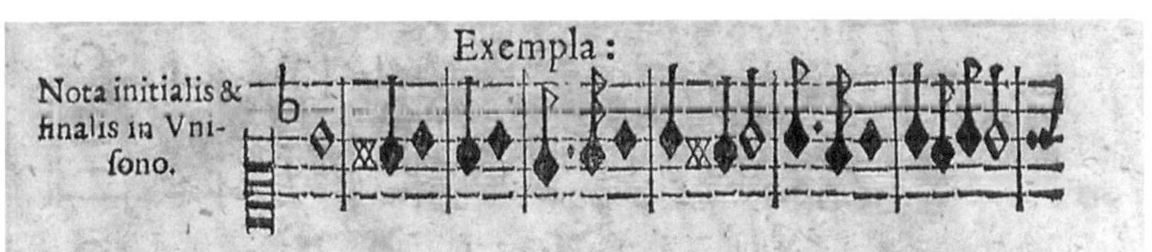

Abb. 30: Michael Praetorius, *Syntagma musicum*, Bd. 3, S. 232

len der Stimme bei langen Tönen (»messa di voce«) und das andere das sogenannte »cercar della nota« (die Note suchen). Christoph Bernhard beschrieb es 1650 so: »Wird gebraucht, entweder im Anfange oder im Fortgange der Noten. Im Anfange pflegt man den nächsten *ton* unter der anfangenden Note gar kurtz und schwach zu fassen, und von demselben ganz unvermerckt zur anfahenden Note zu gleiten: [folgt Notenbeispiel] Im Fortgange der Noten kann es sowohl bey den nebeneinander stehenden, [als] auch springenden Noten gebraucht werden.«[13] Bernhard erläutert dieses Ansingen der Noten von unten oder oben an zahlreichen Beispielen. Obwohl das »cercar della nota« vielfach ähnlich beschrieben wird, herrscht nicht unbedingt Einigkeit darüber, wie es genau auszuführen sei. Caccini hält die aus seiner Sicht gängige Konvention, am Beginn des Stückes eine Terz unterhalb des Anfangstones zu beginnen, für nicht vorteilhaft und präferiert stattdessen ein Anschwellen des Tones. Wolfgang Michael Mylius, Kapellmeister in Gotha, schreibt 1685, dass mit einem Halbton unterhalb des notierten Tones angefangen werden solle, nicht jedoch mit einem größeren Intervall. Andere wiederum erklären verschiedene Intervalle für zulässig. Festgestellt werden kann jedenfalls, dass das »cercar della nota« als Ansingen eines Anfangstons von unten bzw. als portamentoartiges Hinübergleiten von einem Ton zum nächsten ein gängiges ästhetisches Mittel der gesamten Barockzeit und darüber hinaus war.

Sowohl in der Vokal- als auch in der Instrumentalmusik etablierte es sich allmählich, zwischen kleineren Verzierungen zu unterscheiden wie Trillern oder Vorschlägen, die in jedem Musikstück standardmäßig umzusetzen waren, und größeren variativen Veränderungen und Zergliederungen der Melodie, die nur in bestimmten Fällen zum Einsatz kamen. Johann Joachim Quantz bezeichnete 1752 erstere als »wesentliche Manieren« und letztere als »willkührliche Veränderungen« – eine Terminologie, die auch bei anderen zu finden ist.[14] Bevorzugte Orte für willkürliche Veränderungen waren Wiederholungen, etwa die Wiederholung des A-Teils in einer Da-capo-Arie oder Wiederholungen in Tanzsätzen. Veränderungen ermöglichten hier nicht nur gesteigerte Virtuosität, sondern brachten auch eine erwünschte »varietas« in das Musikstück. Eine solche Strategie ist bereits deutlich früher anzutreffen, wenn Marin Mersenne 1636 in seiner *Harmonie universelle* ein Beispiel für umfassende Diminutionen in der zweiten Strophe eines Air de cour anführt, dessen erste Strophe nur recht zurückhaltend verziert ist.[15] Umfangreichere Verzierungen waren im 18. Jahrhundert auch in langsamen Stücken üblich, etwa in den langsamen Sätzen von Sonaten. Im Unterschied zur früheren Diminutionspraxis zeigt sich hier, dass die Melodie nicht in kleinere Notenwerte aufgelöst wird. Vielmehr wird sie erkennbar beibehalten und um eine Vielzahl rascher Zwischentöne angereichert. Dies ist beispielsweise in Arcangelo Corellis Violinsonaten op. 5 erkennbar, die in Amsterdam 1710 mit Verzierungsvorschlägen des Komponisten gedruckt wurden. Die ursprünglich notierten Melodietöne sind im ersten Satz der Sonate Nr. 2 (Abb. 31) durch ihre Länge und Position auf den Zählzeiten deutlicher akzentuiert als die hinzugefügten raschen Verzierungstöne. Solche umfassenden Verzierungsvorschläge wurden nur in seltenen Fällen, meist zu pädagogischen oder illustrativen Zwecken, niedergeschrieben.

Für die wesentlichen Manieren etablierten sich in der Barockzeit unterschiedliche Zeichensysteme. Die Zeichen t, tr, +, /, ein Komma oder eine Wellenlinie sind ab der zweiten Hälfte des 17. Jahrhunderts vor allem in Drucken von Instrumentalmusik anzutreffen. Welches Ornament sie genau bezeichnen, wird mit Ausnahme von t und tr, die üblicherweise Triller markieren, oft nicht näher definiert. Vorschläge werden zunehmend durch das Hinzufügen kleiner Noten angezeigt. Ob und in welcher Form Verzierungen generell notiert wurden, hing letztlich stark davon ab, welchen Zweck ein Notentext zu erfüllen hatte. In

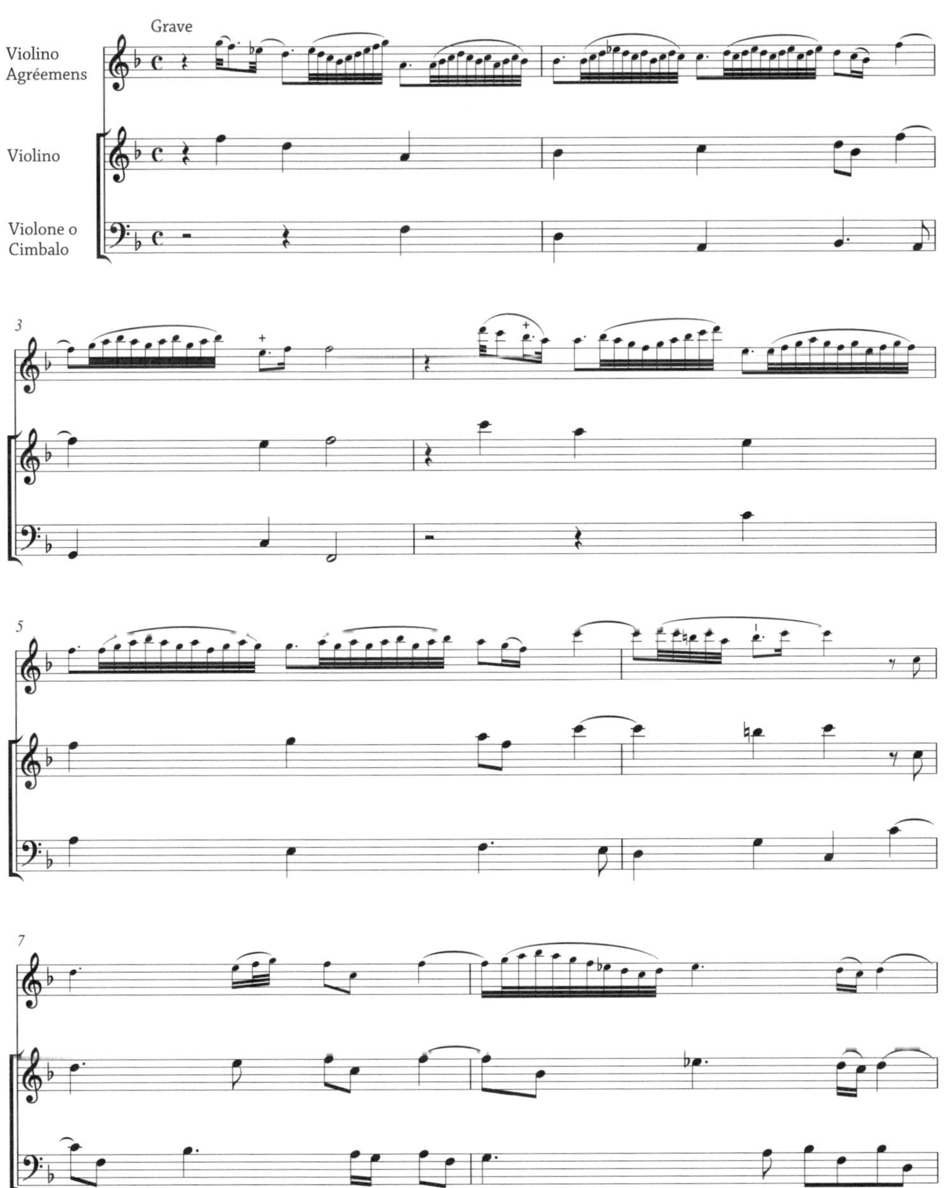

Abb. 31: Arcangelo Corelli, *Sonate a Violino e Violone o Cimbalo* (op. 5), Sonate Nr. 2, Takt 1–8, mit verzierter und unverzierter Violinstimme im Amsterdamer Druck von 1710

Drucken, die für ein breiteres Publikum gedacht waren, wurden Verzierungen häufiger angezeigt oder ausgeschrieben als in überlieferten Handschriften. Für den gesamten Zeitraum gilt, dass Verzierungen von professionellen Musikerinnen und Musikern selbstständig nach langjährig erlernten ästhetischen Grundsätzen realisiert wurden.

Die wenigen Beispiele zur historisch informierten Aufführungspraxis, die in diesem Kapitel angeführt werden konnten, verdeutlichen eines: Es ist in der Praxis eine stete Herausforderung, die Leerstellen, die sich durch das verloren gegangene informelle und tradierte Wissen auftun, mit Informationen aus erhaltenen Quellen zu füllen. Ein Schließen dieser Lücken ist wohl weder möglich noch tatsächlich erstrebenswert, denn Musik ist und bleibt gelebte Praxis, und bei jeder Aufführung von Musik aus der Barockzeit werden ästhetische Entscheidungen im Hier und Jetzt getroffen. Die Diskrepanz ebenso wie die verschiedenen Bezugspunkte zwischen Einst und Jetzt sollten jedoch ausreichend reflektiert werden. Denn es ist letztlich nicht nur das Studium von überlieferten Quellen, sondern auch das Musizieren selbst, das unseren Blick auf die vielfältige Geschichte der Barockmusik prägt.

Anhang

Anmerkungen

Kapitel 1

Barock – Musik – Geschichte

1 Koch 1802, Sp. 214.
2 Wellesz 1918/19, 58, vgl. weiterführend Elste 2017.
3 Sachs 1920.
4 Hunter 2015, 200–206.
5 Vgl. hierzu und zu den folgenden Ausführungen über *Diana su l'Elba* Walter 2001.
6 Edition des Textbuchs in Heinichen [1719]/2000, XVIII–IXX, hier: XVIII.
7 Vgl. Walter 2001, 115.
8 Mattheson 1722, 67.
9 Vgl. De Brito 1989, 31 f.

Kapitel 2

Die Musikkultur der Barockzeit

1 Batteux 1746, 258.
2 Zit. nach Treadwell 2004, 5. Nach Treadwell ist die musikalische Autorschaft unklar. In Quellen sind Emilio de' Cavalieri oder Antonio Archilei genannt, möglicherweise komponierte auch Vittoria Archilei den Sologesang, und er wurde nur unter dem Namen ihres Mannes veröffentlicht.
3 Praetorius 1619, Bd. 3, 229.
4 Kircher 1650, 7. Buch, Teil III, Kapitel 6.
5 Der Begriff wurde am Beginn des 20. Jahrhunderts von Hermann Kretzschmar geprägt, vgl. Kretzschmar 1912/13.
6 Eine ausführliche Analyse des Lamentos bei Dammann [2]1984, 360–364 oder Harris 1989, 116–119.
7 Purcell [1689]/1979, 94–96.
8 Zu den unterschiedlichen Terminologien bei verschiedenen Autoren vgl. Klassen 2001.
9 Mattheson 1739, 235 bzw. Mattheson 1999, 348.
10 Scheibe 1740, 357.
11 Tosi 1723/57, 181 f.
12 Vgl. Rampe 2020, 316. Zu freien Formen und Improvisation in der Musik für Tasteninstrumente vgl. Apel 1967 und Rampe 2014b, 140–196.
13 Maugars 1639, 13.
14 Vgl. Frescobaldi [1615]/1977, XXVII.
15 Vgl. Newcomb 1984/85, 29 und Newcomb 1986.
16 Vgl. Klein 1989, 124–126.
17 Punktierungen setzt Frescobaldi häufig ein, um eine Verzögerung, ein Rallentando im Spiel anzuzeigen. Sie sind also nicht im heutigen Sinne als punktierte Noten zu lesen, vgl. Purchiaroni 2019.
18 Marcello [1720/21]/1917, 32. Übersetzung von Alfred Einstein.
19 Vgl. Over 2019, zu Pasticcio-Praktiken generell vgl. Over / Zur Nieden 2021.
20 Zur Sozialgeschichte der Musik in der Barockzeit vgl. Hersche / Rampe 2018.
21 Vgl. Weil 2010, 35–39.
22 Vgl. Cremer / Müller / Pietschmann 2018.
23 Vgl. Van der Hoven 2015, 158–175.
24 Losleben 2012, 109.
25 Vgl. Mücke 2009.
26 Vgl. Zedler 2020, 75.
27 Zum Impresario-System vgl. Walter 2016, 70–91.

28 Eine ausführliche Einführung in das Werk findet sich in der Edition der Oper von Jennifer Williams Brown (Cavalli [1651]/2007, xiii–xlviii).
29 Der gesamte Vertrag in Becker 1981, 73. Zur Orchesterbesetzung von *La Calisto* vgl. Cavalli [1651]/2007, xxv.
30 Vgl. Walter 2016, 112–113.
31 Der Vertrag befindet sich im Österreichischen Staatsarchiv (Signatur: FHKA SUS KuR C-1397).
32 Vgl. Salmen 1988, 21.
33 Zahlreiche solcher Verordnungen sind bspw. aus Bologna unter dem Titel »Bando sopra il dovuto rispetto, e modestia ne' teatri« überliefert und in der digitalen Bibliothek des Archiginnasio von Bologna online verfügbar: http://www.archiginnasio.it/bibliotecadigitale.htm. Zu entsprechenden Verordnungen an deutschsprachigen Theatern vgl. Mücke 2009.
34 Vgl. Rosselli 1992, 91–96.
35 Baldauf-Berdes 1993, 236.
36 Zu den Berliner Zahlen vgl. Henzel 1997, 24 und Henze-Döhring 2016, 91; zu denjenigen in Venedig vgl. Glixon / Glixon 2006, 152 und 203.
37 Rosselli 1992, 9.
38 Zu Melanis Aufenthalt in Paris vgl. Freitas 2009, 41–58.
39 Einen Überblick zum Beruf des Kirchenmusikers bieten Körndle und Kremer 2015.
40 Zu den politischen Hintergründen dieser jeweiligen Amtsverständnisse vgl. Siegele 1999.
41 Vgl. Brandenburg 2021a, 16.
42 Der gesamte Briefwechsel ist ediert in Brandenburg 2021b. Zur Mobilität von Musikerinnen und Musikern allgemein vgl. auch Zur Nieden / Over 2016.
43 Zum Notendruck in der Barockzeit allgemein vgl. Rasch 2005.
44 Vgl. Baldwin / Wilson 2008.
45 Vgl. Rasch 2009.
46 Vgl. Rosand 1978, 261. Zur Biografie Strozzis vgl. zudem Glixon 1997, Glixon 1999 und Heller 2006.
47 Glixon 1997, 322.
48 Vgl. Strozzi 1659/2015, vi–vii. Vorwort von Richard Kolb.
49 Eine ausführliche Analyse bei Kolb / Swanson 2018.
50 Kolb / Swanson 2018, 79.

Kapitel 3

Barocke Stile

1 Caccini 1602, 4.
2 Vgl. Carter 1999 und Knaus 2013.
3 Vgl. Kirkendale 2001, 163–166.
4 Vgl. Bradshaw 1978, sowie Bradshaws Introduction in Conforti [1601–1603]/1985.
5 Ein Überblick über die Sammlung in Caccini [1619]/2004, 5–9 sowie Cusick 2009, 93–99.
6 Der Brief ist ausführlich zitiert bei Cusick 2009, 107–109.
7 Vgl. Leopold 1995, Bd. 1, 243–245.
8 Die Kontroverse ist ausführlich besprochen in Leopold 2002.
9 Scacchi [1648]/2014, 147. Übersetzung der nachfolgenden Zitate aus dem Lateinischen von Michael Heinemann.
10 Scacchi [1648]/2014, 152.
11 Vgl. Scacchi 1643/2014 und Heinemann 2014.
12 Kircher 1650, 7. Buch, Teil III, Kapitel 5. Übersetzung von Günter Scheibel.
13 Müller-Blattau 2003, 63.
14 Müller-Blattau 2003, 82 f.
15 Zur Stildifferenzierung bei Schütz vgl. Varwig 2022, 162–164.
16 Vgl. Ossi 1988 und Heinemann 1993, 94. Zu Schütz' eigenen Madrigalvertonungen vgl. Leopold 2022. Einen Überblick über die *Symphoniae sacrae* gibt Wiermann 2022.
17 Müller-Blattau 2003, 77 f.
18 Vgl. Fux 1725, 242–279.
19 Zedler 1740, Bd. 23, Sp. 901.
20 Kircher 1650, 7. Buch, Teil I, Kapitel 5. Übersetzung von Günter Scheibel.
21 Vgl. Erben 2004, 1–37.

22 Ein Abdruck mit deutscher Übersetzung in Mattheson 1722, 105–166.
23 Klingsporn 1996, 78–86.
24 Mattheson 1722, 227. Ähnlich hatte er bereits 1713 in *Das Neu-Eröffnete Orchestre* argumentiert.
25 Quantz 1752/1953, 332.
26 Grosse / Jung 1972, 34. Vgl. auch Fleischhauer 2000, 187.
27 Vgl. hierzu und zu den folgenden biographischen Ausführungen Fleischhauer 2000.
28 Zit. nach Fleischhauer 2000, 191.
29 Zit. nach Hirschmann 2000, 209.
30 Vgl. Hirschmann 2000, 220, 236. Zohn vermutet eine Komposition im Herbst 1719 vor oder während eines Aufenthalts in Dresden, vgl. Zohn 2008, 140.
31 Vgl. zu den französischen Stilmerkmalen in dem Konzert Hirschmann 1986, 210 f. und Hirschmann 2012, 204 f.
32 Vgl. zu diesen Transferprozessen Steinheuer 2004, 161 und Rentsch 2012, 46.
33 Vgl. Leopold 2005, 12.
34 Erstmals umfassend bei Bücken 1924.
35 Vgl. Hoffmann-Erbrecht 1962, Sheldon 1975.
36 Mattheson 1721, 276 f.
37 Vgl. Rentsch 2012, 205–210.
38 Vgl. Radice 1999.
39 Koch 1802, Sp. 1451–1453.
40 Koch 1802, Sp. 1453.
41 Vgl. bspw. Heartz 2003 oder Gjerdingen 2007.
42 Zu Empfindsamkeit vgl. Unseld 2022, 51–56.
43 Einen historischen Überblick gibt Rampe 2014a.
44 Vgl. Rampe 2014a, 26.
45 Schütz 1619, in der nicht paginierten Vorbemerkung, vgl. auch Rampe 2014a, 52.
46 Vgl. Christensen 1992, 144–153.
47 Rellstab 1789, 35, 38. Vgl. auch Bötticher / Christensen 2016.
48 Handschin ^{3}1981, 286.
49 Spitzer / Zaslaw 2004, 19. Auch die folgenden zusammenfassenden Ausführungen sind Spitzer und Zaslaw entnommen.

Kapitel 4

Struktur- und Organisationsprinzipien

1 Begriffe aus der Grammatik wurden bereits seit dem Mittelalter für die Bezeichnung von musikalischen Abschnitten verwendet, vgl. Fees 1991.
2 Mattheson 1739, 224 bzw. Mattheson 1999, 333.
3 Einen Überblick bieten die lexikalischen Einträge in Amon 2011.
4 Vgl. Rentsch 2012, 18.
5 Vgl. Biber [ca. 1678]/2008.
6 Vgl. Hochradner 1998.
7 Vgl. Schleuning 1993, 248 f.
8 Vgl. Dubowy 1991. Schematische Darstellung der Da-capo-Arie nach Döhring 1975, 25 f.
9 Vgl. dazu die gängige Literatur zum Instrumentalkonzert: Küster 1993, Roeder 2000 oder Schmierer 2015, hier angelehnt an Roeder 2000, 46.
10 Vgl. zur Opernsinfonia Geertinger 2009.
11 Vgl. Leopold 1995, 47 f.
12 Vgl. Zedler 2020, 265–267, Texttranskription 531 f.

Kapitel 5

Gattungen und Aufführungskontexte

1 Vgl. Leopold 2006, 73.
2 Leopold 2006, 80 f.
3 Vgl. Astington 2019.
4 Vgl. Hammond 1994, 199–254.
5 Vgl. Murata 1981, 93–98.
6 Vgl. Rosand 1991, 2.
7 Vgl. Rosand 1991, 11–15.
8 Zum Problem der Autorschaft von *L'incoronazione di Poppea* vgl. Rosand 2007, 45–68.
9 Vgl. Viale Ferrero 1991, 70 f.

10 Vgl. dazu auch das Vorwort der Edition von William Holmes: Cesti [1656]/1973, ix–x.
11 Vgl. Sommer-Mathis / Franke / Risatti 2016, insbesondere den Beitrag von Wolfgang Greisenegger. Eine anschauliche Nacherzählung des Inhalts der Oper durch Daniela Franke unter Verwendung der Kupferstiche findet sich online (https://www.artes-exhibition.digital/de/il-pomo-doro/).
12 Vgl. Rentsch 2012, 22–44.
13 Vgl. Burden und Thorp 2009, 3. Das Ballett ist bei Burden und Thorp umfangreich dokumentiert, worauf sich die nachfolgenden Ausführungen beziehen.
14 Vgl. Mourey 2015, 200.
15 Cowart 2008, 6, 33.
16 Zu den Privilegien von Perrin und später Lully vgl. Walter 2016, 164–167.
17 Vgl. Bier 2022.
18 Vgl. Cowart 2008, 120–134.
19 Vgl. Leopold 2006, 214 f.
20 Quinault [1676]/1922, Lully 1689.
21 Vgl. Wood 1996, 24 f.
22 Vgl. La Gorce 1989, 111.
23 Zu den Texten vgl. Montagnier 2000 und 2005, zum Grand motet vgl. ferner Mongrédien und Ferraton 1986, Sawkins 1989 und 2007.
24 Lalande [1689]/1985.
25 Die Vielfalt stellt Hochstein (2019) überblicksartig dar.
26 Zu den nachfolgenden grundlegenden Ausführungen über das Oratorium vgl. Smither 1979 und Massenkeil 1998.
27 Zu Händels Oratorienschaffen vgl. Dean ^{3}1972 und Marx 1998.
28 Zur Kantate vgl. Hirschmann / Rose 2018.
29 Zu Bachs Kantaten vgl. Küster 1999, Emans / Hiemke 2012 und Krummacher 2018.
30 Analytische Bemerkungen zur Kantate bei Krummacher 2018, 172 f., 219, 255, 282, vgl. auch Chafe 2000, 132–138.
31 Vgl. dazu verschiedene Aufsätze in Geck 2002.
32 Zit. nach Rolf 2012, 231.
33 Vgl. Rentsch 2012, 26–33.
34 Taubert 1717, 2, mit Bezug auf Tomaso Garzonis *La piazza universale* (Venedig 1585, dt. Erstdruck Frankfurt 1619). Zu Tauberts Traktat vgl. Walsdorf / Mourey / Russell 2019.
35 Woitas 2018, 24 f.
36 Woitas 2018, 38.
37 Dies ist ausführlich beschrieben bei Rameau 1725, 49–54.
38 Taubert 1717, 572, vgl. Finkel 2019, 340–341.
39 Vgl. Bier, im Druck.
40 Zu *La Bourgogne* vgl. Taubert 1986.
41 Zur Geschichte der Courante vgl. Nowaczek 2004.
42 Brossard ^{2}1705, 119.
43 Posch [1618]/1996, XXXIV.
44 Vgl. Edler 1997, 192, zur Entwicklung der Klaviersuite generell 185–247.
45 Das Beispiel ist im Detail ausgeführt bei Edler 1997, 193 f.
46 Vgl. Fuller 1997.
47 Couperin [1713]/1980, 10.
48 Vgl. zu den im Folgenden ausgeführten Bedeutungen der Stücke Clark / Connon ^{3}2020.
49 Zur Geschichte der Orchestersuite vgl. Robertson 2009 und Robertson 2016.
50 Beer 1719, 64.
51 Vgl. Zohn 2009, 562.
52 Zur Begriffsgeschichte vgl. Mielke-Gerdes 2016. Zur Geschichte der Sonate insgesamt vgl. Schmidt-Beste 2006, zur Ensemblesonate vgl. Allsop 1992.
53 Praetorius 1619, Bd. 3, 24.
54 Schmelzer 1662/1965, 2, dt. Übersetzung 153.
55 Bononcini 1669/1983, VII.
56 Vgl. Daverio 1985, 200. Zur historischen Verwendung der Begriffe »da chiesa« und »da camera« ferner Barnett 2006.
57 Vgl. Corelli 1987, 17.
58 Vgl. Allsop 2009, 119.
59 Barnett 2007, 539–542.
60 Vgl. Schmidt-Beste 2006, 57–59.

61 Vgl. Tartini [ca. 1740]/1997, II. Zur Solosonate mit Generalbass vgl. Bockmaier 2005, 137–157.
62 Vgl. Jensen 2007.
63 Rasche Akkordbrechungen in enger Lage firmierten bereits im späten 18. Jahrhundert unter dem Namen »Alberti-Bässe«, benannt nach dem Musiker Domenico Alberti, in dessen Sonaten derlei Figuren häufig vorkommen.
64 Vgl. zu diesen und weiteren Techniken Sutcliffe 2003, 276–319.
65 Im Vorwort von op. 7 adressiert er explizit die »signori dilettanti di cembalo«, vgl. Sanders 1983, 178.
66 Einen Überblick gibt Edler 1997, 30–152.
67 Zu Buxtehudes Musik für Tasteninstrumente vgl. Snyder 1987, 227–279.
68 Snyder 1987, 270.
69 Eine diesbezügliche Analyse von BuxWV 210 bietet Clement 2015.
70 Zur Geschichte des Instrumentalkonzerts vgl. Küster 1993, Roeder 2000, Keefe 2005 oder Schmierer 2015.
71 Muffat 1682, 3 f.
72 Allsop 2009, 273.
73 Vgl. zu Torellis op. 6 das Vorwort von John G. Suess in Torelli 1698/2002, viii–xii.
74 Vgl. Roeder 2000, 39–41.
75 Vgl. Rosand 2001.
76 Zur Orchestergröße am Ospedale vgl. Spitzer / Zaslaw 2004, 175.
77 Zum Folgenden vgl. ausführlicher Roeder 2000, 42–59. Einen anschaulichen Überblick zu Vivaldis Konzerten gibt auch Talbot 1985, 171–204.
78 Vgl. Baldauf-Berdes 1994 und Rosand 2001, 19–22.
79 Zur Geschichte der Sinfonie im 18. Jahrhundert vgl. Kunze 1993.
80 Leopold 2006, 365 f.
81 Vgl. Knaus 2011.
82 Zu den Änderungen vgl. Händel [1731]/2013, VIII-XIII und die dort zitierte Literatur. Zu Händels Opern insgesamt Leopold 2009.
83 Im Detail ausgeführt bei Mojzysz 2011.
84 Zit. nach Mojzysz 2011, 54. Zu Hasse-Bordoni vgl. auch Woyke 2010.
85 Zu den Intermezzi vgl. Brandenburg 2006.
86 Zu *Orazio* vgl. Zedler 2022.
87 Vgl. Zedler / van der Hoven / Knaus 2023.
88 Vgl. Cook 2005.

Kapitel 6

»Alte Musik« aufführen

1 Zur historischen Dimension vgl. Gutknecht ²1997 und mehrere Aufsätze in Köpp / Seedorf 2020.
2 Vgl. Lorber 2023.
3 Dies wurde bereits 2012 für Vincis *Artaserse* in einer Produktion in Nancy umgesetzt. Vgl. http://www.parnassus.at/uploads/tx_artistsdb/Broschuere_Artaserse_EN_29_04_2013_WEB.pdf.
4 Vgl. Haynes 2016.
5 Einige Beispiele nennt Rampe 2020, 202–207.
6 Dolmetsch 1915, 63–65.
7 Vgl. Neumann 1981 und die darin genannten Publikationen.
8 Vgl. bspw. Hefling 1993, für eine erneute Quellendiskussion auch Jerold 2014.
9 Gutknecht ²1997, 211–216.
10 Einen differenzierten historischen Überblick bietet Boyden 1990.
11 Vgl. Eisenberg 2013.
12 Vgl. Bassani 2019, 32 f. Zu den nachfolgenden Ausführungen vgl. grundlegend Seedorf 2019 (bes. Kapitel 17.5, 18.5 und 18.6) sowie Rampe 2020, 263–292, 315–339.
13 Müller-Blattau 2003, 35. Zum »cercar della nota« vgl. Marcaletti 2014.
14 Quantz 1752/1953, Hauptstück VIII, IX und XIII. Vgl. Marcaletti 2022, 335–338.
15 Vgl. Neumann 1978, 31.

Literatur und Notenausgaben

Allsop, Peter: The Italian »Trio« Sonata. From its Origins until Corelli. Oxford 1992

Allsop, Peter: Arcangelo Corelli und seine Zeit, hg. von Birgit Schmidt, übers. aus dem Englischen von Oliver Steinert-Liesgied. Laaber 2009

Amon, Reinhard: Lexikon der musikalischen Form. Nachschlagewerk und Fachbuch über Form und Formung der Musik vom Mittelalter bis zur Gegenwart. Wien 2011

Apel, Willi: Geschichte der Orgel- und Klaviermusik bis 1700. Kassel u. a. 1967

Astington, John H.: The Jacobean Banqueting House as a Performance Space. In: Sophie Chiari und John Mucciolo (Hg.): Performances at Court in the Age of Shakespeare. Cambridge 2019, 203–220

Baldauf-Berdes, Jane L.: Women Musicians of Venice. Musical Foundations 1525–1855. Oxford 1993

Baldauf-Berdes, Jane L.: Anna Maria della Pietà: The Woman Musician of Venice Personified. In: Susan C. Cook und Judy S. Tsou (Hg.): Cecilia Reclaimed. Feminist Perspectives on Gender and Music. Urbana / Chicago 1994, 134–155

Baldwin, Olive / Wilson, Thelma: The Firm of John Walsh and »The Monthly Mask of Vocal Music«. An Overview. In: A Handbook for Studies in 18th-Century English Music 18 (2008), 58–80

Barnett, Gregory: Church Music, Musical Topoi, and the Ethos of the Sonata da Chiesa. In: Gregory Barnett, Antonella D'Ovidio und Stefano La Via (Hg.): Arcangelo Corelli fra mito e realtà storica. Nuove prospettive d'indagine musicologica e interdisciplinare nel 350° anniversario della nascita. Atti del congresso internazionale di studi. Fusignano, 11–14 settembre 2003, Bd. 2. Florenz 2007 (Historiae musicae cultores 111), 529–572

Barnett, Gregory: Sonata (da chiesa) Terminology and Its Implications. In: Alberto Colzani, Andrea Luppi und Maurizio Padoan (Hg.): Barocco Padano 4. Atti del XII Convegno internazionale sulla musica italiana nei secoli XVII–XVIII. Brescia, 14–16 luglio 2003. Como 2006, 119–144

Bassani, Florian: 17. Jahrhundert: Einführung. In: Thomas Seedorf (Hg.): Handbuch Aufführungspraxis Sologesang. Kassel u. a. 2019, 29–33

Batteux, Charles: Les Beaux Arts réduits à un même principe. Paris 1746

Becker, Heinz: Quellentexte zur Konzeption der europäischen Oper im 17. Jahrhundert. Kassel u. a. 1981

Beer, Johann: Musicalische Discurse durch die Principia der Philosophie deducirt. Nürnberg 1719

Biber, Heinrich Ignaz Franz: Rosenkranz-Sonaten, hg. von Manfred Hermann Schmid. München 2008 (Denkmäler der Musik in Salzburg 14)

Bier, Silvia: Konzert der Musen. Die Synthese der Künste in der Tragédie en musique Lullys. München 2022 (Thurnauer Schriften zum Musiktheater 45)

Bier, Silvia: Das Giech'sche Tanzbüchlein – ein Blick auf das gesellschaftliche Tanzparkett im 18. Jahrhundert. In: Jahrbuch Musik und Gender 15 (im Druck)

Bockmaier, Claus: Die Ensemblesonate nach Corelli bis zur Generation der Bach-Söhne. Kanonisierte Besetzungstypen – divergierende Erscheinungsformen. In: Claus Bockmaier und Siegfried Mauser (Hg.): Die Sonate: Formen instrumentaler Ensemblemusik. Laaber 2005 (Handbuch der musikalischen Gattungen 5), 35–157

Bononcini, Giovanni Maria: Varii fiori del giardino musicale, Bologna 1669, Faksimileedition hg. von Maria Lucchi. Bologna 1983 (Bibliotheca musica Bononiensis IV/74)

Bötticher, Jörg-Andreas / Christensen, Jesper B.: Art. »Generalbaß«. In: Laurenz Lütteken (Hg.): MGG Online, zuerst veröffentlicht 1995, online veröffentlicht 2016, https://www.mgg-online.com/mgg/stable/13478

Boyden, David D.: The History of Violin Playing from Its Origins to 1761 and Its Relationship to the Violin and Violin Music. Oxford 1990

Bradshaw, Murray C.: The Falsobordone. A Study in Renaissance and Baroque Music. Neuhausen-Stuttgart 1978 (Musicological Studies & Documents 34)

Brandenburg, Daniel: Die komische italienische Oper. In: Herbert Schneider und Reinhard Wiesend (Hg.): Die Oper im 18. Jahrhundert. Laaber 2006 (Geschichte der Oper 2), 99–160

Brandenburg, Daniel: Der Briefwechsel von Franz und Marianne Pirker. Künstlerleben und -alltag im Opernbetrieb des 18. Jahrhunderts. In: Die Musikforschung 74/1 (2021a), 14–25

Brandenburg, Daniel (Hg.): Die »Operisti« als kulturelles Netzwerk. Der Briefwechsel von Franz und Marianne Pirker, unter Mitarbeit von Mirijam Beier, 2 Bde. Wien 2021b (Theatergeschichte Österreichs 10/8)

Brossard, Sébastien de: Dictionnaire de musique. Paris ^{2}1705

Bücken, Ernst: Der galante Stil. Eine Skizze seiner Entwicklung. In: Zeitschrift für Musikwissenschaft 6/8 (1924), 418–430

Burden, Michael / Thorp, Jennifer (Hg.): Ballet de la Nuit. Rothschild B1/16/6. Hillsdale 2009 (The Wendy Hilton Dance & Music Series 15)

Caccini, Francesca: Il primo libro delle musiche a una, e due voci. Florenz 1618

Caccini, Francesca: Il primo libro delle musiche of 1618. A Modern Critical Edition of the Secular Monodies, hg. von Roland James Alexander und Richard Savino. Bloomington / Indianapolis 2004

Caccini, Giulio: Le nuove musiche. Florenz 1602

Carter, Tim: Finding a Voice. Vittoria Archilei and the Florentine »New Music«. In: Lorna Hutson (Hg.): Feminism and Renaissance Studies. Oxford 1999, 450–467

Cavalli, Francesco: La Calisto, hg. von Jennifer Williams Brown. Middleton 2007

Cesti, Antonio: Orontea, hg. von William Holmes. Wellesley 1973

Chafe, Eric: Analyzing Bach Cantatas. New York / Oxford 2000

Christensen, Jesper Bøje: Die Grundlagen des Generalbaßspiels im 18. Jahrhundert. Ein Lehrbuch nach zeitgenössischen Quellen. Kassel u. a. 1992

Clark, Jane / Connon, Derek: The Mirror of Human Life. Reflections on François Couperin's »Pièces de Clavecin«. London ³2020

Clement, Albert: Eine geniale Vaterfigur für Bach. Buxtehude und seine Choralfantasie »Nun freut euch, lieben Christen gmein«. In: Buxtehude-Studien 1 (2015), 107–130

Conforti, Giovanni Luca: Salmi passaggiati (1601–1603), Bd. 1, hg. von Murray C. Bradshaw. Neuhausen-Stuttgart 1985 (Miscellanea 5: Early Sacred Monody)

Cook, Elisabeth: Challenging the »Ancien Régime«. The Hidden Politics of the »Querelle des Bouffons«. In: Andrea Fabiano (Hg.): La »Querelle des Bouffons« dans la vie culturelle française du XVIIIe siècle. Paris 2005, 141–160

Corelli, Arcangelo: Sonate da chiesa, Opus I und III. Mit Francesco Geminianis Concerto grosso-Bearbeitungen von sechs Sonate aus Opus I und III, hg. von Max Lütolf. Laaber 1987 (Arcangelo Corelli. Historisch-kritische Gesamtausgabe der musikalischen Werke 1)

Couperin, François: Pièces de clavecin. Premier livre, hg. von Maurice Cauchie, rev. von Kenneth Gilbert. Monaco 1980 (François Couperin. Œuvres complètes II: Pièces de Clavecin 1)

Couperin, François: Pièces de clavecin. Troisième livre, hg. von Maurice Cauchie, rev. von Kenneth Gilbert. Monaco 1982 (François Couperin. Œuvres complètes II: Pièces de Clavecin 3)

Cowart, Georgia J.: The Triumph of Pleasure. Louis XIV & the Politics of Spectacle. Chicago / London 2008

Cremer, Annette C. / Müller, Matthias / Pietschmann, Klaus (Hg.): Fürst und Fürstin als Künstler. Herrschaftliches Künstlertum zwischen Habitus, Norm und Neigung. Berlin 2018 (Schriften zur Residenzkultur 11)

Curtis, Alan: La Poppea impasticciata or, Who Wrote the Music to »L'incoronazione« (1643). In: Journal of the American Musicological Society 42 (1989), 23–54

Cusick, Suzanne G.: Francesca Caccini at the Medici Court. Music and the Circulation of Power. Chicago / London 2009 (Women in Culture and Society)

Dammann, Rolf: Der Musikbegriff im deutschen Barock. Laaber ²1984
Daverio, John: In Search of the sonata da camera before Corelli. In: Acta Musicologica 57/2 (1985), 195–214
Dean, Winton: Handel's Dramatic Oratorios and Masques. London ³1972
De Brito, Manuel Carlos: Opera in Portugal in the Eighteenth Century. Cambridge 1989
Döhring, Sieghart: Formgeschichte der Opernarie vom Ausgang des achtzehnten bis zur Mitte des neunzehnten Jahrhunderts. Marburg 1975
Dolmetsch, Arnold: The Interpretation of the Music of the XVIIth and XVIIIth Centuries. Revealed by Contemporary Evidence. London 1915
Dubowy, Norbert: Arie und Konzert. Zur Entwicklung der Ritornellanlage im 17. und frühen 18. Jahrhundert. München 1991 (Studien zur Musik 9)
Edler, Arnfried: Gattungen der Musik für Tasteninstrumente. Teil 1: Von den Anfängen bis 1750. Laaber 1997 (Handbuch der musikalischen Gattungen 7,1)
Eisenberg, William: The Stadtpfeifer. Gottfried Reiche and Bach's Leipzig Horn Parts. In: The Horn Call. Journal of the International Horn Society 43/3 (2013), 56–58
Elste, Martin: Curt Sachs und die Barockmusik. Das folgenreiche Missverständnis eines ideengeschichtlichen Begriffs. In: Wolfgang Behrens, Martin Elste und Frauke Fitzner (Hg.): Vom Sammeln, Klassifizieren und Interpretieren. Die zerstörte Vielfalt des Curt Sachs. Mainz 2017 (Klang und Begriff 6), 249–271
Emans, Reinmar / Hiemke, Sven (Hg.): Bachs Kantaten. Das Handbuch, 2 Bde. Laaber 2012 (Das Bach-Handbuch I/1 und 2)
Erben, Dietrich: Paris und Rom. Die staatliche gelenkten Kunstbeziehungen unter Ludwig XIV. Berlin 2004 (Studien aus dem Warburg-Haus 9)
Fees, Konrad: Die Incisionslehre bis zu Johann Mattheson. Zur Tradition eines didaktischen Modells. Pfaffenweiler 1991
Finkel, Carola: »Und sind diese Anglicae und Englischen Taentze, als welche, so wol lustig zu tantzen, als lieblich anzusehen«. Die Contredanse im deutschsprachigen Raum zur Zeit Tauberts. In: Hanna Walsdorf, Marie-Thérèse Mourey und Tilden Russell (Hg.): Tauberts »Rechtschaffener Tantzmeister« (Leipzig 1717). Kontexte – Lektüren – Praktiken. Berlin 2019 (Cadences – Schriften zur Tanz- und Musikgeschichte 2), 339–356
Fleischhauer, Günter: Adaptierung nationaler Stile durch Georg Philipp Telemann. In: Jahrbuch der ständigen Konferenz Mitteldeutsche Barockmusik 2 (2000), 187–202
Freitas, Roger: Portrait of a Castrato. Politics, Patronage, and Music in the Life of Atto Melani. Cambridge 2009

Frescobaldi, Girolamo: Il primo libro di toccate d'intavolatura di cembalo e organo 1615–1637, hg. von Etienne Darbellay. Mailand 1977 (Girolamo Frescobaldi. Opere complete II, Monumenti musicali italiani 4)
Fuller, David: Of Portraits, »Sapho« and Couperin. Titles and Characters in French Instrumental Music of the High Baroque. In: Music & Letters 78/2 (1997), 149–174
Fux, Johann Joseph: Gradus ad Parnassum, sive manuductio ad compositionem musicae regularem. Wien 1725
Geck, Martin (Hg.): Bachs 1. Leipziger Kantatenjahrgang. Bericht über das 3. Dortmunder Bach-Symposion 2000. Dortmund 2002 (Dortmunder Bach-Forschungen 3)
Geertinger, Axel Teich: Die italienische Opernsinfonia 1680–1710, Bd. 1: Komposition zwischen Funktion und Selbständigkeit, Bd. 2: 100 Opernsinfonien. Marburg 2009
Gjerdingen, Robert O.: Music in the Galant Style. Oxford 2007
Glixon, Beth L.: New Light on the Life and Career of Barbara Strozzi. In: The Musical Quarterly 81/2 (1997), 311–335
Glixon, Beth L.: More on the Life and Death of Barbara Strozzi. In: The Musical Quarterly 83/1 (1999), 134–141
Glixon, Beth L. / Glixon, Jonathan E.: Inventing the Business of Opera. The Impresario and His World in Seventeenth-Century Venice. Oxford 2006
Grosse, Hans / Jung, Hans Rudolf (Hg.): Georg Philipp Telemann. Briefwechsel. Sämtliche erreichbare Briefe von und an Telemann. Leipzig 1972
Gutknecht, Dieter: Studien zur Geschichte der Aufführungspraxis Alter Musik. Ein Überblick vom Beginn des 19. Jahrhunderts bis zum Zweiten Weltkrieg. Köln ²1997
Hammond, Frederick: Music & Spectacle in Baroque Rome. Barberini Patronage under Urban VIII. New Haven / London 1994
Händel, Georg Friedrich: Poro, Re dell'Indie. Opera in tre atti HWV 28, hg. von Graham Cummings. Kassel u. a. 2013 (Hallische Händel-Ausgabe II/25)
Handschin, Jacques: Musikgeschichte im Überblick. Wilhelmshaven ³1981
Harris, Ellen T.: Henry Purcell's »Dido and Aeneas«. Oxford 1989
Haynes, Bruce: Art. »Stimmton«. In: Laurenz Lütteken (Hg.): MGG Online, 2016, https://www.mgg-online.com/mgg/stable/45502
Heartz, Daniel: Music in European Capitals. The Galant Style 1720–1780. New York / London 2003
Hefling, Stephen E.: Rhythmic Alteration in Seventeenth- and Eighteenth-Century Music. »Notes Inégales« and Overdotting. New York 1993

Heinemann, Michael: Die »alte« Musik im 17. Jahrhundert. Der Streit zwischen Marco Scacchi und Paul Siefert. Köln 2014 (Schütz-Dokumente 3)

Heinemann, Michael: Heinrich Schütz und seine Zeit. Laaber 1993

Heinichen, Johann David: Diana su l'Elba, hg. von Michael Walter. Madison 2000 (Recent Researches in the Music of the Baroque Era 103)

Heller, Wendy: Usurping the Place of the Muses. Barbara Strozzi and the Female Composer in Seventeenth-Century Italy. In: George B. Stauffer (Hg.): The World of Baroque Music. New Perspectives. Bloomington / Indianapolis 2006, 145–168

Henze-Döhring, Sabine: Friedrich der Große und das Musiktheater. In: Frank-Lothar Kroll und Hendrik Thoß (Hg.): Musik in Preußen – preußische Musik? Berlin 2016 (Forschungen zur brandenburgischen und preußischen Geschichte. Beiheft 13/2), 89–105

Henzel, Christoph: Zu den Aufführungen der großen Oper Friedrichs II. von Preußen 1740–1756. In: Jahrbuch des Staatlichen Instituts für Musikforschung Preußischer Kulturbesitz (1997), 9–57

Hersche, Peter / Rampe, Siegbert (Hg.): Sozialgeschichte der Musik des Barock. Laaber 2018 (Handbuch der Musik des Barock 6)

Hirschmann, Wolfgang: Studien zum Konzertschaffen von Georg Philipp Telemann. Kassel u. a. 1986

Hirschmann, Wolfgang: Telemanns Frankfurter Konzertschaffen. Quellen- und stilkritische Bemerkungen zur Datierungsproblematik. In: Peter Cahn (Hg.): Telemann in Frankfurt. Bericht über das Symposium. Frankfurt am Main, 26./27. April 1996. Mainz u. a. 2000 (Beiträge zur Mittelrheinischen Musikgeschichte 35), 208–239

Hirschmann, Wolfgang: Telemann in den Residenzen. Zur Genese des »deutschen vermischten Geschmacks«. In: Detlef Altenburg und Rainer Bayreuther (Hg.): Musik und kulturelle Identität. Bericht über den XIII. Internationalen Kongress der Gesellschaft für Musikforschung Weimar 2004, Bd. 2: Symposien B. Kassel u. a. 2012, 198–207

Hirschmann, Wolfgang / Rose, Dirk (Hg.): Die Kantate als Katalysator. Zur Karriere eines musikalisch-literarischen Strukturtypus um und nach 1700. Berlin / Boston 2018 (Hallesche Beiträge zur Europäischen Aufklärung 59)

Hochradner, Thomas: Das 18. Jahrhundert. In: Horst Leuchtmann und Siegfried Mauser (Hg.): Messe und Motette. Laaber 1998 (Handbuch der musikalischen Gattungen 9), 189–269

Hochstein, Wolfgang (Hg.): Geistliche Vokalmusik des Barock, 2 Bde. Lilienthal 2019 (Handbuch der Musik des Barock 2)

Hoffmann-Erbrecht, Lothar: Der »galante Stil« in der Musik des 18. Jahrhunderts. Zur Problematik eines Begriffs. In: Studien zur Musikwissenschaft 25 (1962), 252–260

Hunter, David: The Lives of George Frideric Handel. Woodbridge 2015

Jensen, Niels Martin: When Is a Solo Sonata Not a Solo Sonata? Corelli's Op. 5 Considered in the Light of the Genre's Tradition. In: Gregory Barnett, Antonella D'Ovidio und Stefano La Via (Hg.): Arcangelo Corelli fra mito e realtà storica. Nuove prospettive d'indagine musicologica e interdisciplinare nel 350° anniversario della nascita. Atti del congresso internazionale di studi. Fusignano, 11–14 settembre 2003, Bd. 1. Florenz 2007 (Historiae musicae cultores 111), 211–231

Jerold, Beverly: Notes Inégales. A Definitive New Parameter. In: Early Music 42/2 (2014), 273–289

Jung-Kaiser, Ute: »Der Musiker der Sonne«. Zur beispiellosen Selbstinszenierung Jean-Baptiste Lullys. In: Ute Jung-Kaiser und Annette Simonis (Hg.): Die verzauberte Kunstwelt Ludwigs XIV. Versailles als Gesamtkunstwerk. Hildesheim u. a. 2015 (Wegzeichen Musik 10), 67–105

Keefe, Simon P.: The Cambridge Companion to the Concerto. Cambridge 2005

Kircher, Athanasius: Musurgia universalis. Rom 1650. Deutsche Übersetzung aus dem Lateinischen von Günter Scheibel, online verfügbar: https://www.hmt-leipzig.de/home/fachrichtungen/institut-fuer-musikwissenschaft/forschung/musurgia-universalis/volltextseite

Kirkendale, Warren: Emilio de' Cavalieri »Gentiluomo Romano«. His Life and Letters, His Role as Superintendent of all the Arts at the Medici Court, and His Musical Composition. Florenz 2001 (Historiae musicae cultores 86)

Klassen, Janina: Musica poetica und die musikalische Figurenlehre – ein produktives Missverständnis. In: Jahrbuch des Staatlichen Instituts für Musikforschung Preußischer Kulturbesitz. Stuttgart / Weimar 2001, 73–83

Klein, Heribert: Die Toccaten Girolamo Frescobaldis. Mainz u. a. 1989

Klingsporn, Regine: Jean-Philippe Rameaus Opern im ästhetischen Diskurs ihrer Zeit. Opernkomposition, Musikanschauung und Opernpublikum in Paris 1733–1753. Stuttgart 1996

Knaus, Kordula: Männer als Ammen – Frauen als Liebhaber. Cross-gender Casting in der Oper 1600–1800. Stuttgart 2011 (Beihefte zum Archiv für Musikwissenschaft 69)

Knaus, Kordula: Italian Courts and Their Musicians in the Early Modern Period. Authority, Authorship, and Gender. In: Kordula Knaus und Susanne Kogler (Hg.): Autorschaft – Genie – Geschlecht. Musikalische Schaffensprozesse von der Frühen Neuzeit bis zur Gegenwart. Köln u. a. 2013 (Musik – Kultur – Gender 11), 67–84

Koch, Heinrich Christoph: Musikalisches Lexikon, welches die theoretische und praktische Tonkunst, encyclopädisch bearbeitet, alle alten und neuen Kunstwörter erklärt, und die alten und neuen Instrumente beschrieben, enthält. Frankfurt am Main 1802. Faksimile-Reprint im Taschenbuch, hg. von Nicole Schwindt. Kassel 2001

Kolb, Richard / Swanson, Barbara: Consolation amid Barbarous Misfortune. Barbara Strozzi's »Appresso ai molli argenti« and the Mid-Seventeenth-Century Lament. In: Laurel Parsons und Brenda Ravenscroft (Hg.): Analytical Essays on Music by Women Composers. Secular & Sacred Music to 1900. Oxford 2018, 74–105

Köpp, Kai / Seedorf, Thomas: Musik aufführen. Quellen – Fragen – Forschungsperspektiven. Laaber 2020 (Kompendien Musik 12)

Körndle, Franz / Kremer, Joachim (Hg.): Der Kirchenmusiker. Berufe – Institutionen – Wirkungsfelder. Laaber 2015 (Enzyklopädie der Kirchenmusik 3)

Kretzschmar, Hermann: Allgemeines und Besonderes zur Affektenlehre. In: Jahrbuch Musikbibliothek Peters 1911, Jg. 18 (1912), 62–77 und 1912, Jg. 19 (1913), 65–78

Krummacher, Friedhelm: Johann Sebastian Bach. Die Kantaten und Passionen, 2 Bde. Kassel u. a. 2018

Krummacher, Friedhelm: Johann Sebastian Bach. Die Oratorien und die Messen. Kassel u. a. 2022

Kunze, Stefan: Die Sinfonie im 18. Jahrhundert. Von der Opernsinfonie zur Konzertsinfonie. Laaber 1993 (Handbuch der musikalischen Gattungen 1)

Küster, Konrad: Das Konzert. Form und Forum der Virtuosität. Kassel u. a. 1993 (Bärenreiter Studienbücher Musik 6)

Küster, Konrad: Nebenaufgaben des Organisten, Aktionsfeld des Director musices: Die Vokalmusik. In: Konrad Küster (Hg.): Bach-Handbuch. Kassel u. a. 1999, 93–534

La Gorce, Jérôme de: Some Notes on Lully's Orchestra. In: John Hajdu Heyer (Hg.): Jean-Baptiste Lully and the Music of the French Baroque. Essays in Honor of James R. Anthony. Cambridge 1989, 99–112

Lalande, Michel-Richard de: Jubilate Deo (1689), hg. von Lionel Sawkins. Stuttgart 1985

Leopold, Silke: Al modo d'Orfeo. Dichtung und Musik im italienischen Sologesang des frühen 17. Jahrhunderts, 2 Bde. Laaber 1995 (Analecta Musicologica 29)

Leopold, Silke: Kontrapunkt und Textausdruck. In: Sabine Ehrmann-Herfort, Ludwig Finscher und Giselher Schubert (Hg): Europäische Musikgeschichte, Bd. 1. Kassel u. a. 2002, 287–317

Leopold, Silke: Vom Mythos der »Italianità«. Vor-, Früh- und Problemgeschichte einer musikalischen Kategorie. In: Sabine Ehrmann-Herfort und Markus Engelhardt (Hg.): »Vanitatis fuga, aeternitatis amor«. Wolfgang Witzenmann zum 65. Geburtstag. Laaber 2005 (Analecta musicologica 36), 1–21

Leopold, Silke: Die Oper im 17. Jahrhundert. Laaber 2006 (Geschichte der Oper 1)

Leopold, Silke: Händel. Die Opern. Kassel u. a. 2009

Leopold, Silke: Italienische Madrigale. In: Walter Werbeck (Hg.): Schütz-Handbuch. Kassel u. a. 2022, 215–230

Lorber, Richard (Hg.): Alte Musik heute. Geschichte und Perspektiven Historischer Aufführungspraxis. Ein Handbuch. Kassel u. a. 2023

Losleben, Katrin: Musik – Macht – Patronage. Kulturförderung als politisches Handeln im Rom der Frühen Neuzeit am Beispiel der Christina von Schweden (1626–1689). Köln 2012 (musicolonia 9)

Lully, Jean-Baptiste: Atys. Tragedie mise en musique. Paris 1689. Online verfügbar: https://stimmbuecher.digitale-sammlungen.de/view?id=bsb00086535

Marcaletti, Livio: Improvisation and Essential Ornamentation in Vocal Music (1600–1900). In: Alessandro Bertinetto und Ruta Marcello (Hg.): The Routledge Handbook of Philosophy and Improvisation in the Arts. New York 2022, 328–342

Marcaletti, Livio: Il cercar della nota. Un abbellimento vocale »racciniano« oltre le soglie del Barocco. In: Rivista italiana di musicologica 49 (2014), 27–53

Marcello, Benedetto: Das Theater nach der Mode, übers. von Alfred Einstein. München / Berlin 1917

Marx, Hans Joachim: Händels Oratorien, Oden und Serenaten. Ein Kompendium. Göttingen 1998

Massenkeil, Günther: Oratorium und Passion. Teil 1. Laaber 1998 (Handbuch der musikalischen Gattungen 10,1)

Mattheson, Johann: Das forschende Orchestre. Hamburg 1721

Mattheson, Johann: Critica musica, Bd. 1. Hamburg 1722

Mattheson, Johann: Der vollkommene Capellmeister. Das ist Gründliche Anzeige aller derjenigen Sachen, die einer wissen, können, und vollkommen inne haben muß, der einer Capelle mit Ehren und Nutzen vorstehen will. Hamburg 1739. Studienausgabe im Neusatz des Textes und der Noten, hg. von Friederike Ramm. Kassel u. a. 1999

Maugars, André: Response faite à un Curieux, sur les sentiment de la musique d'Italie. Rom 1639

Mielke-Gerdes, Dorothea (Newman, Willam S.): Art. »Sonate«. In: Laurenz Lütteken (Hg.): MGG Online, 2016, https://www.mgg-online.com/mgg/stable/51594

Mojzysz, Zenon: »Cleofide« – »Dramma per musica« von Johann Adolf Hasse. Untersuchung der Entstehungsgeschichte. Stuttgart 2011 (Hasse Studien. Sonderreihe 2)

Mongrédien, Jean / Ferraton, Yves (Hg.): Actes du colloque international de musicologie sur le grand motet français (1663–1792). Paris 1986

Montagnier, Jean-Paul C.: Chanter Dieu en la Chapelle Royale. Le grand motet et ses supports littéraires. In: Revue de Musicologie 86/2 (2000), 217–263

Montagnier, Jean-Paul C.: French Grand Motets and Their Use at the Chapelle Royale from Louis XIV to Louis XVI. In: The Musical Times 146/1891 (2005), 47–57

Monteverdi, Claudio: L'Orfeo. Favola in musica. Venedig 1609. Reprint Kassel u. a. 1998 (Documenta musicologica XXXIX)

Mourey, Marie-Thérèse: Der König tanzt – choreographierte Performanz der Macht. In: Ute Jung-Kaiser und Annette Simonis (Hg.): Die verzauberte Kunstwelt Ludwigs XIV. Versailles als Gesamtkunstwerk. Hildesheim u. a. 2015 (Wegzeichen Musik 10), 193–215

Mücke, Panja: Öffentlichkeit und Kommunikationssystem. Das Publikum höfischer Opern. In: Basler Jahrbuch für historische Musikpraxis 33 (2009), 123–132

Muffat, Georg: Armonico tributo, cioè Sonate di Camera commodissime a pocchi, ò a molti strumenti. Salzburg 1682

Müller-Blattau, Joseph (Hg.): Die Kompositionslehre Heinrich Schützens in der Fassung seines Schülers Christoph Bernhard. Kassel u. a. 2003

Murata, Margaret: Operas for the Papal Court, 1631–1668. Ann Arbor 1981

Neumann, Frederick: Ornamentation in Baroque and Post-Baroque Music. With Special Emphasis on J. S. Bach. Princeton 1978

Neumann, Frederick: The Overdotting Syndrome. Anatomy of a Delusion. In: The Musical Quarterly 67/3 (1981), 305–347

Newcomb, Anthony: Frescobaldi's Toccatas and Their Stylistic Ancestry. In: Proceedings of the Royal Musical Association 111 (1984/85), 28–44

Newcomb, Anthony: Guardare ed ascoltare le toccate. In: Sergio Durante und Dinko Fabris (Hg.): Girolamo Frescobaldi nel IV centenario della nascita. Atti del convegno internazionale di studi (Ferrara, 9–14 settembre 1983). Florenz 1986, 281–300

Nowaczek, Jadwiga: Die Courante zwischen »pesle-mesle« und distinguierter Noblesse. Studien zum Übergang vom Renaissance- zum Barocktanz anhand der Courante von de Lauze. In: Uwe Schlottermüller und Maria Richter (Hg.): Morgenröte des Barock. Tanz im 17. Jahrhundert. 1. Rothenfelser Tanzsymposion 9.–13. Juni 2004. Tagungsband. Freiburg 2004, 117–153

Ossi, Massimo: »L'armonia raddoppiata«. On Claudio Monteverdi's »Zefiro torna«, Heinrich Schütz's »Es steh Gott auf«, and Other Early Seventeenth-Century Ciacconi. In: Studi musicali 17 (1988), 225–254

Over, Berthold: Paradigmen musikalischer Mobilität: Händels Pasticci. In: Händel-Jahrbuch 65 (2019), 85–103

Over, Berthold / Zur Nieden, Gesa (Hg.): Operatic Pasticcios in 18th-Century Europe. Contexts, Materials and Aesthetics. Bielefeld 2021

Posch, Isaac: Musicalische Ehrenfreudt (1618), hg. von Metoda Kokole. Ljubljana 1996 (Monumenta Artis Musicae Sloveniae 30)

Praetorius, Michael: Syntagma musicum, Bd. 3. Wolfenbüttel 1619. Faksimilenachdruck Kassel u. a. 2013

Purcell, Henry: Dido and Aeneas, hg. von Margaret Laurie. London 1979 (The Works of Henry Purcell 3)

Purchiaroni, Luca: »Settimo: rubare«. Nuovi aspetti agogici nelle toccate di Frescobaldi. In: Rivista di analisi e teoria musicale 25/1 (2019), 147–185

Quantz, Johann Joachim: Versuch einer Anweisung die Flöte traversiere zu spielen; mit verschiedenen, zur Beförderung des guten Geschmacks in der praktischen Musik dienlichen Anmerkungen begleitet, und mit Exempeln erläutert. Berlin 1752. Faksimilenachdruck der 3. Auflage, Breslau 1789. Kassel u. a. 1953

Quinault, Philippe: Atys. Edtion critique, hg. von Stéphane Bassinet. Genf 1992

Radice, Mark A.: The Nature of the »Style galant«. Evidence from the Repertoire. In: The Musical Quarterly 83/4 (1999), 607–647

Rameau, Pierre: Le Maître à danser. Paris 1725

Rampe, Siegbert: Generalbasspraxis 1600–1800. Laaber 2014a (Grundlagen der Musik 5)

Rampe, Siegbert: Orgel- und Clavierspielen 1400–1800. Eine deutsche Sozialgeschichte im europäischen Kontext. München / Salzburg 2014b (Musikwissenschaftliche Schriften 48)

Rampe, Siegbert (Hg.): Instrumente und Aufführungspraxis der Barockmusik. Lilienthal 2020 (Handbuch der Musik des Barock 5)

Rasch, Rudolf (Hg.): Music Publishing in Europe 1600–1900. Concepts and Issues, Bibliography. Berlin 2005

Rasch, Rudolf: The Music Shop of Estienne Roger (1698–1708). In: Christine Ballman und Valérie Dufour (Hg.): »La la la Maistre Henri ...« Mélanges de musicologie offerts à Henri Vanhulst. Turnhout 2009, 297–314

Rellstab, Johann Carl Friedrich: Ueber die Bemerkungen eines Reisenden die Berlinischen Kirchenmusiken, Concerte, Oper, und Königliche Kammermusik betreffend. Berlin 1789

Rentsch, Ivana: Die Höflichkeit musikalischer Form. Tänzerische und anthropologische Grundlagen der frühen Instrumentalmusik. Kassel u. a. 2012

Robertson, Michael: The Courtly Consort Suite in German-Speaking Europe, 1650–1706. Farnham / Burlington 2009

Robertson, Michael: Consort Suites and Dance Music by Town Musicians in German-Speaking Europe, 1648–1700. London / New York 2016

Roeder, Michael Thomas: Das Konzert. Laaber 2000 (Handbuch der musikalischen Gattungen 4)

Rolf, Ares: Der erste Leipziger Jahrgang. In: Reinmar Emans und Sven Hiemke (Hg.): Bachs Kantaten. Das Handbuch, Bd. 1. Laaber 2012 (Das Bach-Handbuch I/1 und 2), 229–305

Rosand, Ellen: Barbara Strozzi, »virtuosissima cantatrice«. The Composer's Voice. In: Journal of the American Musicological Society 31/2 (1978), 241–281

Rosand, Ellen: Opera in Seventeenth-Century Venice. The Creation of a Genre. Berkeley u. a. 1991

Rosand, Ellen: Vivaldi's Stage. In: The Journal of Musicology 18/1 (2001), 8–30

Rosand, Ellen: Monteverdi's Last Operas. A Venetian Trilogy. Berkeley u. a 2007

Rosselli, John: Singers of Italian Opera. The History of a Profession. Cambridge 1992

Sachs, Curt: Barockmusik. In: Jahrbuch der Musikbibliothek Peters für 1919, Jg. 26 (1920), 7–15

Salmen, Walter: Das Konzert. Eine Kulturgeschichte. München 1988

Sanders, Donald C.: The Keyboard Sonatas of Giustini, Paradisi, and Rutini. Formal and Stylistic Innovation in Mid-Eighteenth-Century Italian Keyboard Music. Ann Arbor 1983

Sawkins, Lionel: Chronology and Evolution of the »grand motet« at the court of Louis XIV. Evidence from the »Livres du Roi« and the Works of Perrin, the »sous-maîtres« and Lully. In: John Hajdu Heyer (Hg.): Jean-Baptiste Lully and the Music of the French Baroque. Essays in Honor of James R. Anthony. Cambridge 1989, 41–79

Sawkins, Lionel: Exotic Nectar Transformed. The Grand Motets of Lalande's Maturity. In: Early Music 35/4 (2007), 555–573

Scacchi, Marco: [Epistola] ad Excellentiss[imum] D[omi]n[um] Ch[ristopherum] Wernerúm. In: Michael Heinemann (Hg.): Iudicum Cribi Musici. Dokumente zum Streit zwischen Marco Scacchi und Paul Siefert. Kommentierte lateinisch / italienisch-deutsche Edition der Schriften von Paul Siefert, Marco Scacchi und Hieronymus Ninius. Köln 2014 (Schütz-Dokumente 5), 146–160

Scacchi, Marco: Cribum musicum. Kommentierte lateinisch-deutsche Edition der Ausgabe Venedig 1643 inkl. Auflösung des Rätselkanons, hg. von Michael Heinemann. Köln 2014 (Schütz-Dokumente 4)

Scheibe, Johann Adolph: Der Critische Musicus, 2. Teil. Hamburg 1740

Schleuning, Peter: Johann Sebastian Bachs »Kunst der Fuge«. Ideologien – Entstehung – Analyse. Kassel 1993

Schmelzer, Johann Heinrich: Sacro-profanus concentus musicus fidium aliorumque instrumentorum (1662), hg. von Erich Schenk. Graz / Wien 1965 (Denkmäler der Tonkunst in Österreich 111/112)

Schmidt-Beste, Thomas: Die Sonate. Geschichte – Formen – Ästhetik. Kassel u. a. 2006 (Bärenreiter Studienbücher Musik 5)

Schmierer, Elisabeth: Geschichte des Konzerts. Eine Einführung. Laaber 2015 (Gattungen der Musik 2)

Seedorf, Thomas (Hg.): Handbuch Aufführungspraxis Sologesang. Kassel u. a. 2019

Sheldon, David A.: The Galant Style Revisited and Re-Evaluated. In: Acta Musicologica 47/2 (1975), 240–270

Siegele, Ulrich: Bachs politisches Profil oder Wo bleibt die Musik? In: Konrad Küster (Hg.): Bach-Handbuch. Kassel u. a. 1999, 5–30

Smither, Howard E.: A History of the Oratorio: The Oratorio in the Baroque Era, 2 Bde. Chapel Hill 1979

Snyder, Kerala J.: Dieterich Buxtehude. Organist in Lübeck. New York / London 1987

Sommer-Mathis, Andrea / Franke, Daniela / Risatti, Rudi (Hg.): Spettacolo barocco! Triumph des Theaters. Petersberg 2016

Spitzer, John / Zaslaw, Neal: The Birth of the Orchestra. History of an Institution, 1650–1815. Oxford 2004

Steinheuer, Joachim: Vermischter Geschmack »all'italien«. Antonio Vivaldis »La senna festeggiante«. In: Basler Jahrbuch für historische Musikpraxis 28 (2004), 161–186

Strozzi, Barbara: Diporti di Euterpe, overo cantate & ariette a voce sola. Opus 7, hg. von Richard Kolb. Los Alamos 2015

Sutcliffe, W. Dean: The Keyboard Sonatas of Domenico Scarlatti and Eighteenth-Century Musical Style. Cambridge 2003

Talbot, Michael: Antonio Vivaldi. Der Venezianer und das barocke Europa. Leben und Werk, aus dem Englischen übertragen von Konrad Küster. Stuttgart 1985

Tartini, Giuseppe: Sonate in g für Violine und Basso continuo. »Teufelstrillersonate«, hg. von Agnese Pavanello. Kassel u. a. 1997 (Hortus musicus 278)

Taubert, Gottfried: Rechtschaffener Tanzmeister, oder gründliche Erklärung der Frantzösischen Tantz-Kunst. Leipzig 1717

Taubert, Karl Heinz: Barock-Tänze. Geschichte – Wesen und Form – Choreographie und Tanz-Praxis. Zürich 1986

Torelli, Giuseppe: Concerti musicali Opus 6, hg. von John G. Suess. Middleton 2002 (Recent Researches in the Music of the Baroque Era 115)

Tosi, Pier Francesco: Anleitung zur Singkunst mit Erläuterungen und Zusätzen, übersetzt aus dem Italienischen von Johann Friedrich Agricola. Berlin 1757

Treadwell, Nina: She Descended on a Cloud »from the Highest Spheres«. Florentine Monody »alla Romanina«. In: Cambridge Opera Journal 16/1 (2004), 1–22

Van der Hoven, Lena: Musikalische Repräsentationspolitik in Preußen (1688–1797). Hofmusik als Inszenierungsinstrument von Herrschaft. Kassel u. a. 2015

Varwig, Bettina: Kompositorisches Wissen: Theorie und Praxis. In: Walter Werbeck (Hg): Schütz-Handbuch. Kassel u. a. 2022, 155–171

Viale Ferrero, Mercedes: Theater und Bühnenraum. In: Lorenzo Bianconi und Giorgio Pestelli (Hg.): Geschichte der italienischen Oper, Bd. 5, übersetzt aus dem Italienischen von Claudia Just und Paola Riesz. Laaber 1991, 9–139

Vivaldi, Antonio: L'Estro Armonico, op. 3. Amsterdam [1711]

Walsdorf, Hanna / Mourey, Marie-Thérèse / Russell, Tilden (Hg.): Tauberts »Rechtschaffener Tantzmeister« (Leipzig 1717). Kontexte – Lektüren – Praktiken. Berlin 2019 (Cadences – Schriften zur Tanz- und Musikgeschichte 2)

Walter, Michael: Heinichens Serenade »Diana su l'Elba« für die Dresdner Fürstenhochzeit von 1719. In: Bernhard R. Appel, Karl W. Geck und Herbert Schneider (Hg.): Musik und Szene. Festschrift für Werner Braun zum 75. Geburtstag. Saarbrücken 2001 (Saarbrücker Studien zur Musikwissenschaft Neue Folge 9), 103–116

Walter, Michael: Oper. Geschichte einer Institution. Stuttgart 2016

Welker, Lorenz: Die Ensemblesonate von ihren Anfängen bis Corelli. In: Claus Bockmaier und Siegfried Mauser (Hg.): Die Sonate: Formen instrumentaler Ensemblemusik. Laaber 2005 (Handbuch der musikalischen Gattungen 5), 9–34

Wellesz, Egon: Der Beginn des Barock in der Musik. In: Zeitschrift für Ästhetik und allgemeine Kunstwissenschaft 13/1 (1918/19), 56–76

Werr, Sebastian: Politik mit sinnlichen Mitteln. Oper und Fest am Münchner Hof (1680–1745). Köln u. a. 2010

Wiermann, Barbara: Symphoniae sacrae. In: Walter Werbeck (Hg): Schütz-Handbuch. Kassel u. a. 2022, 267–283

Woitas, Monika: Geschichte der Ballettmusik. Eine Einführung. Laaber 2018 (Gattungen der Musik 12)

Wood, Caroline: Music and Drama in the Tragédie en musique, 1673–1715. Jean-Baptiste Lully and His Successors. New York / London 1996

Woyke, Saskia Maria: Faustina Bordoni. Biographie – Vokalprofil – Rezeption. Frankfurt am Main 2010

Zedler, Andrea: Kantaten für Fürst und Kaiser. Antonio Caldaras Kompositionen zwischen Unterhaltung und höfischem Zeremoniell. Wien u. a. 2020 (Schriftenreihe des Österreichischen Historischen Instituts in Rom 5)

Zedler, Andrea: Orazio oder der verlassene Impresario. Anmerkungen zur frühen Rezeption und Adaption der Commedia per musica »Orazio« außerhalb Italiens. In: Jörn Steigerwald und Leonie Süwolto (Hg.): ZwischenSpielZeit. Das Theater der Frühaufklärung (1680–1730). Paderborn 2022, 185–218

Zedler, Andrea / Van der Hoven, Lena / Knaus, Kordula: Die Opera buffa in Europa. Verbreitungs- und Transformationsprozesse einer neuen Gattung (1740–1765). Bielefeld 2023

Zedler, Johann Heinrich: Grosses vollständiges Universal-Lexicon aller Wissenschafften und Künste, 64 Bde. und 4 Suppl.-Bde. Halle / Leipzig 1731–1754. Online verfügbar: www.zedler-lexikon.de

Zohn, Steven: Music for a Mixed Taste. Style, Genre, and Meaning in Telemann's Instrumental Works. Oxford 2008

Zohn, Steven: The Overture-suite, Concerto grosso, Ripieno concerto and Harmoniemusik in the Eighteenth Century. In: Simon P. Keefe (Hg.): The Cambridge History of Eighteenth-Century Music. Cambridge 2009, 556–582

Zur Nieden, Gesa / Over, Berthold (Hg.): Musicians' Mobilities and Music Migration in Early Modern Europe. Biographical Patterns and Cultural Exchanges. Bielefeld 2016 (Mainz Historical Cultural Sciences 33)

Register

Abbildungsnachweis

Bayerische Schlösserverwaltung, Achim Bunz, München: 19
Biblioteca Nazionale Centrale di Firenze: 22
Bibliothèque nationale de France (gallica.bnf.fr): 113
Fondazione Giorgio Cini, Venezia: 171
Österreichische Nationalbibliothek, Musiksammlung: 110
Staatliche Kunstsammlungen Dresden: 13

Die Autorin dankt Johanna Danhauser, Vincent König, Meike Lauggas, Josephine Oeß, Lucy Pawelczyk, Charlotte Seegers, Melanie Unseld, Juliane Vogelsang und Andrea Zedler.